家事労働とマルクス剰余価値論

森田成也 著

桜井書店

序　文

　本書がテーマとしているのは，家庭内で労働力を再生産することに直接貢献している種々の労働（すなわち家事労働）と労働力価値との関係であり，したがって，その労働力価値が低下することで発生する剰余価値，すなわち相対的剰余価値との関係である。

　本書は，私の研究における2つの理論的系譜の結節点に位置するものである。第1の系譜は，『資本主義と性差別——ジェンダー的公正をめざして』(1997年，青木書店）に代表されるマルクス主義フェミニズムの研究の系譜である。そこにおいて私は，資本の蓄積運動そのものが女性労働者を排除ないし周辺化する傾向があることを明らかにしたが，同書では家事労働の問題については諸般の事情で割愛せざるをえなかった。

　家事労働は明らかに労働力を生産し再生産するのに必要な労働の中に入るにもかかわらず，日本のマルクス経済学においては基本的に，それは労働力価値を構成しないものとみなされてきた。私は，『資本主義と性差別』を執筆していた時点ですでに家事労働も労働力価値に入るという立場であって，その立場から1章をこの問題に当てる予定だったが，紙幅の問題もあって，結局，同書ではこの問題を論じることはできなかった。本書はその時なされなかった課題を果たすものである。

　本書の第2の系譜は，『資本と剰余価値の理論——マルクス剰余価値論の再構成』(作品社，2008年) および『価値と剰余価値の理論——続マルクス剰余価値論の再構成』(作品社，2009年) をその直接の成果とする「マルクス剰余価値論の再構成」作業の系譜である。この系譜について少し詳しく振り返っておこう。

　まず『資本と剰余価値の理論』において私は，剰余価値の諸形態を，絶対的剰余価値と特別剰余価値と相対的剰余価値の3つに分類し，特別剰余価値が相対的剰余価値の一種なのではなく，絶対的剰余価値とも相対的剰余価値とも異なる，そして両者を媒介する中間的形態であることを明らかにした。また，絶対的剰余価値の生産を，労働時間の延長にもとづく外延的タイプと，労働強化

にもとづく内包的タイプとに区分した。従来，労働強化による剰余価値の生産は相対的剰余価値の一種とみなされていたが，これが絶対的剰余価値の生産にほかならないことを理論的に明らかにした。その上で，絶対的剰余価値と相対的剰余価値との新たな定義を提示した。標準労働日の成立を前提するならば，絶対的剰余価値とは，剰余価値率を一定として支出労働量の絶対的増大，したがってまた生産される価値量の絶対的増大によって生産される剰余価値であり，相対的剰余価値とは，支出労働量を一定として，生産される価値量（価値生産物）の分割割合が資本に有利なように相対的に変化することによって生産される剰余価値であると規定した。

　この『資本と剰余価値の理論』は私の剰余価値論の全体的な枠組みを規定するものであり，その枠組みにもとづきつつ，その内容をいっそう具体化していく作業がそれ以降の課題となった。絶対的剰余価値の生産についてすでに『資本と剰余価値の理論』で基本的に解明済みなので，それ以降の作業で焦点となるのは，残る2つの剰余価値，すなわち特別剰余価値と相対的剰余価値である。まず，同書に続く著作である『価値と剰余価値の理論』において中心的テーマとなったのは，「熟練の解体」による特別剰余価値と相対的剰余価値の生産であった。

　マルクスは『資本論』において，相対的剰余価値の生産を間接的なものと直接的なものとに事実上区分している。間接的なものとは，「全般的な労働生産性の上昇→生活手段の全般的価値低下→労働力価値の低下」という道筋を通じて発生する剰余価値のことであり，これが「間接的」であるのは，生活手段価値の全般的低下という回り道を通じて結果的に労働力価値が低下することで発生するからである。マルクスは，それと区別して，労働力価値が直接的に低下することで相対的剰余価値が発生するパターンも存在することを指摘している。その1つは，「分業や機械化による複雑労働の単純化→労働力価値の低下」というパターンなのだが，『価値と剰余価値の理論』で取り扱ったのはまさにこの問題であった。このテーマだけで1冊の著作となったのは，この問題が他のさまざまな問題と絡み合っていたからである。

　マルクスは，直接的に労働力価値が減価するパターンについて述べた際，熟練が解体して労働力価値のうちの技能価値部分が減価するか消失すると，その

分だけ剰余価値が増大すると述べている。しかしその一方で，マルクスは『資本論』前半の価値論においては，熟練労働は単純労働よりも同じ時間中により多くの価値を対象化すると述べていた。もし後者の主張が正しいとすると，熟練が解体して労働が単純化しても，たしかにその分，労働力価値は減価するのだが，少なくともそれと同じだけその労働の価値形成力も低下するはずなので，結局，相対的剰余価値は生まれないことになる。すなわち，マルクスはこの問題において明らかに自己矛盾に陥っているのである。

とはいえ，この熟練解体が特定部門の特定の資本において先駆的に生じる場合には，この労働力の低下した個別的価値とその社会的価値との差額は，この特定の資本にとっての特別剰余価値になる。私はそれを，労働生産性の個別的上昇によって生じる通常の特別剰余価値と区別して「垂直的特別剰余価値」と呼び，通常の特別剰余価値を「水平的特別剰余価値」と呼ぶことにした。しかし，この特別剰余価値は，複雑労働がこの部門で一般的に単純化していく中でやがて消失する。では，結局，熟練の解体によって直接的な相対的剰余価値は生じないのだろうか？

私は，この問題を解決するためにはまずもって，複雑労働の還元問題（複雑労働の一単位は単純労働の何単位分の価値を形成するのかという問題）を解明しなければならなかった。これはベーム＝バヴェルクとヒルファディングとの論争以来，マルクス経済学の世界では未解決の論争問題のひとつなのだが，私は基本的に「単純加算説」にもとづいてこの問題を解き，同時に，資本主義社会においては，労働力価値のうち技能価値部分が生産物に移転するという「価値移転説」を採用した。その上で，熟練の解体によって相対的剰余価値が本当に発生するかどうかという問題に取り組んだのだが，熟練の解体によって技能価値が減価するだけではたしかに相対的剰余価値は発生しないが，それに伴って労働者の知的・文化的水準が引き下げられることで本源的労働力価値（技能価値部分を除く労働力価値）が直接的に減価し，それによって直接的な相対的剰余価値が発生しうることを明らかにした。

ところでマルクスは，直接的に労働力価値が減価するパターンとして実はもう1つ『資本論』の中で例を挙げている。それは，機械化の進展によって女性と子どもが大規模に賃労働者として動員された場合，世帯主たる成人男性労働

者の労働力価値が妻と子どもの労働力価値に分割され，それによって相対的剰余価値が発生するというものである。この問題は，『賃労働と資本』などのごく初期の文献以来，一貫してマルクスによって主張されているものであり，この問題こそ本書の主要テーマをなす。そして，この問題は，先に述べた，家事労働が労働力価値を構成するかどうかという問題と深く関連しているのは明らかである。

　本書による解明によって，労働価値論が労働力という特殊な商品にも貫徹しうることが明らかとなり，したがって，労働価値論の徹底によって剰余価値の発生を法則的に明らかにしようとしたマルクスの学的意図もまた貫徹されうることがわかるだろう。それと同時に，労働価値論そのものが，古典派経済学からマルクス経済学への発展の延長線上にいっそう発展させられることになる。

　このような志向が反時代的なものであるのは明らかである。マルクス経済学の世界にあっても，昨今の流行は，労働価値論を労働力商品に貫徹する方向ではなく，むしろその逆の方向を目指すものであって，労働力価値の存在を否定したり，労働力商品そのものを擬制的なものとみなしたり，賃金はやはり「労働の価格」であるとしたり，現実に存在するのはただ賃金だけであって，その与えられた賃金の範囲内で労働者の生活がなされているにすぎない，などという議論が目立つようになっている。そこから労働価値論そのものの否定へと発展していくのはある意味必然的であろう。結局は，目に見える現象，直接に与えられた対象をそのまま受け取り，常識の範囲内で議論をするのが，マルクス派にあっても「現実的」で「合理的」であるとみなされるようになっている。こうした流れからすれば，本書の試み全体が恐ろしくナンセンスなものに見えることだろう。だが，目に見える現象を目に見えない内的メカニズムにもとづいて説明することにこそ，学問の課題があるのである。

　なお，本書は以下の論文を大幅に加筆修正したものである。

・「家事労働と価値論・剰余価値論」(『駒澤大学経済学部研究紀要』第64号，2009年)

　同論文では全体が3つの章に分かれているが，本書では加筆の上5つの章に

分かれており，それに加えて第6章が新たに書き下ろされている。同論文の発表（2009年）から今回の著作の出版に至るまで5年もの歳月がすぎているのは，その間に，デヴィッド・ハーヴェイをはじめとして多くの著作の翻訳をする仕事を引き受けたからである。しかし，これらの翻訳作業が自分自身の研究にとって非常に有意義であったのは言うまでもない。

　前著の『価値と剰余価値の理論』は，ほとんど反応のなかった『資本と剰余価値の理論』と違って，幸いにも複数の方から書評や批判の対象にしていただいた。私の拙い著作を取り上げて下さったすべての人にお礼申し上げる。その中で，櫛田豊氏による書評に対しては以下の論文でリプライをしたので，参照にしていただきたい。

・「『価値と剰余価値の理論』に対する櫛田豊氏の書評に対するリプライ」（『季刊経済理論』第48巻4号，2012年）

　本書の出版によって，マルクス剰余価値論の再構成を目指す3部作のとりあえずの完成となるが，それに続いて，マルクス剰余価値論の形成史を取り扱った著作を数年内に出版するつもりでいる。
　本書のエッセンスを含めて，私の剰余価値論の全体像を初心者向けに簡潔に説明したものとして，以下の教科書が参考になるだろう。

・『マルクス経済学・再入門』（同成社，2014年）

　マルクスの剰余価値論だけでなく，その経済学体系の全体を，マルクス自身の理論的発展の延長上に発展させることが私の最終目標であり，本書もそのひとつの環を構成するものである。
　最後に，厳しい出版不況の中，本書の出版を引き受けてくださった桜井書店に深く感謝する。社主の桜井香氏は，氏が青木書店の編集者だった時代に私の最初の著作『資本主義と性差別』の編集をしていただいた。そのご縁で，同書のいわば補完をなす本書の出版も引き受けていただいたしだいである。

凡　例

1 引用に際して，マルクスの現行版『資本論』各巻は，KI，KII，KIII と略記し，頁数は，大月書店から出ている普及版『資本論』の各巻の頁数とディーツ社の『マルクス・エンゲルス・ヴェルケ』(以下，MEW と略記)第23〜25巻の頁数とを並べて，「KI，123頁，S. 123」というように表記する。ただし，現行版『資本論』の第2巻と第3巻からの引用に際しては，その部分に該当する草稿であるディーツ社の新メガII/4-2(『資本論』第3巻主要草稿)およびII/11(『資本論』第2巻第2〜第8草稿)の頁数を併記し，「KIII，123頁，S. 123. II/4-2, S. 123」というように表記する。

2 『マルクス資本論草稿集』(全9巻，資本論草稿集翻訳委員会，大月書店)は，草稿集1，草稿集2，……と略記し，頁数は大月書店版の頁数と新メガII/1-1〜3-6の頁数とを並べて，「草稿集1，123頁，II/1-1, S. 123」というように表記する。

3 マルクスの『賃労働と資本』と『賃金，価格，利潤』は，光文社古典新訳文庫の『賃労働と資本／賃金・価格・利潤』(2014年)の頁数を表記する。

4 マルクスのその他の諸著作は大月書店の『マルクス・エンゲルス全集』各巻の頁数と MEW の原頁数とを並べて，「全集4，123頁，MEW4, S. 123」というように表記する。

5 上掲の文献以外の諸文献が各章で最初に登場する場合には，たとえそれ以前の章で登場したことがある場合でも，読者の便宜を考えて，著者，表題，出版社，出版年を表記する。

6 引用文の訳文は必ずしも既訳書の訳にしたがっていない。また，引用文における傍点はすべてとくに断りがないかぎり引用者によるものである。

目　次

序文　3
凡例　9

第1章　マルクスにおける労働力価値規定と家事労働……………17
第1節　マルクスにおける労働力価値規定……………………………18
第2節　「本源的労働力価値」は生活手段価値に還元されるか？……21
1　「有機的なもの」の価値規定と労働力の二区分論　21
2　もう1つのベイリー批判　26
第3節　マルクスの生産的労働論と家事労働…………………………29
1　生産的労働の諸規定と家事労働　29
2　労働力の生産と家事労働　34

第2章　家事労働と労働力価値をめぐる論争……………………41
第1節　緒論………………………………………………………………41
1　論争の背景　41
2　労働力は労働生産物か？　43
第2節　「家事労働＝非価値形成説」の検討Ⅰ
　　　　　──場所の特殊性……………………………………………49
1　私的労働論と消費行為論　50
2　家庭内の特殊な関係を理由にした否定論　58
第3節　「家事労働＝非価値形成説」の検討Ⅱ
　　　　　──家事労働そのものの特殊性…………………………64
1　特殊な具体的有用労働としての家事労働　64
2　自己再生産労働としての家事労働論　69
第4節　「家事労働＝非価値形成説」の検討Ⅲ
　　　　　──経済的位置の特殊性…………………………………73
1　価値規定および価値法則の例外としての家事労働　74
2　労働力の社会的再生産条件の保障　85

第5節　「妻の扶養費」と労働力の価値規定 …………………………………… 91
　　1　マルクスにおける「妻の扶養費」　91
　　2　「妻の扶養費」が（夫の）労働力価値に入るとする説　93
　　3　「妻の扶養費」と労働価値論　99

第3章　家事労働と労働力価値との量的関係 …………………………… 111
　第1節　いくつかの前置き ………………………………………………………… 112
　　1　労働力価値への家事労働の二重の反映　112
　　2　いくつかの必要な前提　117
　第2節　家事労働と労働力価値との量的関係Ⅰ——非分業モデル …… 122
　　1　最初の数値例の検討　122
　　2　異なった数値例の検討　131
　　3　代数式による表現とその理論的意味　135
　第3節　家事労働と労働力価値との量的関係Ⅱ
　　　　　——性別分業モデル ……………………………………………………… 138
　　1　いくつかの新たな諸前提　139
　　2　片働き分業モデル　141
　　3　共働き分業モデル　149
　第4節　種々のモデルの比較検討 ……………………………………………… 154
　　1　第1モデルと第2モデルとの比較検討　155
　　2　第2モデルと第3モデルとの比較検討　158

第4章　家事労働と労働価値論 ……………………………………………… 165
　第1節　労働力価値の生活手段価値への還元問題 ………………………… 165
　　1　必要生活手段価値への還元　165
　　2　予備価値の超過剰余価値への転化　168
　　3　労働力の世代内拡大再生産のための元本　173
　第2節　労働力価値の二重の転倒 ……………………………………………… 177
　　1　転倒的現象としての「労働力価値＝生活手段価値」論　177
　　2　理論的媒介と価値法則　182
　第3節　セコム説の検討 …………………………………………………………… 185
　　1　ウォーリー・セコムの説　185

2　セコム説への批判　190

第5章　家事労働と「労働力の価値分割」……195

第1節　マルクスにおける「労働力の価値分割」論……195
　1　相対的剰余価値論と「労働力の価値分割」論　195
　2　「労働力の価値分割」は本当に生じるのか？　200

第2節　共働き化による相対的剰余価値の生産……202
　1　家事労働の強制的圧縮による相対的剰余価値の生産　203
　2　家事労働と2つの相対的剰余価値　209

第3節　「労働力の価値分割」論の解明Ⅰ
　　　　　──共働き化の経済的動機……211
　1　共働き化の経済的動機　211
　2　全体的価値分割か部分的価値分割か　213

第4節　「労働力の価値分割」論の解明Ⅱ
　　　　　──共働き化による特別剰余価値の生産……214
　1　共働き化の性別不均等と特別剰余価値の発生　214
　2　共働き化による相対的剰余価値の発生　219

第5節　「労働力の価値分割」論の解明Ⅲ
　　　　　──共働き化の不均等な進展……222
　1　共働き化の不均等な進展　222
　2　資本の蓄積運動と階級妥協　224

第6章　「労働力の世代的再生産」と剰余価値論……233

第1節　マルクスにおける「労働力の世代的再生産」論……233
　1　『資本論』における叙述　233
　2　『資本論』以前における叙述　237

第2節　「労働力の世代的再生産」と労働力価値……245
　1　「子どもの養育費」と労働力価値　245
　2　育児労働と労働力の価値規定　251
　3　「労働力の世代的拡大再生産」を可能とする元本　255

第3節　児童労働と相対的剰余価値の生産……258
　1　児童労働による絶対的剰余価値の生産　258

2　児童労働による相対的剰余価値と特別剰余価値の生産　263
　　3　新自由主義と労働力の世代的再生産の危機　269
　第4節　標準労働年数と剰余価値論……………………………271
　　1　退職後の生活費と労働力価値　272
　　2　標準労働年数の延長と剰余価値の生産　280
　第5節　簡単なまとめ…………………………………………283

家事労働とマルクス剰余価値論

第1章　マルクスにおける労働力価値規定と家事労働

　家庭内において生活手段の消費に伴う種々の労働（調理，裁縫，洗濯，掃除，など）である家事労働[1]と労働力価値との関係は，戦後，この日本でも欧米でも大いに論争の対象とされてきたテーマであった。マルクスはこの問題について，『資本論』においても各種草稿においても論じていないし，家事労働そのものについてもほとんど触れていない。それゆえ，この問題は，後世の研究者による独自の検討と考察の対象とならなければならなかった。

　周知のように，マルクスは，現行版『資本論』第1巻第13章「機械と大工業」において，「労働力の価値分割」論との関係で家事労働に言及しているが，そのわずかな記述ではそれを「家族自身のために家庭内で行なわれる自由な労働（freien Arbeit）」（KI, 515頁, S. 416）と呼んでいる。またそこでの記述に付された注120および121ではそれを「消費のために必要な家族労働（Familienarbeit）」（KI, 515頁, S. 417），あるいは「家族の消費のために必要な労働」，そしてずばり「家事労働（häuslicher Arbeit）」（KI, 516頁, S. 417）と呼んでいる。しかし，そこでも，この家事労働と労働力価値との質的および量的関係については直接的には何も述べられていない。だが，労働力が日々正常に生産され再生産されるためには一定の家事労働が必要不可欠だとすれば，そうした家事労働は労働力を生産し再生産するのに必要な労働の一環とみなすことができるはずである。

　もちろん，消費に誇示的消費があるように，家事にも誇示的家事があるだろう。必要以上に家の中をピカピカに磨いたり，凝りに凝った豪華料理などは，労働力の再生産とは無関係だろう。同じく，平均より所得の低い世帯では平均よりも家事労働を増やして支出を節約しようとするだろうし，平均よりも所得の高い世帯では支出を増やして家事労働を節約しようとするだろう。だが，慣習的に一定量の家事が平均労働者の世帯内で遂行され，それが労働者の労働力の生産と再生産に平均的に必要なものとしてかかわっているかぎりで，それは労働力を生産し再生産する労働の一部に入るはずである。

　その水準は生活手段の場合と同じく文化的・歴史的に可変であるだろうが，

一定の歴史的時期や国によって一定水準を想定しうるだろう。市場で販売されている生活手段の多くが最終消費形態になっていない半加工状態であった歴史時代においては（つい最近までそうであった），家事労働はより長かったろうし，逆に最終消費形態にまで加工された生活手段が資本のもとで大量生産されている時代（現代）においては，家事労働時間はずっと短くてすむだろう（ただし，社会発展とともに文化的により高度な生活水準が求められる場合には，必ずしも技術的発展に比例して家事労働時間が減るわけではない）。しかし，ある一定の時代，地域，一定の文化水準を所与とすれば，平均的に一定水準の家事労働時間を想定することができるはずである。

この家事労働を労働力価値の規定からアプリオリに排除することは，マルクスの労働価値論と労働力価値規定からして可能なのだろうか？　というのもマルクスは，『資本論』でも各種草稿でも，労働力商品の価値規定は他のどの商品とも同じであり，その生産と再生産に必要な労働（社会的・平均的労働）によって規定されると何度も繰り返しているからである。

第1節　マルクスにおける労働力価値規定

そこで，本章では最初に，労働力価値の規定に関するマルクスの言明を種々の文献を通じて改めて確認しておこう。

『資本論』における労働力価値規定

まず何よりも現行版『資本論』における労働力価値規定を確認しておくべきだろう。というのも，あらゆる論者が基本的にはそこでの価値規定を議論の前提にしているからである。

マルクスはまずもって，『資本論』第1巻第4章において最初に労働力の価値を規定する場面において，次のように述べている。

　　労働力の価値は，他のどの商品の価値とも同じく，この独自な商品の生産に，したがってまた再生産に必要な労働時間によって規定されている。それが価値であるかぎりでは，労働力そのものは，ただそれに対象化され

ている一定量の社会的・平均的労働を表わしているだけである。(KI, 223頁, S. 184-185)

このようにマルクスは，最初に労働力の価値規定について述べている箇所で，はっきりと労働力の価値は「他のどの商品の価値とも同じく」，その生産と再生産に必要な労働によって規定されると書いている。この規定は，第8章「労働日」でも次のように繰り返されている。

　　労働力の価値は，他のどの商品の価値とも同じく，その生産に必要な労働時間によって規定される。(KI, 300頁, S. 245)

このような規定は，『資本論』第1巻初版の出版のずっと後に書かれた最後の『資本論』草稿である『資本論』第2部第8草稿でも一貫している。

　　他のどの商品の場合にもそうであるように，労働力の場合にもその価値はその再生産に必要な労働量によって規定されている。(KII, 470頁, S. 381. II/11, S. 718)

　　労賃は労働者の商品である労働力の価値であって，この価値は（他のどの商品の価値もそうであるように）この商品の再生産に必要な労働によって規定される。(KII, 471頁, S. 382. II/11, S. 719)

このように，マルクスは『資本論』では一貫して，労働力商品の価値は他のどの商品とも同じように規定されているとしている。

『資本論』以前の文献における労働力価値規定

このような規定は，『資本論』第1巻の出版以前に書かれた各種草稿でもまったく同じである。たとえば，1857～58年草稿（「経済学批判要綱」）や1861～63年草稿でも次のように述べている。

……労賃は，他のあらゆる商品と同様に，労働者を労働者として生産するのに必要な労働時間によって計られる……。(草稿集1, 339頁, II/1-1, S.206)

　　　労働能力の価値は，他のどんな使用価値の価値とも同じく，その中に支出された労働の量に，すなわち労働能力を（所与の一般的生産諸条件のもとで）生産するのに必要な労働時間に等しい。(草稿集4, 61頁, II/3-1, S.37)

　同じく，『資本論』第1巻初版の出版以前の1865年に書かれた『資本論』第3巻の主要草稿でも，また同じ1865年に行なわれた講演である『賃金，価格，利潤』でも，それぞれ次のように言われている。

　　　労働の平均価格がひとつの与えられた大きさであるのは，労働力の価値が，他のどの商品の価値とも同じく，その再生産に必要な労働時間によって規定されているからである。(KIII, 1112頁, S. 877. II/4-2, S. 888)

　　　それでは，労働力の価値とは何か？　他のすべての商品と同じく，その価値はそれを生産するのに必要な労働量によって規定される。(『賃労働と資本／賃金・価格・利潤』205頁, II/4-1, S. 412)

　このように，マルクスは「経済学批判要綱」から『資本論』に至るまで一貫して，労働力の価値規定は他のどの商品とも同じであると繰り返し主張していたわけである。なるほど，労働力という商品にはさまざまな特殊性があるのだが，それはけっしてこの一般的な価値規定の本質を変えたり，そこから大幅に逸脱するものではないはずである。
　だが，他のどの商品とも同じように，労働力の価値も，それを生産し再生産するのに必要であった（社会的・平均的）労働時間によって規定されるのならば，労働力という商品の使用価値を生産するのに必要であったすべての労働がその価値規定に入るはずである。もしそうでないとしたら，労働価値論を労働力商品にまで拡張することによって剰余価値の発生メカニズムを解いたマルクスの価値論・剰余価値論の首尾一貫性が決定的な点で損なわれてしまうことに

なるだろう。そして、家事労働時間がそのような必要労働時間の一部を構成するとしたら、当然ながら、この家事労働時間も労働力価値規定に入らなければならない。ところが、マルクスは、『資本論』において（そしてそれ以外の文献においても）労働力の価値規定をする際に、この家事労働について一言も触れていない。これはマルクスの体系における大きな空白の1つである。

　この問題をめぐっては、すでに述べたように、この日本でも欧米でも多くの論争が戦わされた。しかし、この論争そのものについては次章で検討するとして、本章ではもう少しマルクス自身の文言にこだわっておこう。

第2節　「本源的労働力価値」は生活手段価値に還元されるか？

1　「有機的なもの」の価値規定と労働力の二区分論

「有機的なもの」の価値規定

　私は前著『価値と剰余価値の理論』の第4章において、サミュエル・ベイリーのリカード批判に関するマルクスの論評を取り上げ、そこに見られるマルクスによる労働力価値規定の二区分論の重要性に注意を喚起した。しかしながら、同章では熟練の形成と労働力価値規定との関係に問題を絞っていたので、そこでのマルクスの文言のより一般的な意味については取り上げなかった。本書で主たる課題となるのはまさにこのより一般的な問題の方である。そこで、ベイリーのリカード批判とそれに対するマルクスの論評をここでもう一度簡単に見ておこう。

　ベイリーはリカードの労働価値論を批判するために、リカード理論の最難点の1つである「労働の価値」規定に攻撃の矛先を向ける。

　　　リカード氏は、価値が生産に充用された労働の分量によって決まるという彼の学説を、一見して妨げる恐れのある1つの難点を実に巧みに回避している。もしこの原理が厳密に貫かれるとすれば、労働の価値はそれを生産するのに充用された労働の分量によるということになる——これは明らかに不合理である。したがってリカード氏は、巧みに論点を転換して、労

働の価値は賃金を生産するのに必要な労働の分量による，とする。あるいは彼自身の言葉を善意に解するならば，彼はこう主張するのである——労働の価値は，賃金を生産するのに必要な労働の量によって評価されるべきだ，と。彼がこう言っているのは，労働者に与えられる貨幣ないし諸商品を生産するのに必要な労働の分量のことである。これは次のように言うのと同様である。すなわち，織物の価値はその生産に投じられた労働の分量によってではなく，織物と交換される銀の生産に投じられる労働の分量によって評価されるべきだ，と。(草稿集 4, 71-72 頁，II/3-1, S. 42) [2])

マルクスはこの文章を引用した上で，このベイリーによる論難のうち正しいのは，「リカードが資本家に，彼の貨幣で直接に労働を……買わせている」としている点だけであると述べ(「労働」と「労働力」との区別)，その他の点ではベイリーの論難は馬鹿げているとして，次のように述べている。

> 織物の価格がその中に消費されている綿糸の価格からもなるのはもちろんであって，それは，労働能力の価格が，素材変換によってこの能力の中に入る生活手段の価格からなるのと同じである。(草稿集 4, 72 頁，II/3-1, S. 42)

マルクスはここで，ある商品の価値の中にその材料の価値が入ることと，労働能力の価値の中に生活手段の価値が入ることとをパラレルな関係とみなしているが，ごくささやかな相違を文章の中に入れている。一般商品の場合は，材料の「価格からも」なるとしているのに，労働能力商品の場合はこの「も」が抜け落ちていることである。一般商品の価値が原材料の価値だけから構成されているのでないことは，労働価値論のごく初歩的な常識であろう。ところが，マルクスは，労働能力に関しては，この決定的な「も」を入れていない。その点は，この文章に続く文章できわめて明示的に言われている。

> さらに，もしベイリーが動物の価値規定を考察したならば，生きているもの，有機的なものの場合には，それの再生産はそれに直接用いられる労働，その中で支出される労働によるのではなく，それが消費する生活手段

の価値によるのだ——そしてこれがそれを再生産する仕方なのだ——ということに，ベイリーも気づくことができたはずである。（草稿集4，72-73頁，II/3-1, S. 42-43）

このようにマルクスは，労働能力のみならず，「動物の価値規定」，一般に「生きているもの，有機的なもの」の場合には，その再生産費は，「それに直接用いられる労働……によるのではなく，それが消費する生活手段の価格による」と断言している。労働力価値の規定が他のどの商品とも同じであるとする，すでに引用した多くの文言にもかかわらず，マルクスはここでは他のどの商品とも必ずしも同じではない労働力価値規定の特殊性について触れている。だがこの特殊性は労働力商品にのみ見られるものではなく，「生きているもの」「有機的なもの」全般にあてはまる特殊性だと言うのである[3]。

しかし，マルクスは労働能力の価値全体がこのように「それが消費する生活手段の価格」に還元されるわけではないことを続く文章で強調している。

　　身体を維持することに労働が限定されず，直接に労働能力そのものを変化させて，一定の熟練を発揮できるところまで発達させる特殊的労働が必要であるかぎりでは，この労働もまた——複雑労働の場合のように——労働〔能力〕の価値に入るのであって，この場合には，労働能力の生産に支出された労働が直接に労働者の中に同化されているのである。（草稿集4，73頁，II/3-1, S. 43）

ここでマルクスは，「身体を維持することに労働が限定され」ない場合にかぎっては，つまり，「複雑労働の場合のように」，「直接に労働能力そのものを変化させて，一定の熟練を発揮できるところまで発達させる特殊的労働が必要であるかぎりでは」という限定を加えた上で，「この労働もまた……労働〔能力〕の価値の中に入る」，「労働能力の生産に支出された労働が直接に労働者の中に同化されている」とはっきりと述べている。ここでマルクスが「身体を維持することに労働が限定され」ない場合には，という条件をあえてつけていることに着目しなければならない。つまり，マルクスは，労働能力を明確に2つの部

分に，すなわち，単に「身体を維持する」ことにかかわる部分と，「労働能力そのものを変化させて，一定の熟練を発揮できるところまで発達させ」た部分とに分けており，前者に関しては，その価値規定は一般商品と違って「それに直接用いられる労働……によるのではなく，それが消費する生活手段の価格による」とし，後者に関しては，一般商品と同じく「労働能力の生産に支出された労働が直接に労働者の中に同化され」るとみなしているわけである。

このような労働力の二分割論はきわめて重要な示唆を与えている。私は前掲書の第4章において，この2つの部分のうち熟練形成にかかわる部分の価値，私の言葉で言えば「追加的労働力価値」に議論を限定した。本書では，この二分割論そのものが議論の俎上にのぼるとともに，前者の部分，すなわち「身体を維持すること」にかかわる部分の価値，私の言葉で言えば「本源的労働力価値」に関してもマルクスの主張が批判的に再検討される。より具体的に言えば，この「本源的労働力価値」に関しても，はたしてマルクスが言うように，その価値は「それに直接用いられる労働……によるのではなく，それが消費する生活手段の価格による」と言えるのかが問題にされなければならない。

私は『資本と剰余価値の理論』において，労働力価値を労働者が支出する種々の費用に直接還元する立場を「支出費用説」と呼び，それに対して，労働力価値を，この支出費用のみならず，その労働力が形成される際に直接支出される労働によっても規定する立場を「支出労働説」と呼んで区別しておいた。マルクスは，追加的労働力価値に関しては，先に引用したように，「支出労働説」的説明をする場合もあったのだが，本源的労働力価値部分に関しては「支出費用説」で首尾一貫させていた。しかし，労働価値論からすれば，この本源的労働力価値部分に関しても，「支出費用説」の是非が問われることになる。

生活手段価値と直接的労働

先の引用文において，マルクスは，労働力にかぎらず，動物などの「生きているもの，有機的なもの」の価値規定は，一般の物体的商品と違って，「それに直接用いられる労働」によるのではなく，「それが消費する生活手段」の価値によるのだと述べている。

一般に日本のマルクス経済学研究においては，労働力商品の場合，それに直

接加えられた労働によってではなく，労働者が消費する生活手段の価値によって間接的に規定される点にこそその価値規定の特殊性があるとされていた。ところが，マルクスはここで，動物などの「生きているもの，有機的なもの」の価値規定なるものを持ち出し，その場合にはそれは総じて生活手段の価値によるのだと説明している。つまり生活手段価値による規定は労働力商品の特殊性ではなく，動物の価値規定一般の特殊性だというわけである。

　しかし，動物が完全な野生動物である場合を除いては，それが消費する生活手段だけでその生命が正常に再生産されるということはありえない。それが家畜であるならば，餌をやり，排泄物を片づけ，体を清潔にしてやり，病気を防ぎ，適度に運動させる，等々の行為をしないかぎり，その生命が正常に再生産されることはない。少なくとも正常な質を持った商品として再生産されることはない。

　植物の場合も同じである。自然に生えているものは，そもそもそれが摂取する生活手段には価格がなく，またそれ自体としては商品にはならず，商品となるためには採取されなければならず，したがって採取労働がそれに付け加わることになる。それが人間の手によって植えられ育てられたものならば，やはり病気にならないよう，虫がつかないよう，きちんと生育して立派な花や実がつくよう，丹精こめて世話されなければならず，やはりそれが消費する生活手段（肥料など）だけで再生産されるわけではない。

　以上の点から，「生きているもの，有機的なものの場合には，それの再生産はそれに直接用いられる労働……によるのではなく，それが消費する生活手段の価格による」という命題はまったく根拠がないと言わなければならない。

　もちろん，「生きているもの，有機的なもの」の場合は，それ自身の生命力，成長する力が決定的である。人間の手によって育てられた野菜であっても，その大部分は野菜自身の生命力，生育力によって成り立っている。家畜の場合も同じである。しかしだからといって，野菜や家畜を育てるのに必要だった労働が，それらの価値規定に入らないということにはならないし，野菜や家畜が労働生産物ではないということにもならない。もしそうだとしたら，農家や家畜業者は，その生産物を販売したお金で材料費だけしか補塡できないことになってしまい，生活できないことになってしまうだろう。

2 もう1つのベイリー批判

　実はこの点はマルクスも理解していた。リカード価値論に対するベイリーの批判についてマルクスは1861～63年草稿の別の箇所で，ベイリーの同じ言葉を引用しつつ，次のように再度言及している。

　　　これは，資本を労働能力とではなく直接に労働と交換させているR〔リカード〕の誤りに対しては正しい。これは，私がすでに以前に違った形で聞かされたのと同じ異論である。その他には何もない。労働能力に関して，B〔ベイリー〕の比喩は役に立たない。彼は，織物ではなく，たとえば羊肉のような有機的生産物を，生きている労働能力と比較しなければならない。人が，その生産に必要な労働という場合に指しているのは，家畜の世話に費やされる労働や，それを生活手段にする生産に費やされる労働のことであって，その他に，消費の行為，つまり食ったり飲んだりする行為，要するに，この生産物または生活手段を摂取するのに費やされる労働のことを指しているわけではない。労働能力の場合もまったく同じである。労働能力の生産に費やされる労働はどういうものからなっているのか？　たとえば，自分の労働能力の形成に費やされる労働，教育や見習修業——これは不熟練労働（unskilled labour）の場合にはほとんど考慮されない——を除けば，その再生産に費やされる労働は，彼によって消費される生活手段の再生産に費やされる労働の他にはない。この生活手段の摂取はけっして「労働」ではない。このことは織物に含まれている労働が，織布の労働や，羊毛とか染料などに含まれている労働を除いて，なお，羊毛そのものの化学的ないし物理的な作用によって成り立っていないのと同じである。羊毛は，この作用によって，労働者や家畜が生活手段を吸収するのと同様に染料を吸収するのである。（草稿集7, 217-218頁，II/3-4, S. 1332-1333)

　この引用文は先ほどのマルクスの論評とほぼ同趣旨のものであることがわかる。まず第1に，マルクスはここで，労働力と他の「有機的生産物」（家畜）とを比較するべきことを主張している。この両者における価値規定が共通してい

るとみなしているのである。第2に、マルクスは、「労働能力の生産に費やされる労働」として、生活手段を生産する労働ばかりでなく、「自分の労働能力の形成に費やされる労働、教育や見習修業」を挙げており、これを「除けば」、「その再生産に費やされる労働は、彼によって消費される生活手段の再生産に費やされる労働の他にはない」と述べている。つまり、ここでもマルクスは労働力を2つの部分に分け、追加的労働力価値に関しては、熟練を形成するのに直接要した労働（教育労働と修業労働）が、「労働能力の生産に費やされる労働」に含まれるのだと述べ（支出労働説）、本源的労働力価値に関してはそれを生活手段の価値に直接還元している（支出費用説）。

しかし、いくつかの新たな記述も見られる。まず第1に、生活手段を直接に摂取（消費）する行為（飲んだり食ったりする本来の消費行為）は価値を形成する労働ではないと正しく指摘されていることである。食事をしたり睡眠をしたりする行為は、労働力を再生産するのに不可欠な行為であるにもかかわらずそれが労働ではないのは、羊毛を染めるときに不可欠な染料の吸収作用、あるいは「化学的ないし物理的な作用」が労働ではないのと同じであると述べている（この問題については本書の第2章で、労働力は労働生産物かどうかという問題とのかかわりで再論する）。有名な「経済学批判序説」においても、このような消費行為は「本来の消費」として、生産行為と明確に区別されている（草稿集1，36頁，II/1-1, S. 27）。

第2に、ここでは「家畜の世話に費やされる労働」にもちゃんと言及されていることである。マルクスもまた、「生きているもの、有機的なもの」に関しても、その再生産には生活手段だけで足りるわけがなく、これらの有機的なものに対する「世話」などの直接的労働が必要であることにここでは気づいていたわけである。酪農家が購入した餌が自ら飛んで行って家畜の目の前の飼料桶に入るわけではないし、家畜の出した糞が自ら排泄物処理場に飛んでいくわけでもない。生活手段と家畜による消費とのあいだには膨大な「世話に費やされる労働」が存在している。だが、奇妙なことに、マルクスは、家畜に関してはこの「世話に費やされる労働」について言及しているのに、労働力商品の本源的部分について語るときにはこの種の労働については何も語っていない。

たしかに、人間の場合は、自己意識を持っているので、人間以外の動物や一

般に植物の場合と違って，自分で自分の世話をすることができ，目的意識的に自己の労働力を再生産することができる。自分で食事をし，風呂に入り（あるいはシャワーを浴び），着替えをすることができる。これらの点を見れば，人間に限っては，その身体や生命を維持する場合には，「それの再生産はそれに直接用いられる労働……によるのではなく，それが消費する生活手段の価格による」と言えるのではないだろうか？

　残念ながら，人間の場合でさえ，そう簡単に言うことはできない。まず第1に，人間が自己意識を持って自分で自分の世話ができるようになるまでには，一定の成熟が必要である。そして，多くの野生動物と違って，人間はきわめて未熟な状態で生まれてくるのであって，人間が自立できるまでには何年にもわたる他人の世話が必要である。これらの「世話」はやはり労働であって（育児労働），それはちょうど動植物を世話する行為が労働であるのと同じである。

　第2に，人間が一定の成熟に達して自立するにいたっても，人間の直接的消費行為を労働の範疇に含めずとも，人間が何らかの生活手段を消費することができるためには，それにいたるまでの膨大な労働が必要になる。商品としての生活手段の存在と人間の消費行為という2つの契機だけでは，人間労働力の再生産は実現しない。両者を媒介する諸労働が必要になるのである。完全に料理として加工された状態のものが各自宅に送り届けられ，残る行為は包みを破ってそれを口に運ぶことだけであるという事態が普遍的になるのでないかぎり（それは昨今，宅配ピザ，宅配寿司などの発展によって部分的に実現しつつあるが），生活手段の多くは最終消費手段には至らない材料ないし半加工品のままであって，それらの材料ないし半加工品を用いてそれを最終的に消費可能な状態に変える労働が必要になる。あるいはまた，そのまま使える生活手段を購入したとしても，それらは定期的にその使用価値を維持したり回復したりする労働が必要であり，それらなしには生活手段が有している使用価値は短期間で消失してしまう。それらの労働がすべてサービス商品として購入して済ますことができるのでないかぎり，やはり何らかの媒介的労働が家庭内で必要になる。

　このように，マルクスは結局，ベイリーによるリカード批判に十分反論できずに終わっており，物的な商品と有機的な商品との比較に関しても，また，人間以外の「有機的なもの」（家畜）と人間的な「有機的なもの」（労働力）との比

較に関しても，その考察は中途半端なものにとどまっている。

第3節　マルクスの生産的労働論と家事労働

この問題に関しては当然ながら，マルクスの生産的労働論との関連が問われなければならないだろう。とはいえ，この問題をめぐる膨大な論争に分け入ることはできないし，それが主題でもないので，ここではごく簡単にのみ論じることとする。

1　生産的労働の諸規定と家事労働

マルクスにおける生産的労働の諸規定

周知のように，マルクスは『資本論』において生産的労働をまずは労働過程一般の観点から定義し，自然対象に有用な形で働きかけ，人間の欲求に適合するようにそれを変化させて，使用価値を生産する労働として本源的に規定している。

> 要するに，労働過程においては人間の活動が労働手段によって労働対象に対して前もって企図された変化を引き起こす。この過程は生産物では消え去っている。その生産物は使用価値であり，形態変化によって人間の欲求に適合するようにされた自然素材である。労働はその対象と結合した。労働は対象化されており，対象は労働を加えられている。……この全過程をその結果である生産物の立場から見れば，……労働手段と労働対象とは生産手段として現われ，労働そのものは生産的労働として現われる。(KI, 237-238頁，S. 195-196)

このような最も単純で歴史貫通的な生産的労働を「**使用価値生産的労働**」と呼ぼう。周知のように，マルクスはこの一文に注を付しており，その中で，この規定は「単純な労働過程の立場」から出てくるものであって，「資本主義的生産過程にあってはけっして十分ではない」と読者に注意している。

そして，マルクスは『資本論』では，剰余価値を生産する労働としての生産的労働規定を提示しているのだが，それ以前の各種草稿も含めるなら，生産的労働の特殊歴史的な規定として2つの異なったものを提示している。1つ目は，とりあえず労働力そのものを捨象した上で，商品として売買される何らかの物質的生産物に価値として対象化される労働であり，2つ目は，資本と交換され，したがって資本に対して剰余価値をもたらす労働，である。この特殊歴史的な規定における生産的労働の第1のものを，商品価値を生産するという意味での生産的労働であるから，「**商品生産的労働**」ないし「**価値生産的労働**」と呼び，特殊歴史的な規定の第2のものを，資本ないし剰余価値を生産するという意味での生産的労働であるから，「**資本生産的労働**」ないし「**剰余価値生産的労働**」と呼ぼう。

「価値生産的労働」は商品生産社会としての社会的規定性にもとづく生産的労働の規定であり，「剰余価値生産的労働」は資本主義社会としての社会的規定性にもとづく生産的労働の規定である。まず前者に関して，たとえばマルクスは次のように述べている。

　　資本家は労働そのものを，すなわち価値を生み出す活動としての，生産的労働としての労働を交換で手に入れる。(草稿集1，327頁，II/1-1, S. 198)

　　したがって，労働能力そのものを捨象するかぎりでは，生産的労働とは，商品，すなわちその生産に一定量の労働または労働時間を費やした物質的生産物を生産するような労働ということになる。こうした物質的生産物の中には，物の形をとって現われるかぎりでの芸術や科学のすべての生産物，書物，絵画，彫像なども含まれる。(草稿集5, 200頁，II/3-2, S. 458)

　　……生産的労働とは，商品を生産する労働であり，不生産的労働とは個人的サービスを生産する労働である。前者の労働は売ることのできる物に表わされ，後者の労働は，それが行なわれているあいだに消費されなければならない。(草稿集5, 201頁，II/3-2, S. 458)

次に後者に関しては,「要綱」以来の一貫したマルクスの主張であるが,『資本論』の以下の周知の箇所がその典型例であるのは言うまでもない。

> ところが他方では,生産的労働の概念は狭くなる。資本主義的生産は単に商品の生産であるだけでなく,それは本質的に剰余価値の生産である。……だから,彼が何かを生産すると言うだけではもはや十分ではない。彼は剰余価値を生産しなければならない。生産的であるのはただ,資本家のために剰余価値を生産する労働者,すなわち資本の自己増殖に役立つ労働者だけである。(KI, 660頁, S. 532)

では,この2つの特殊歴史的な規定の関係はいかなるものであろうか? マルクスは次のように述べている。

> 商品は,ブルジョア的富の最も基礎的な形態である。したがってまた,「生産的労働」について,それは「商品」を生産する労働だと説明することは,生産的労働とは資本を生産する労働だと説明する立場よりも,はるかに基礎的な立場 (elementarischen Standpunkt) に照応するものである。(草稿集5, 201頁, II/3-2, S. 458)

つまり,商品を生産する労働としての生産的労働の規定は,資本を生産する労働としての生産的労働の規定よりも「基礎的な」規定であるということである。また別の箇所では,マルクスは「商品生産的労働」としての生産的労働を以下のように「狭い意味での生産的労働」だと規定している。

> ところで,狭い意味での生産的労働者と不生産的労働者と〔の相違〕は,肉体労働であろうとそうでない労働(学問的なそれ)であろうと種類を問わず商品の生産(ここでは生産は商品が最初の生産者から消費者にまでいたるすべての行為を包括する)にかかわるいっさいの労働と,それにかかわらない,商品の生産を目的としない労働と〔の相違〕である。この区別は固守されなければならない。(草稿集8, 557頁, II/3-5, S. 1869)

ここで明らかなように，マルクスは「商品生産的労働」としての生産的労働を肉体労働に限定しておらず，「学問的なそれ」を含むすべての種類の商品を生産する労働だとしており，さらにここで言う商品の「生産」を「商品が最初の生産者から消費者にまでいたるすべての行為を包括する」ものだとしている。この包括的規定に注意しよう。そしてこの意味での生産的労働の規定は，マルクス自身が言うように「固守されなければならない」重要なものである。

家事労働は生産的労働か？

では，以上の議論にもとづくなら，家事労働はどのように規定されるだろうか？　それは何らかの生産的労働の一種だろうか？　労働者の家庭内で遂行される家事労働は，すでに冒頭部分で述べたように，自然対象に働きかけてそれを有用な使用価値に変化させたり，その有用性を維持する物質代謝行為の一環であり，したがって本源的な意味での生産的労働，あるいは，「使用価値生産的労働」である。この点を否定する者はおそらくいないだろう。

問題は，家事労働が特殊歴史的な規定性における生産的労働であると言えるかどうかである。まず，「商品生産的労働」という点からすると，それは物質的生産物を生産するが（料理や裁縫や洗濯された衣類など），それらのものは直接的には商品として売買されないので，直接的には商品を生産する労働ではない。また，それは賃労働でもなく，資本を生み出していないので，「資本生産的労働」でもない。したがって，家事労働は，生産的労働の特殊歴史的な規定性としては生産的労働ではないということは，少なくともマルクスの規定に従うなら，自明であるように見える。実際，マルクスも，家庭内で行なわれるそうした労働は，それが労働者自身によって行なわれようと，あるいは他の誰かによって行なわれようと，不生産的労働だと繰り返し述べている。たとえば以下の箇所がそうである。

> ついでに言えば，社会の最大多数すなわち労働者階級は，この種の労働〔料理などの家庭内労働のこと〕を自分自身でしなければならない。しかし，彼がそれをすることができるのは，彼らが「生産的に」労働した場合だけである。彼らが肉を料理することができるのは，肉の対価を支払うための賃

金を彼らがすでに生産していた場合だけである。また，家具や住居をきれいにしておき，靴を磨くことができるのは，彼らがすでに家具や家賃や靴の価値を生産していた場合だけである。したがって，この生産的労働者階級自身の場合には，彼らが自分自身のためにする労働は，「不生産的労働」として現われる。もし彼らが前もって生産的に労働していなかったとすれば，こうした不生産的労働は，彼らに同じ不生産的労働を新たに繰り返すことをけっして可能にしない。(草稿集5, 191頁, II/3-2, S. 452)

また，マルクスは，スミスの不生産的労働論に反論したガルニエの議論(召使などの労働は，主人が行なう不生産的労働を節約してやるのだから生産的である，という議論)に反論して，次のように述べている。

　　ある人の不生産的労働は，それが他の人のために不生産的労働を節約してやるからといって生産的とはならない。両者のうち一方は不生産的労働を行なうのである。A・スミスの言う不生産的労働の一部，といっても物を消費するためには絶対に必要であって，いわば消費費用(Consumptionkosten)に属している部分——しかもそれが生産的労働者のためにこうした時間を節約してやる場合だけであるが——，そうした不生産的労働の一部が必要となるのは分業によってである。といっても，A・スミスはこうした「分業」を否定していない。各人が生産的労働と不生産的労働とを行なうことを余儀なくされていたとしても，また2人の間のこうした種類の分業によって両方がよりよくことが運ぶとしても，スミスによれば，このことは，これらの労働の一方が生産的で他方が不生産的だという事実を少しも変えるものではない。(草稿集5, 282頁, II/3-2, S. 506)

同じく，マルクスは，この労働節約論を再度批判する中で次のように述べている。

　　誰でも，自分の生産的労働，ないし生産的労働の搾取の他に，生産的ではなく部分的には消費費用に入る多くの機能を果たさなければならないだ

ろう(本来の生産的労働者は,こうした消費費用を自分で負担し,自分で自分の不生産的労働をしなければならない)。……しかしこのことによって,生産的労働と不生産的労働との区別はけっして廃棄されていない。そうではなく,この区別そのものが分業の結果として現われるのであり,そのかぎりで,不生産的労働を一部の労働者の排他的機能にさせ,生産的労働を一部の労働者の排他的機能にさせることによって,労働者の一般的生産性を促進するのである。(草稿集5,458頁,II/3-2, S. 614.強調ママ)

最後の一文,すなわち「この区別そのものが分業の結果として現われるのであり,そのかぎりで,不生産的労働を一部の労働者の排他的機能にさせ,生産的労働を一部の労働者の排他的機能にさせることによって,労働者の一般的生産性を促進するのである」という一文は,家事労働を家庭内の女性の排他的機能にし,賃金労働を男性の排他的機能にすることによって,賃金労働者および家事労働者の一般的生産性を向上させる,という議論として読み込むならば,賃金労働と家事労働との「分業」に関する重要な論点を示唆するものであると解釈することができる。しかし,ここでは,とりあえずこの問題は措いておこう。ここで重要なのは,ここでもマルクスが,消費にかかわる種々の労働を「消費費用」とみなし,それをはっきりと「不生産的労働」と規定していることである。

以上見たように,マルクスは1861〜63年草稿において,総じて家事労働を不生産的労働とみなしており,すでに引用した『資本論』でもそれは「家族の消費のために必要な労働」だとされていた。それはあくまでも生産的労働ではなく,「消費費用」ないし「消費労働」の一部だというわけである。

2 労働力の生産と家事労働

労働力を生産する労働としての家事労働

しかし,ここで重大な論点が1つ存在する。すなわち,先の「商品生産的労働」ないし「価値生産的労働」という規定においてとりあえず捨象されていた労働力ないし労働能力の問題である。家事労働が労働能力を維持・生産するこ

とに直接かかわる労働であるのは明らかだから，この論点をクリアしないかぎり，家事労働を生産的労働からアプリオリに排除する論理は正当化されないだろう。この労働能力という特殊な商品にかかわって，マルクスは次のように述べている。

　したがって，生産的労働とは，商品を生産するような労働，または，労働能力そのものを直接に生産し，形成し，発展させ，維持し，再生産するような労働であろう。A・スミスは，後者を彼の生産的労働の項目から除外する。恣意的に，しかし，もし彼がそれを含めていたならば，彼は生産的労働についての間違った主張に門戸を開くことになろう，というある種の正しい本能をもって。（草稿集5，200頁，II/3-2，S. 457-458）

スミスの「正しい本能」とは何のことを言っているのか，ここでは問わない。重要なのは，マルクスが，「商品を生産するような労働」と並んで，「または」として，「労働能力そのものを直接に生産し，形成し，発展させ，維持し，再生産するような労働」を生産的労働だと規定していることである。これは，労働力が商品化していない段階では，本源的な意味での「使用価値生産的労働」の一種であり，労働力が商品化しているかぎりでは「商品生産的労働」の一種であるが，ここでは労働力を特別に区別して，**労働力生産的労働**と呼ぶことにしよう。マルクスは，すでに指摘したように，労働力を2つの部分に分けており，労働力の特殊技能にかかわる部分（技能労働力）に関しては，それを形成する労働が労働力の価値規定に直接入ることを明言していた。上の引用文における「労働能力そのものを直接に生産し，形成し，発展させ，維持し，再生産するような労働」とはまさに，このような技能形成労働のことを指していると思われる。実際，マルクスは，同じ1861〜63年草稿の生産的労働について論じた文章の中で，労働者の教育にかかわる支出に関連して，これがこの意味での「生産的」支出であると断言している。

　労働者が教育のための支出するものは非常に少ないが，彼がそうした支出をする場合には，その支出は生産的である。というのは，それは労働能

力を生産するからである。(草稿集5，310頁，II/3-2, S. 527)

　だが，「労働能力そのものを直接に生産し，形成し，発展させ，維持し，再生産するような労働」は，このような技能形成労働（教育労働や修業労働）だけに限定されるだろうか？　ここでも再び，マルクスの労働力二分割論の是非が問われなければならない。本源的労働力価値に関しては，マルクスは労働者が消費する生活手段価値に直接還元していた。しかし，すでに述べたように，労働者は，彼が商品として購入した生活手段を必ずしも直接には消費できないのであって，それを最終的に消費可能なものにする労働が必要になる。また，最終消費形態で購入したとしても，その使用価値を維持・回復する労働が必要になる。そのかぎりでは，これらの家事労働は，「労働能力そのものを直接に生産し，形成し，発展させ，維持し，再生産するような労働」の一部を明らかに構成しているのである。

　ただし「直接に」という文言に力点を置くならば，家事労働は，直接には労働力を生産していないという異論は成り立つだろう。たしかに，家事労働が直接つくり出すのは種々の消費財であり，あるいは，その使用価値の維持・回復だからである。しかし，家事労働は少なくとも，工場で生活手段を生産する労働よりは労働力にとって直接的である。労働力から見れば，市場で売買されている生活手段を生産する労働の方がより間接的である。そして「間接的」「直接的」という区分が，経済単位の分離を前提にした相対的なものにすぎないとすれば，家事労働は実際には，労働力が生産され再生産される経済単位（家庭ないし世帯）内でなされるのだから，直接に労働力商品を生産し再生産する労働だと言うことができるだろう。

　たとえば，ある工場である商品が生産されていて，その工場内部で分業がなされているとすれば，そこで支出されている各々の具体的有用労働は商品の最終形態にいたるまでの一連の工程で支出される。その工程の段階しだいでは，より直接的な労働もあれば，より間接的な労働もある。しかし，これらの労働は工場という同一の経済単位の中で支出されているのだから，売買関係を通じて別の経済単位から購入された生産手段（原材料や部品など）に投下された過去労働と比べるならば，すべて直接的である。同じく，家庭という経済単位の

内部で行なわれる家事労働は，その外部から購入した生活手段に投下されている過去労働と比べれば，労働力を生産する直接的労働であるとみなすことができるのである。したがって，家事労働は，教育労働とは違った意味でだが，労働力（本源的労働力）を直接に生産し再生産する労働の一部を構成しているとみなすことができるだろう。

「労働力生産的労働」としての家事労働

　では，家事労働は，この意味においてのみ生産的労働なのだろうか？　なるほど，家事労働がつくる物質的生産物（料理されたもの，家で縫われた衣服，等々）は，それ自体は商品ではない。家族のあいだでそれらが売買されるわけではない。しかし，それを消費することによって労働力が生産ないし再生産され，維持され，そしてその労働力は，資本家に販売される商品になる。すでに『価値と剰余価値の理論』で明らかにしたように，マルクスは繰り返しはっきりと，労働力には労働が対象化されていると述べている。マルクスがこう言ったときに念頭に置いていたのは家事労働ではなく，生活手段を生産する労働であった。それは直接的には生活手段（しかも，しばしば最終消費形態ではない半加工の生活手段）しか生産していないが，それが賃金労働者によって消費されることで，間接的に労働力を生産している。だから，労働力は労働生産物なのであり，そこには労働が価値として間接的に対象化されているのである。だとすれば，家事労働もまた，労働力商品を生産し再生産する労働の一部であるのは明らかだし，生活手段を生産する労働と同じく，労働力に価値として対象化されているのも明らかだろう。とすれば，商品を生産する労働という意味でも，家事労働は生産的労働と言えるのではないだろうか？　実際，マルクスはすでに引用した箇所（本書の31頁）において，商品の「生産」を，商品の「最初の生産者から消費者にまで至るすべての行為を包括する」ものと規定していた。家事労働がこの「すべての行為」の最終段階に入る生産行為であるのは明らかだろう。

　だがマルクスは，どこでも，家事労働が労働力の価値を形成するとは言っていない。彼の思考の中には，この問題はほとんど入っていなかった。先に見たように，それは「自由な労働」であり「消費費用」にすぎない。これはマルクス

のジェンダー的限界である。しかしマルクスは他方では，家事労働と同じ内容の家庭内労働がその労働対象に価値を付け加える労働であることを言明してもいる。

　　私が家に呼んでシャツを縫わせる裁縫女や，家具を修繕させる労働者や，家を洗ったり，掃除したりなどさせる召使や，肉などを食べられる形にさせる料理女は，工場で縫う裁縫女工や，機械を修繕する機械工や，機械を掃除させる労働者や，資本家の賃労働者としてホテルで調理する料理女とまったく同じように，彼らの労働をひとつの物に固定し，事実上，この物の価値を高めるのである。可能性から言えば，これらの使用価値もやはり商品である。シャツは質に入れることができるし，家は再び売ることができるし，家具は競売にかけることができる，等々。したがって，可能性から言えば，これらの人々も商品を生産したのであり，その労働対象に価値をつけ加えたのである。(草稿集5, 189頁, II/3-2, S. 451)

ここの記述では，裁縫や家具の修繕，掃除，料理といった，家事労働と同じ内容の労働が列挙されており，これらが工場内で裁縫を行なう女工の労働や機械を修繕したり機械を掃除したりする機械工の労働と同じく，「事実上，この物の価値を高める」労働であることがはっきりと断言されている。ただし，これらの家庭内労働は，それを消費する労働者自身ないしその家族によってなされるという想定ではなく（なぜなら，ここでは資本と交換される労働か収入と交換される労働かが問題となっていたから），あくまでも，裁縫女，修繕労働者，召使，料理女が労働の主体となっている。しかし，その担い手の違いは事柄の本質をいささかも変えない。これらの人々が，あるいは労働者自身ないしその家族が，家庭内で賃金労働者のために行なう労働は，「彼らの労働をひとつの物に固定し，事実上，この物の価値を高めるのである」のであり，「可能性から言えば，これらの人々も商品を生産したのであり，その労働対象に価値をつけ加えた」のである。この可能性は，それらの使用価値が販売されないかぎり，可能性にとどまる。しかし，たとえそれらの物が直接に販売されなくても，それらの物が労働者によって消費され，それによって労働力が生産ないし

再生産され，その労働力が商品として販売されたらどうか？ 可能性としてその使用価値につけ加えられた潜在的価値は，労働力価値の一部として現実化するのではないだろうか？

たとえば，工場内のある一定の分業体制の下では，その分業の一翼を担う個々の工程の労働はいずれも直接的には商品を生産しない。それは，次の工程に引き渡す可能的商品をつくるのみである。工程と工程とのあいだで商品売買がなされるわけではない。それが完成品となって，市場に売りに出され，商品として購買されたときにはじめて，個々の工程において可能性として生産された価値は現実化するのである。これと同じように，家事労働が潜在的に「その労働対象につけ加えた」価値は，労働者による消費を通じて労働力の中に再現され，その労働力が販売されるときに価値として現実化するのである。

したがって，家事労働は，まず第1に，自然対象に働きかけて自分ないし他者の欲求を満たす使用価値を生産し，あるいはその使用価値を物質的に維持・回復しているという意味で，使用価値生産的労働であり，第2に，その使用価値の消費を通して本源的労働力が生産され再生産されているという意味で，労働力生産的労働であり，第3に，この生産された労働力が商品として別の経済単位に対して販売されているかぎりで，商品生産的労働である。以上の一連の諸特徴を総合的に把握するならば，家事労働は，資本生産的労働という規定以外のあらゆる生産的労働としての規定を満たしており[4]，他の物質的諸労働と原理的に区別される要素を何ら有していないことがわかる。したがって，この家事労働は，労働力商品を生産し再生産するのに必要な直接的労働の一部であり，当然，労働力価値規定に入るとみなさなければならない。

1) なお，本書では基本的に家庭内で（あるいは買い物のようにその延長上で）労働力を生産し再生産するために行なわれるさまざまな物質的労働に限定して，家事労働という用語を用いることにする。それは基本的に物的な生活手段に付随しているものであり，それを家庭に運ぶか（買い物），すぐに消費可能な最終消費形態に生活手段をつくりかえるか（料理や手編みなど），購入した商品の使用価値を維持ないし回復する（洗濯や掃除や繕いなど）労働である。これらの一連の行為はすべて広い意味での生産的行為であり，まったく未加工の状態から直接的に消費可能な使用価値へと自然対象を目的意識的に変化させる物質代謝労働の一連の諸過程の最後の部分を担う労働

である。ただそれが外部化されることなく、家庭内で行なわれているだけである。しかし、労働力の生産と再生産のために家庭内で行なわれる労働には、このような物質的労働だけでなく、病気になったときの看護などのケア労働も含まれうる。このケア労働の問題はそれはそれとして非常に重要ではあるが、マルクスが『資本論』でとりあえず問題を物質的労働に限定して論じたように、われわれもまたそれにならって、本書ではさしあたり物質的労働としての家事労働に限定して論じたいと思う。なお本書の最終章で論じる育児労働はケア労働そのものであり、この場合は物質的労働に限定されないで論じられる。

2) サミュエル・ベーリー『リカード価値論の批判』（世界古典文庫、日本評論社、1947年）、64頁。

3) この点は、マルクスの『資本論』草稿としては最晩年のものに属する『資本論』第2巻第8草稿においてもはっきりしている。すでに引用した「他のどの商品の場合にもそうであるように、労働力の場合にもその価値はその再生産に必要な労働量によって規定されている」の一文に続いて、マルクスはこう述べている。「この労働量が労働者の必要生活手段の価値によって規定されており、したがって彼の生活条件そのものの再生産に必要な労働に等しいということは、この商品（労働力）に独特なことであるが、しかしそれは、役畜の価値がそれの維持に必要な生活手段の価値によって規定されており、したがってこの生活手段を生産するのに必要な人間労働の量によって規定されているということ以上に独特なことではない」（KⅡ, 470頁, S. 381, Ⅱ/11, S. 718-719）。このようにマルクスは、労働力の価値規定における「独特さ」は、「役畜」の価値規定の「独特さ」と同じレベルだと述べているわけである。

4) 平實氏は、家事労働は剰余価値を生み出す労働力の生産に役立つのだから、間接的に資本と交換されているようなものであり、したがって資本主義的な意味での生産的労働であると述べ、次のように主張している――「夫である男子の体内に対象化された主婦の家事労働は、決して死んだ過去の労働とはなっておらず、依然としてヴァイタルな生きた労働として夫の体内に残存するのである。つまり主婦の具体的な家事労働も夫の体内では価値形成、剰余価値の創造に参加するところの抽象的な人間労働として機能するポテンシャル・エナージーに転化していると言ってよい。……とすれば、上述の含蓄のもとにあって家庭主婦の家事労働は、その夫の労働の中に合体化することによって、直接に生産的労働となっているのである」（平實「生産的労働としての家事労働」、『大阪経大論集』第149号、1983年、5-6頁）。家事労働が生産的労働であることを否定することが主流の学界において、家事労働を生産的労働の一種として積極的に評価していること自体は有意義なことなのだが、この家事労働が夫の体内で「生きた労働」として温存されて、新たな価値と剰余価値を形成するとまで述べている。過ぎたるはなお及ばざるがごとし、である。

第2章　家事労働と労働力価値をめぐる論争

　周知のように，この家事労働と労働力価値との関係をめぐっては，日本では1960年における磯野富士子氏の画期的な問題提起[1]以来，フェミニズムないし女性労働論の立場からさまざまに議論されているが，いまだ十分解決を見たとは言いがたい。そこで，まずもって家事労働が労働力価値規定に入るのかどうかを検討しなければならない。結論をあらかじめ言っておくと，労働価値論からして，当然，家事労働は，それが労働力を生産し再生産する上で社会的・平均的に必要であるかぎりにおいて，労働力価値規定に入るというのが私の主張である。このような立場に立つ論者は，日本では圧倒的に少数派であり，ほとんどのマルクス経済学者は，家事労働が労働力価値規定には入らないとみなしている。したがって，これらの否定論者たちの主要な論拠を検討して，それらの論拠がいずれも成り立たないことを証明しなければならない。ところで，一般に家事労働は労働力価値規定に入れられていないにもかかわらず，「妻の扶養費」は何ゆえか成人男性労働者の労働力価値の中に入れられている。理論的に言えば，「妻の扶養費」は何ら，成人男性労働者の労働力を生産し再生産するのに必要な労働を構成するものではない。にもかかわらず，「妻の扶養費」はとくに論争もなく労働力価値規定に入れられている。しかし，はたしてこれは労働価値論からして正当化しうるのだろうか？　以上，2つの問題を検討することが本章の課題である。

第1節　緒論

1　論争の背景

　すでに述べたように，マルクスは，『資本論』で労働力の価値規定を行なう際に，家事労働にまったく言及していない。そもそも，それが労働力価値規定に入るかどうかという問題そのものを彼はどこでも提起していない。したがっ

て，なぜ家事労働が労働力価値規定に入らないのか，という問題は最初から設定されていない。それゆえ，この問題を直接に設定しそれに対する回答を与えることは，後世の理論家に委ねられた。

しかし，複雑労働をめぐる価値論争は，ベーム＝バヴェルクとヒルファディングとの論争に見られるように，すでに19世紀末から20世紀初頭にかけて行なわれたにもかかわらず，労働価値論からして同じくらい重要な問題であるはずの家事労働をめぐる論争が大々的に起こるのは，ようやく第2次世界大戦後になってからのことであった。

それまでは，家事労働は基本的に労働とはみなされず，その経済的意味はマルクス派を含む主流の経済学者たちによって最初から無視されてきた。そもそも家事労働が商品価値を生むかどうかといった問題など，マルクス経済学者を含めてほとんど誰の脳裏にも浮かばなかったのである。

だが，第2次世界大戦後，いくつかの重要な変化が生じた。第1に，マルクスが『資本論』で夫婦の共働き化が資本主義の必然的な発展法則であることを宣言していたにもかかわらず，そのような共働き化は一直線には進行せず，先進資本主義国において賃金労働者のあいだでもむしろ片働き世帯が広範囲に発生するようになり，この分厚い中間層において家事労働専任者が大量に生まれたことである。もし既婚女性を含む女性の賃労働者化が資本の利益に単純にかなうことであるとしたら，資本主義が十分に発達している諸国においてなぜ片働き世帯が増大しているのか，これは特別に説明を要する問題であった。第2に，言うまでもなく，女性の地位向上と新たな意識の高まりがこの時期に社会的規模で生じたことである。女性がもっぱら家事労働をし，それが労働として認められないことは，長らくごく当然のことであったし，それに誰も疑問をさしはさまなかった。だが，広範に発生した片働き世帯において，一定の学歴と教養を持ちながらも専任的に家事を担う女性が大量に生まれると，この自らの経済的地位に対する当然の疑問が専業主婦の中で生じた。アメリカではそれはベティ・フリーダンによる新しい女性運動へと結実し，よりマルクス経済学の影響の強かった日本では，家事労働は通常の商品の価値を生んでいないとはいえ労働力商品の価値を生んでいるのではないかという磯野富士子氏による画期的な提起へと結びついたのである。

こうしてマルクス経済学的な意味での家事労働論争が1960年代に発生し，欧米でもそれから少し遅れて1960年代末から1970年代に発生するようになった。これは，19世紀末以降における複雑労働の還元問題をめぐる論争に匹敵する重大な論争テーマであった。だが，不幸なことに，家事労働は労働力商品の価値規定に入るのかどうかが，それ自体として学問的検討対象にされるというよりも，最初から，家事労働は労働力商品の価値であれ何であれ価値を生まないということがアプリオリに前提され，その上で，なぜ家事労働は価値を生まないのかの理由を後から学者たちが一生懸命考え出すという経過をたどった。

マルクス経済学者は誰しも，商品の価値が，それを生産するのに必要な社会的・平均的労働時間によって規定されていることを認めている。そして，それと同時に，家事労働が労働力商品を生産するのに必要な労働であることもそれなりに認めている。この2つのことから，磯野氏がコロンブスの卵のごとくあまりに当然の結論を引き出したとき，不思議なことに，ほとんどすべてのマルクス経済学者はその結論を頭ごなしに否定したのである。

通常の商品の価値は，それを生産するのに必要な労働によって規定されているのに，労働力商品を生産するのに必要な家事労働が労働力商品の価値規定に入らないと言うためには，家事労働には他のあらゆる生産的労働から区別される何らかのきわめて特異な特殊性（唯一性）が存在するという論理を持ち出さざるをえない。ここではその代表的な3つの論理を取り上げて批判的に検討しよう。

第1の論拠は，家事労働がなされる場所の特殊性に依拠した議論である。これは，家事労働の価値形成的性格を否定する最も代表的な論拠であり，ほとんどの論者が多かれ少なかれこれに依拠している。第2の論拠は，家事労働という労働そのものの特殊性に注目するものである。第3の論拠は，第1の論拠を踏まえつつも，それに加えて家事労働の置かれている特殊な経済的位置を理由にして家事労働は労働力価値に入らないとするものである。

2　労働力は労働生産物か？

この3つの論拠について次節で順番に検討していくのだが，その前に，大前

提として，労働力はそもそも労働生産物なのかという問題について論じておく必要がある。というのも，労働力はそもそも労働生産物ではないという根拠にもとづいて，家事労働は労働力価値に入らないとする議論もあるからである。これは，典型的に労働力商品の特殊性論にもとづく議論である。つまり労働力商品は労働生産物と言えないほど特殊だというわけだ。このことから，労働力は未開墾地と同じ擬制的商品であるとする議論も盛んになされている[2]。労働力が労働生産物かどうかという問題に関してはすでに，前著『価値と剰余価値の理論』の第4章で解明済みであるが，ここでは，家事労働論争にかかわるかぎりで簡単に再論しておこう。

労働力＝「非労働生産物」説

たとえば，1960年代の家事労働論争に参加した高木督夫氏はこの問題について非常に明快に次のように述べている。

> 磯野氏の価値論の中心部分は，労働力商品は（家事労働という労働の）労働生産物である，という一点につきる。この点が承認されるならば，後は論理の破綻なしに磯野説が展開しうることは，たとえば資本制家内工業の家族従業者の例を思い浮かべるだけで明らかであろう。しかし，労働力商品は労働生産物ではない。労働力の消費が労働であり，労働力の生産とは，労働つまり労働力の消費過程外の労働者とその家族の生活そのものに他ならぬ。労働力が労働者の心身の能力の総括であり，労働者と不可分のものである以上そうならざるをえぬ。したがって，生活の中の家事だけを抜き出して，それだけが労働力の生産に役立っていると考えることはできぬ。[3]

このように，高木氏は，労働力商品はそもそも労働生産物ではなく，「労働力の生産とは……労働者とその家族の生活そのものに他ならない」とし，それにもとづいて家事労働は価値を生まないと主張している。しかし，他方で，高木氏は，「磯野氏の価値論の中心部分は，労働力商品は（家事労働という労働の）労働生産物である，という一点につきる。この点が承認されるならば，後

は論理の破綻なしに磯野説が展開しうる」と告白しており，労働力が労働生産物であることさえ了承されれば，磯野説が妥当しうることを認めてしまっている。これではほとんど磯野説を認めたようなものだが，高木氏は，もし家事労働が労働力の価値規定に入ると認められたなら，睡眠もレクリエーションもそれに入るではないかと述べることで抵抗を試みている——「家事労働が価値を生ずるとすれば，睡眠やレクリエーションもまた価値を生ずることにならざるをえないだろう」[4]。だがこれは生産行為と消費行為とを同一視するまったく誤った議論であって，これについては後で取り上げよう。

同じく，ジョン・ハリソンも次のように述べて，労働力は労働生産物ではないと述べている。

> 主婦が夫の労働力の維持と再生産に貢献しているから労働力を生産するというのは，次のように言うのと同じことである。すなわち，労働者が消費する食物や衣料を生産する資本家は，実際に労働力を生産していると。これはまったく支持しがたい。[5]

実際には「食料や衣料を生産」しているのは資本家ではなく，その資本家に雇われた労働者であり，したがって，「資本家」を「労働者」に置き換えれば，ハリソンが「まったく支持しがたい」として提出した命題は，実は完全に支持しうる。まさに「労働者が消費する食物や衣料を生産する労働者は，実際に労働力を（間接的に！）生産している」と言えるのである（これについてはすぐ後で再論する）。だからこそ，その部門での労働生産性が上昇すれば，労働力価値は下がり，相対的剰余価値が発生するのだ。ただし，ハリソンは，家事労働は労働力価値規定に入らないという立場ではない。家事労働は労働力価値に入るが，資本家によって支払われないので（つまり賃金は常に労働力価値以下である），資本家にとっての追加的剰余価値になるという立場である。

スーザン・ヒンメルワイトとサイモン・ムーンも次のように述べている。

> 家事労働は，労働者が生きていくために必要ではある。だがそれは労働力商品を生産していない。労働力は生きた個人の属性にすぎない。この意

味で，労働力は他のどの商品とも違う商品である。その違いは，労働力は労働によって生産されるのではなく，労働者の個人的消費によって生産されるという点にある。[6]

このように，多くの論者にとって，労働力が労働生産物ではないということはかなり自明のことのようである。だが，マルクス自身は繰り返し，労働力には労働が対象化されていると述べているし，それが労働によって生産されると述べている。主要な叙述は本書の第1章および『価値と剰余価値の理論』の第4章に見出せるはずなので，それに譲ろう。ここでは，本書第1章で引用した，人間の消費行為と羊毛による染料の吸収作用とをアナロジーさせているマルクスの文言についてだけもう一度論じておく。

いかなる意味で労働力は労働生産物か？

まず，マルクスの先の文言のうち最も重要な部分だけ再度引用しておくと，それはこうなっていた。

人が，その生産に必要な労働という場合に指しているのは，家畜の世話に費やされる労働や，それを生活手段にする生産に費やされる労働のことであって，その他に，消費の行為，つまり食ったり飲んだりする行為，要するに，この生産物または生活手段を摂取するのに費やされる労働のことを指しているわけではない。労働能力の場合もまったく同じである。労働能力の生産に費やされる労働はどういうものからなっているのか？ たとえば，自分の労働能力の形成に費やされる労働，教育や見習修業——これは不熟練労働 (unskilled labour) の場合にはほとんど考慮されない——を除けば，その再生産に費やされる労働は，彼によって消費される生活手段の再生産に費やされる労働の他にはない。この生活手段の摂取はけっして「労働」ではない。このことは織物に含まれている労働が，織布の労働や，羊毛とか染料などに含まれている労働を除いて，なお，羊毛そのものの化学的ないし物理的な作用によって成り立っていないのと同じである。羊毛は，この作用によって，労働者や家畜が生活手段を吸収するのと同様に染

料を吸収するのである。(草稿集7, 217-218頁, II/3-4, S. 1332-1333)

　この一文は，一方では，生活手段の直接的な消費行為が本来の労働ではないことの説明として役立っているだけでなく，消費行為によっても価値移転が生じることをも説明している。『価値と剰余価値の理論』で紹介したように，一部の論者は，生活手段の価値は労働力には移転しない，なぜならそれは具体的有用労働によって生産的に消費されるのではなく，純粋な消費行為（「個人的消費」）によって消費されてしまって，生活手段の価値は消費行為と同時に消失するからだ，という論理を展開している（マルクス自身も一時的にそうした説明をしていた）。ここから，さらに一部の論者は，したがって労働力商品は普通の商品と違ってそれ自身価値を担わない商品である（労働力価値他在説），あるいは擬制的商品であるという論理をも展開する。だがこのような議論はまったく間違っている。

　価値の移転というのは物理的現象ではなく，ある商品を生産するのに必要であった労働を経済的にカウントする社会的仕組みの物象的表現にすぎない。したがって，生活手段に費やされた労働が，労働力の再生産のために必要不可欠であるとすれば，消費される生活手段と生産される商品とのあいだが具体的有用労働によって媒介されようと，その商品（労働力）自身の消費によって媒介されようと，そのことは何の本質的相違ももたらさない。具体的有用労働とは自然の一部である人間の有機的力の発現であり，その自然的働き（社会的人間の知性によって統御されているとはいえ）の一部である。そして，具体的有用労働が価値移転の役割を担うのは，それが既存の使用価値的対象に働きかけて別の新たな使用価値をつくり出すからであり，ここでの核心はまさにこの使用価値的連関にある。抽象的人間労働は人間にしかなしえず，したがって人間にしか価値を形成することはできないが，具体的有用労働はそうではない。それは自然力や動物や機械や化学的作用によっても置きかえ可能である。重要なのは，それが新たな使用価値を生み出すという点にある。この使用価値的連関を保持するものであれば，価値移転の担い手（媒介項）は何も具体的有用労働である必要性はない。他の自然物ないし化学的過程や人工物によってもそれは可能である。家畜が飼料を食べれば，その飼料の価値は家畜という商品に移転す

る。染料の自然的浸透作用によって染料が織物に付着するならば、染料の価値は織物商品へと移転する。このような現象は、化学工業の場合にはもっと普遍的に見られるだろう。

このように、ある労働生産物と新しい労働生産物とのあいだを媒介するものが具体的有用労働であろうと、自然的作用であろうと、消費行為であろうと、全自動の機械であろうと、この使用価値的連関さえ維持されるならば、価値は移転するのである。

さらに、この移転過程が労働によって媒介されていなくても価値移転するということは、その最終生産物はやはり労働生産物であり、したがってそれ自身に対象化された価値を有するということになるだろう。染色の過程それ自体が自然的過程であるからといって、染色された物が労働生産物ではない何かになるわけではない。原材料が労働生産物であるなら、その原材料が使用されて生産されたものは――たとえその使用のあり方が自然的・化学的過程であろうと、個人的消費行為であろうと、全自動の機械によるものであろうと――労働生産物である。ある生産物の最終工程の段階で直接に労働が投下されていなかったとしても、それ以前の生産段階で労働が投下されていたならば、それは労働生産物である。

ワインや味噌や酢はその生産の最終段階で自然の発酵・熟成過程を必要とする。その発酵・熟成過程それ自体は労働過程ではない。マルクスが『資本論』第2巻で言うように、この場合は、生産過程は労働過程よりも長いのである。しかし、だからといって、ワインや味噌や酢が労働生産物ではない何かになるわけではない。発酵・熟成前のワインや味噌や酢は労働生産物だが、発酵・熟成後は労働生産物ではない、と主張する者がいるとしたら、誰もが首を傾げるだろう。

私は『価値と剰余価値の理論』で、修業労働や教育労働という労働が労働力の生産に直接投下され、したがってそれに直接対象化されていることを明らかにしたし（この点はマルクスもまったく同じ意見）、また本書で論証するように、労働力生産の最終工程では家事労働という直接的労働も投下されているが、しかし、たとえ労働力が生活手段の単なる個人的消費だけから生産されると仮定したとしても、その生活手段が労働生産物ならば、その労働生産物を消費し

て生成する労働力もまた労働生産物である。それは，労働者による個人的消費という「回り道」をして生産される労働生産物なのである。

「労働生産物」という言葉を，最終的に工場で組み立てられる何らかの加工品のようなものに無意識のうちに限定する物神崇拝者だけが，労働力は労働生産物ではないなどと言うことができるのである。これらの人々は，価値の担い手になりうる商品は，手でつかめるような物体的なものでなければならないと無意識のうちに想定している。サッカーボールのように手でつかめるものでないならば，それは価値を担うことなどできないし，したがって本来の商品ではないし，したがって擬制的商品であるというわけだ。

したがって，労働力は他のあらゆる労働生産物と同じく二重の意味で労働生産物である。まず第1に，それの再生産のためには種々の原材料（生活手段）が生産的ないし個人的に消費される必要があり，それらの原材料が労働生産物であるかぎり，これらの労働生産物を消費した結果生まれたものも間接的な意味で労働生産物である（**間接的労働生産物**）。第2に，労働力の生産の最終工程において，原材料を最終的に消費可能な形態にするために，あるいはその使用価値を維持するために，一定の直接的労働が投下されており，さらには一定の特殊な技能を身につけた特殊な労働力に変化させるためにも一定の直接的労働が投下されており，このような直接的な意味でもそれは労働生産物である（**直接的労働生産物**）。

このように，労働力は，間接的な意味でも直接的な意味でも労働生産物であり，そこには具体的有用労働のみならず抽象的人間労働も直接的ないし間接的に対象化されており，したがって，その価値は，マルクス自身が何度も述べているように，基本的に他のどの商品とも同じ形で価値規定することができるのであり，その価値規定における種々の特殊性はあくまでもこの一般性を侵害しない範囲で成立するのである。

第2節　「家事労働＝非価値形成説」の検討Ⅰ——場所の特殊性

以上で，そもそも労働力は労働生産物ではないという俗論が十分に反駁されたので，安心して，家事労働論争の本題に入ることができる。まず最も普遍的

に見られる「第1の論拠」から見ていこう。

1　私的労働論と消費行為論

　この議論は基本的に，家事労働がなされる場所ないし領域の特殊性に注目して，家事労働の価値形成的性格を否定するものである。これはさらに大きく言って2つのものに分かれるだろう。1つ目は，最も単純なものであって，家事労働のなされる場所が生産の領域から切り離された家庭という私的な消費の領域であるということから，ただちに家事労働は価値を生まない私的労働である，あるいは単なる消費行為であるという結論を引き出すものである。2つ目は，以上の論拠にもうひとひねり加えて，この私的経済単位を構成している夫婦の特殊な関係を理由にして，家事労働の価値形成的性格を否定するものである。

私的労働論と非商品生産説

　まず最初の最も単純な議論を見てみよう。家事労働は生産から切り離された家庭内で行なわれる私的労働にすぎず，家事労働は社会的分業の一環ではなく，商品の価値規定に入るような社会的労働ではない，あるいは，家事労働の産物たる料理や洗濯物や繕い物などは市場で商品として売られないので，私的労働のままにとどまる，したがって家事労働は価値を生産しないし，労働力価値規定にも入らない，云々という議論である[7]。

　だが，この説はまったく初歩的な誤謬の上に成り立っている。まず第1に，あらゆる商品を生産する労働は直接的には私的労働である。直接的にはそれが私的労働であるという理由で価値規定に入らないならば，あらゆる商品生産労働は価値規定に入らないだろう。それが社会的労働としての実を示すのは，その労働の結実たる何らかの使用価値が商品として市場で売買されるかぎりにおいてである。どんな生産物であれ，それが商品として市場に出されないならば，もちろん，その生産物に投下された労働は私的労働のままであり，したがってその生産物の価値規定に入らない。というよりもむしろ，そもそもその生産物は商品ではないのだから，いかなる価値も有さない。あるいはまた，その生産物が商品として市場に持ち出されても，まったく購入されない場合にはやはり，

そこに投下された労働は社会的労働としての実を示さなかったのであり，私的労働のままで終わることになる。しかし，その生産物が商品として市場に出されるだけでなく，それが恒常的に購入されるならば，直接には私的労働にすぎないものが市場での売買という回り道を通じて社会的労働として実証されるのであり，社会的労働になるのである。これが商品生産社会における私的労働と社会的労働との一般的関係である。

　このことは労働力という商品にもあてはまる。労働力の場合も，家庭内でそれの生産に投下された家事労働は直接にはもちろん私的労働である。しかし，それによって生産された労働力が商品として市場に売りに出され，反復継続的に購入される場合には，この私的労働は社会的労働としての実を示したのであって，労働力商品の売買という回り道を通じて社会的労働になったのである。直接には私的労働にすぎないものが回り道をして社会的労働に転化する独特の物象的形式が商品価値に他ならないのであり，家事労働が直接的には私的労働であるという事実は，それが価値形成労働になりうることを否定する根拠には何らならない。実際，すでに引用したように，マルクスも，たとえ家庭内で行なわれている労働であっても，それは「その物の価値を高め」，潜在的に価値をその労働対象に「つけ加える」と述べていた。

　第2に，どんな商品でも，その生産の過程では複数の工程に分かれ一定の分業が行なわれており，ある工程から別の工程に半加工品が引き渡されるさいには，もちろんのこと，いかなる商品交換も行なわれない。だからといって，途中の工程で投下された労働が最終商品の価値の中に入らないということにはならない。たとえば夫と妻との間に性別分業がなされているとして，両者間に商品交換関係が存在しないからといって，妻の家事労働が夫の労働力の価値の中に入らない理由にはならない。最終的に生産された労働力商品が市場で売買されさえすれば，妻の家事労働は価値として実現されるのである。

　同じ系列の議論として，家事労働が妻によって担われていると前提した上で，妻の家事労働が価値を生まないのは，その労働が夫や子どもなどの特定の人々に奉仕するものだからだ，というものがある。たとえば，水田玉枝氏は次のように述べている。

主婦労働が商品生産活動ではないということは，主婦が，自由な労働力
　　の所有者として貨幣所有者に市場でそれを販売せず，夫や家族という特定
　　　　　　　　　　　　　　　　　　　　　　・・
　　の人間に対してのみ奉仕していることに起因する。[8]
　　・・・

　しかし，この議論の核心は「特定の人々に奉仕する」という点にあるのではなく，あくまでもそれが家庭内で行なわれ，夫や家族との間で商品交換がなされていないという点にあると思われる。さもなくば，特定の人々にのみ売ることを前提としたオーダーメイドの商品を生産する労働は，価値を生産する労働ではない，ということになってしまうであろうし，あるいは，主婦が，自分の夫や子どもだけでなく，たとえば近所にいる他の家族のためにも家事労働を一部引き受けたら（そういうことは地域共同体が生き残っているところではしばしば起こる），価値を生むことになってしまうからである。だから，「特定の人々」への労働という契機は，理論上，まったく余計な追加であろう。そして，家事労働の成果を消費することで再生産される労働力は商品として不特定の買い手に販売されるのであるから，結局，家事労働は不特定多数の買い手を対象にしたものであると言える。

生産的消費と個人的消費
　さらに同じ系列の議論として，家庭というのは単なる私的領域ではなく，生産過程から脱落した消費の領域であり，したがって家庭内で行なわれる行為は，それが消費であろうと労働であろうと，工場内で行なわれる「生産的消費」ではなく，「個人的消費」にすぎない，あるいは単なる「消費行為」「消費活動」「消費過程」にすぎない，したがってそれは最初から価値を生む資格をもたない，という議論も非常に多い[9]。他のどの商品に関しても，それを完成品にするのに要した労働は価値を生む労働としてカウントされる。ところが，労働力に関してだけは，その生産に必要な生活手段を最終消費形態にするのに要した労働は，けっして労働力を生産するのに要した労働にはカウントされないと言われる。なぜか？ 答えは簡単である。それは，「生産的消費」ではなく，「個人的消費」だからだ。「個人的消費」と名づけられたものは，そのことによって価値を生まなくなる，というわけだ。

だが，これは一種の同義反復である。家事労働は価値を生まない，なぜならそれは家庭内で行なわれている「個人的消費」「消費活動」「消費過程」だからだ。ではその「個人的消費」「消費活動」「消費過程」とは何か？　それは価値を生まない行為として定義されるところの家庭内の行為である。つまり，あらかじめ，家庭内で行なわれるあらゆることを，価値を生まない行為として定義される「個人的消費」「消費活動」「消費過程」と名づけることによって，家事労働の価値形成的性格を否定しているのである。

だが，家庭内の行為を「個人的消費」とか「消費活動」とか「消費過程」と名づけ，それは価値を生まないものだと定義したのは人間（学者ないし世間）にすぎない。学者がそう名づけそう定義したからといって，あるいは世間が漠然とそうみなしているからといって，その客観的性質がその命名や見方に応じたものになるわけではないし，価値を生まなくなるわけでも，労働ではない何かになるわけでもない。ブルジョア経済学者が，価値の実体は限界効用であると名づけ，あるいは社会的にも効用ないし使用価値が価値を形成するとみなされていたとしても，価値の実体が労働でなくなるわけではないのと同じである。

社会的な見方それ自体が事柄の客観的本質をも規定するのだとしたら，そもそも科学としての経済学は不要であろう。マルクスが言うように，ブルジョア社会においては本質はしばしばその反対物として現象するからである。生産としての家事労働が，家庭内で行なわれているというだけで社会的に「個人的消費」「消費活動」「消費過程」として現象するのは，まさにこの「正反対物としての現象」の最たるものであろう。多くのマルクス経済学者は，まさにこの外観に支配され，ブルジョア的現象形態に目を奪われ，家事労働を「個人的消費」「消費活動」「消費過程」と呼んでいるだけなのである。

ところで，マルクス自身は「生産的消費」をどのように定義していただろうか？　生産的消費と個人的消費との混同を批判する多くのマルクス経済学者たちは基本的にマルクスの理論に立脚しているのだから，マルクス自身の定義を確認しておくことは無駄な手続きではないだろう。マルクスは，「経済学批判要綱」の中で，生産的消費を次のように定義している。

　　材料，用具，労働という過程の3つの契機をすべて合体して，中性的結

果——生産物となる。同時に生産物においては，生産過程で消尽されたこの過程の諸契機が再生産されている。したがって過程全体が生産的消費 (productive Consumption) として現われる，すなわち無に終わるのでもなければ，対象的なものの単なる主体化に終わるのでもなく，それ自体が再びひとつの対象として措定されるような消費として現われる。(草稿集1，360-361頁，II/1-1，S. 220. 強調ママ)

この定義によれば，生産的消費とは，それが工場で行なわれるか家庭で行なわれるかに関係なく（そもそも「場所」はこの定義に入っていない），材料，用具，労働という過程の3つの契機を合体して生産される生産物において現われる消費であり，「無に終わるのでもなければ，対象的なものの単なる主体化に終わるのでもなく，それ自体がひとつの対象として措定されるような消費」のことである。この定義にもとづくなら，たとえば，家庭内で料理をつくる家事労働は完全に生産的消費である。なぜならそれは，食材（材料），調理道具（用具），調理労働（労働）の3つを合体させて，調理された料理という対象的生産物をつくり出すし，この生産物において現われる消費は，「無に終わる」のでもないし，本来の消費のように「対象的なものの単なる主体化」に終わるものではなく，「それ自体がひとつの対象として」，すなわち，調理された料理という「ひとつの対象」として「措定」されているからである。したがって，家事労働は，まぎれもなく，マルクスが定義する意味での生産的消費である。また『資本論』でもマルクスは次のように述べている。

それゆえ個人的消費の生産物は消費者自身であるが，生産的消費の結果は消費者とは別の生産物である。(KI, 241頁, S. 198)

家事労働者が食材を調理することの結果は，この消費者とは別の生産物，すなわち食卓に並んだ夕食などである。したがって，家事労働者の労働はまぎれもなく「生産的消費」である。つまり，このまぎれもない「生産的消費」を個人的消費とみなした人々こそ，実は「生産的消費と個人的消費とを混同する」という理論上の初歩的誤りを犯しているのである。

生産行為と消費行為

　この種の「混同」をする人々は，次のようにさえ主張して，自らの「混同」をさらに悪化させる。すなわち，家事労働を価値を生む労働だとみなしうるのだとしたら，食べる行為などの本来の消費行為や睡眠も価値を生む労働になってしまうではないか，と。先に紹介した「労働力＝非労働生産物」論者である高木氏もすでにそう主張していたが，それ以外にもそう主張する人々は多い。たとえば，ポール・スミスも次のように主張している。

　　もし食物を料理することが労働力の生産に必要なら，なぜ食べることはそうではないのだろう？　それなら，労働力の回復には睡眠は不可欠だから，それもまた価値を生産する労働だと言ってよいことになる。[10]

　だが，これほどおかしな反論もあるまい。たしかに，物事には常に中間的で曖昧な領域が存在するし，労働と非労働との中間に属するような行為，あるいはどちらに分類するべきなのか判断に迷う行為も存在するだろう。たとえば職場への通勤という行為は労働なのか単なる生活行為なのか，知識労働者が日々新聞を読む行為は知識労働の一環なのか単なる消費なのか，等々。しかし，家事労働として総括されている諸行為それ自体は，そのような中間的なものではなく，市場の中に存在すれば誰もが明確に生産的労働であると呼ぶであろうものである。レストランでのコックの料理，工場や交通機関などでの清掃労働，クリーニング店での洗濯労働，等々。それらは明確に物質的な労働である。他方では，飲んだり食ったりする行為は，それがどこで行なわれていようと，「個人的消費」であり，単なる消費行為である。両者の違いはまったく明白であって，それぞれが行なわれている場所の問題を捨象しさえすれば，両者を混同する論者は一人もいないだろう。

　もし家庭内で行なわれているというただそれだけの理由で，本来の消費行為と家事労働とをいっしょくたにする議論が成り立つのなら，家事労働の性格とはまったく無関係に，そもそも，他のどんな労働に関しても，生産行為と単なる消費行為とを区別することさえできなくなるだろう。「もし家事労働を価値を生む労働だと認めるのなら，料理を食べたり寝たりする行為も価値を生む労

働になってしまうではないか」というような馬鹿げた疑問を提起する人は，まったく同じ疑問を工場内での生産的労働に対しても投げかけることができるはずである。たとえば，「もし工場でサンドイッチを生産する行為が価値を生む労働ならば，仕事の合間に水を飲んだり弁当を食べたりする行為も労働になってしまうではないか？」と。なぜそういう異論を出さないのか？

　それが生産行為なのか消費行為なのかは，その行為が行なわれている場所とはまったく無関係のはずである。それがもし消費行為なら，家庭内で行なわれようと工場内で行なわれようと消費行為である。工場労働者は昼飯を食べないと午後の労働に従事することはできない。したがって，昼食をとるという行為は工場労働にとって必要不可欠の行為である。だからといって，職場に弁当を持ち込んでそれを食べる行為や，工場に付属した食堂で昼食をとる行為が価値を形成する労働になるわけではないし，あるいは，家にわざわざ帰って昼食をとるときだけそれが消費行為になるわけでもない。椅子の材料を買ってきて家庭内で椅子を生産する行為は，その椅子に座って休む行為と同じではない。椅子を生産する行為は，家庭内で行なわれようと工場内で行なわれようと生産行為である。家庭内で生産された椅子がバザーやネットで販売されれば，その椅子を生産した労働は価値を生む労働になる。そして，その椅子に腰掛けて休憩する行為は，家庭内で行なわれようと工場内で行なわれようと生産行為ではないし，たとえそれが生産的労働にとって必要不可欠な行為であったとしても，価値を生む労働にはなるわけではない。

対立物の統一としての生産的消費と個人的消費

　このように，「生産的消費」と「個人的消費」とを混同する人々は，家庭内で行なわれている生産的消費を，家庭内で行なわれているというただそれだけの理由で「個人的消費」に分類し，逆に，生産的消費の場とされている工場内での個人的消費の問題については忘れてしまう。結局，こういう人々は，最初から家庭内を消費の領域と決めつけているにすぎないのであり，そこで行なわれていることは何であれ労働であるはずがないと思い込んでいるだけなのである。だが，どうしてこのような奇妙な思い込みが生じるのだろうか？　これは，ジェンダー的偏見という構造的問題を別にすれば，実は「逆関係における対立物

の統一」という弁証法的関係の無理解から必然的に生じるイデオロギー的錯誤の一種なのである。

「逆関係における対立物の統一」とは何か？　その典型的な例をマルクスは商品と貨幣との関係で説明している。商品は価値と使用価値との統一物である。しかし，商品から貨幣が発生すると，商品に内在する価値と使用価値との対立は，今度は商品と貨幣という外的な対立に転化し，この対立項において貨幣は価値を代表し，商品は使用価値を代表することになる。どちらも，価値と使用価値との統一物なのだが，商品は，使用価値を主要なモメントとする「価値と使用価値との統一物」であり，貨幣はそれとは逆に価値を主要なモメントとする「価値と使用価値との統一物」である。この両者においては，それぞれの内的本質が対立物の逆関係において表現されており，それによって両者は必然的な両極を構成する。

だがこのような外的対立関係がいったん成立すると，両極のそれぞれがそれ自身，一個の対立物の統一であることが外的な観察者からは見えなくなり，貨幣は単なる価値に見え，商品は単なる使用価値に見えるようになる。ここから，たとえば重商主義者は貨幣（金銀）を生産する労働だけが価値を生むと考えたし，あるいは，単なる使用価値が，したがって一定の効用をもたらすことそのものが，価格としての価値のうちに直接に表現されるように見え，ここから効用価値説的な迷妄が生まれることにもなる。

内的な対立が外的な対立に転化することによって，対立を構成する両項が，対立項の一方のみを表現するように見えるという現象は，利子生み資本と産業資本とのあいだにも見出せる。産業資本のうちに存在した所有と機能との内的対立が，利子生み資本の自立化によって外的対立に転化すると，利子生み資本はもっぱら所有であるように見え，したがってもっぱら資本であるように見え，他方，産業資本はもっぱら機能であるかのように，したがって所有を代表する資本との対立関係においては，機能資本家の行為は一種の生産的労働であるように見える，等々。

これと同じ現象が，この生産的消費と個人的消費との関係にも起きているのである。もともと家族経営的な小生産者の経済単位においては，生産的消費と個人的消費とは空間的にも時間的にも同一ないし連続した流れの中で行なわれ

ており，両者は一個の内的対立関係を構成していた。しかし，小生産が解体し，その生産的機能が外部化し，資本のもとで組織されるようになると，小生産者の経済単位において内的対立を構成していた両項は外的対立に転化するようになる。すると，この外的対立の両項（資本主義的な工場と賃労働者の家庭）はそれぞれ生産的消費と個人的消費を代表するようになる。しかし，この両項は実はどちらも，生産的消費と個人的消費との統一物なのであり，ただ一方を主要なモメントとしているにすぎない。すなわち，資本主義的工場においても生産的消費だけが行なわれているのではなく，工場内での昼食，夜勤労働における夕食や夜食などの例に見られるように，個人的消費も行なわれているし，賃労働者の家庭においても，個人的消費だけが行なわれているのではなく，家事労働のような生産的消費も行なわれている。ところが，この外的対立関係においては，両項のそれぞれが，一方を排他的に代表することによって，あたかも工場の領域がもっぱら生産的消費の領域に見え，家庭の領域がもっぱら個人的消費の領域であるように見えるようになるのである。

2 家庭内の特殊な関係を理由にした否定論

今まで検討してきたこの第1の論拠（およびそれと系列を同じくするその他の諸議論）はいずれも，家事労働が行なわれるのが家庭という特殊な私的領域であることを理由にして家事労働の価値形成的性格を否定するものであった。しかし，この論拠だけでは家事労働の価値形成的性格を説得的に否定するのは明らかに無理があるので，次には，この私的領域論にひとひねりを加えて，この私的経済単位を構成する夫婦の関係がきわめて特殊な関係であるから家事労働は価値を生まないという議論が登場することになる。

「無償労働」としての家事労働

まず，家庭内での家事労働はその受け手との間で報酬のやり取りがなされる金銭契約関係（たとえば雇用関係）にもとづいておらず，婚姻関係という特殊な人格的社会関係にもとづいた無償労働なので，労働力価値には入らないという議論がある。だがこの議論にも根拠はない。

まず第1に，一定の協業ないし分業が市場的な契約関係ではなく人格的な婚姻関係にもとづいており，したがって両者間で何らかの報酬や金銭のやり取りがなされていない状態で商品が生産されているのは，何も労働力商品だけの特殊性ではない。今日でも広く存在している小商品生産においては，しばしば家族単位で商品が生産されている。たとえば，ある物的商品（家族経営の農家における農作物や家族経営の工場における部品など）を生産するのに，夫の労働が1日当たり10時間，妻の労働が1日当たり8時間費やされているとすれば，その商品生産物の価値は生産手段価値＋18時間のはずである。それとも，この両労働者は婚姻関係にもとづく夫婦だから，夫の10時間労働しか商品価値に入らないと言うのか？　もちろん，現実には，大規模生産との厳しい競争条件ゆえに，妻の生産的労働どころか夫の生産的労働さえその一部しか商品価格として実現されないこともあるだろう。だからといって，家族的な小生産が生産する商品の価値にはそもそも，その商品を生産するのに要した労働の一部（夫の労働）しか入らないという命題を原理的に打ち立てることができるだろうか？　もちろんできない。したがって，両労働者の関係が市場的でない私的な人格関係であるという理由は，家事労働が価値を生まない根拠には何らならない。

　第2に，家事労働を遂行するにはその家事労働者が消費する生活手段を必要とするのであり，その生活手段が無償でないかぎり，家事労働はけっして無償ではない（この問題については後でもっと詳しく論じる）。それに費用がかかっていないという意味で「無償」なのは，家事労働が生み出す価値のうち家事労働者が消費する生活手段価値を超える部分，すなわち賃金労働で言えば剰余労働に相当する部分だけである。だが，この部分に費用がかかっていないのは，資本家が雇用する賃金労働者の場合も同じであり，この費用のかかっていない部分が，無償であるがゆえに価値を生まないという推論が成り立つのならば，賃金労働者の行なう剰余労働も価値を生まないという結論を引き出さなければならなくなり，剰余価値も利潤も消えてなくなることだろう。この矛盾を回避するためには，家事労働は家庭内で行なわれているから価値を生まないという，すでに論破済みの論拠にすがるしかない。以上の点からして，家事労働の無償性は家事労働が価値を生まない根拠にはならない。

この説は結局のところ，労働力価値に入るのは実際に支出された費用分だけであるという「支出費用説」に暗黙のうちにもとづいている。この説の最大の強みは，それが目に見えるとおりの現象にそのまま依拠している点にある。労働力を生産し再生産するのに何らかの費用が実際にかかるとすれば，労働力商品の価格である賃金はこの費用をまかないうるものでなければならない。支出よりも収入の方が少なければ，労働力商品は再生産されえない。だから，賃金には労働力を生産し再生産するのに必要な諸費用が入ると主張することは，ブルジョア経済学者でも絶対に否定しようのない，実にわかりやすい理論であり，だからこそ，ウィリアム・ペティ以来の古典派経済学者たちは，賃金の本質が労働力の価値であることを見抜けなかったにもかかわらず，事実上，賃金を労働者（とその家族）の必要生計費で規定することができたのである。だが，この説の最大の難点は，それが労働価値論にもとづいておらず，したがってその賃金論を労働価値論的に説明できない，という点にある。

　以上見たように，家事労働が金銭契約関係ではない婚姻関係にもとづく無償労働であるということから，それが価値規定に入らないという結論を下すことは，とうてい説得力のあるものではない。そこで，この婚姻関係によって成立する経済単位は，単に私的であるだけでなく，また両当事者の関係が金銭契約関係にもとづいていないというだけでなく，その婚姻関係の一方の当事者である妻の労働の存在そのものを抹消してしまうほど特殊に妻の人格性を埋没させるものなので，家事労働は価値を生まないという説が登場する。

カップル単位論

　伊田広行氏は，家庭というのは，夫だけがその人格性を承認される特殊な私的経済単位（カップル単位）であり，その中では妻たる女性の人格性はこの単位のうちに完全に埋没し，否定されるので，彼女が行なう労働はシャドーであり，社会的に無であり，したがって無償であり価値を生まないと主張する。先の無償労働説では，私的経済単位としての夫婦は婚姻関係にもとづいており，したがって家事労働は（夫にとって）無償であり，したがって家事労働は価値を生まないという論理連鎖であった。つまり，「婚姻関係→無償労働→家事労働は価値を生まない」。だが，伊田氏はむしろ，家事労働が無償であるという

ことと価値を生まないということの両方を，カップル単位の独自性から導き出そうとする。すなわち「カップル単位→妻の人格性の埋没→妻の家事労働のシャドー化→家事労働は無償でありかつ価値を生まない」。伊田氏は次のように述べている。

　基本的に，労働力商品の再生産の単位は，個人（シングル）ではなく，賃労働者家族（賃金は家族の再生産費）である。そしてここで考える基本モデルにおいては，妻は家族領域の専従的担当者となって，家事労働という労働力商品の再生産活動を行なう役割として存在する。労働力商品の単位が家族であるということのもつ意味は，労働力商品という側面からみた場合，経済的な人格は1人ということである。労働力商品所有者である夫（男）が，家族の人格的表現者であり，自分の得た「賃金（生活手段）」（＝労働力商品の販売価格）を「消費」する主体，すなわち労働力の再生産を行なう主体，労働力の再生産者であるということである。……妻は，一見夫の賃金を消費（したがって人間や労働力を生産）しているように見えるが，経済学的には役畜や奴隷と同じく，再生産労働に関わっていても生産者ではなく，したがって役畜や奴隷と同じく妻の「労働」は労働力商品所有者のものである。……妻は，資本家に対しその労働力を直接切り売りしているわけではなく，単位の中に埋没しているため，労働市場からみればその存在はシャドー（不可視：無）である。[11]

　カップル単位制とは，無償で家事労働をする人間が標準として単位のなかに埋没して存在していることであり，その下でなされる家事労働は社会的分業の一環を担っていても価値を形成しない。[12]

伊田氏は，労働力が労働生産物であることを認めているし，家事労働がその生産の一部を構成していることも，したがってそれが社会的分業の一環を担うこともすべて認めているが，それにもかかわらず，家事労働が労働力価値規定に入るということだけは頑として否定する。その論拠は，家族ないしカップルという私的経済単位が，家事労働を社会的に抹消してしまうほどに非常に特殊

な単位だというものである。だが残念ながらこれも何の説得力もない。この議論に対しては，先の無償労働論に対して行なった批判がすべてそのままあてはまるが，それに加えて，次のような問題がある。

まず第1に，伊田氏は妻が専任家事労働者になっていることを前提にして家事労働の価値形成的性格を否定しているが，もしそうなら，共働き化した場合には，家事労働は労働力価値を形成することになるのだろうか？

第2に，戦前の古典的家父長制と違って，戦後においては法的に妻の人格的独立性は認められており，家族単位においては夫が唯一の人格として社会的に承認され家族の財産も家族構成員自身も夫の所有物であるという戦前型の構造は，戦後は基本的に否定されている。戦前型の家父長制をそのまま理論的に一般化するのは，フェミニズムの議論としても乱暴にすぎるだろう。しかも，この日本において真に資本主義が全面的発展を見たのはまさにこの戦後においてなのである。

第3に，たとえ妻の人格的独立性が認められていないと仮定したとしても，だからといってその労働が価値規定に入らない理由にはならない。伊田氏は奴隷の例を出しているが（役畜の例はそもそもナンセンスだろう。役畜は人間ではないので最初から価値を生まない），奴隷のように人格的独立性を認められていなくても，その労働は価値を生む。だから，奴隷を使って商品を生産する者は剰余価値を実現するのであり，しかも，「費用」がより多くかかっている賃労働者を使う場合よりも多くの剰余価値を実現するのである。

第4に，商品生産社会においては基本的に，私的経済単位においてその単位に埋没した諸個人が無政府的に商品を生産し，商品交換を通じてはじめてその諸個人の私的労働は社会的労働としての実を事後的に証明するのであり，その意味で，商品を生産する労働はすべて原理的には私的経済単位の中に埋没しており，シャドーなのである。社会的に顕在的であるのは，市場で交換に付される商品だけであり，したがって，個々の私的経済単位の中で支出された私的労働は価値としてその商品に社会的痕跡を残さなければならない。むしろ，私的経済単位の内部で支出された労働が直接的には顕在的でも社会的でもなく，私的経済単位に埋没しているからこそ，その労働は自己を商品の価値として物象的に顕在化させなければならないのである。それ以外に，その労働とそれを遂

行する者の生活を保障する手段がないからである。

　さらに，商品生産一般ではなく，資本主義的商品生産を念頭に置くならば，実際に商品を生産している者の人格の埋没性とシャドー性はいっそうひどくなる。なぜなら，単純商品生産においては，その商品を生産する者と，その商品を領有（取得）する者，したがって市場でその商品の所有者・代表者として他の商品所有者と相対する者とは同一人格であるが，資本主義的商品生産においては，この両人格は分裂し，実際に商品を生産する者はその商品を領有せず，したがってそれを代表もせず，資本家（あるいは結合資本家たる株式会社）がその商品を全面的に領有し，市場においてその商品の所有者および代表者として他の商品所有者と相対するからである。ちょうど，伊田氏が家庭という私的経済単位に見出した夫と妻との支配・被支配関係が工場ないし企業という私的経済単位にも見出せるわけである。こうして，生産的労働者の人格性は完全にシャドー化する。あれこれの商品を指してわれわれは，それはトヨタがつくった車だとか，東芝がつくったパソコンだなどと言うのである。実際には，トヨタや東芝という法的人格は何ら生産的労働を行なっておらず（それはそもそも人間でさえない），実際にそれをつくったのは，トヨタや東芝あるいはそれらの下請企業で働いている生産的労働者である。だがわれわれはけっして，トヨタ製と記された車を指して，トヨタおよびその下請企業で雇用されている労働者がつくった車だ，などとは言わない。市場において「生産者」として立ち現われるのは，実際にそれを生産した労働者ではなく，あくまでも資本家（あるいは株式会社）なのである。私的単位への人格性の埋没とそれによる私的労働のシャドー化ゆえに，その労働が価値を生まないものになるのならば，資本主義的私的単位でなされているすべての生産的労働は価値を生まないことになるだろう。

　同じことは，「妻の『労働』は労働力商品所有者のものである」という伊田氏の文言にもあてはまる。資本主義的生産においてはまさに，労働者の「労働」は，生産手段所有者である資本家のものである。妻の「労働」が他人のものになるからその労働は価値を生まないという推論が成り立つのなら，同じく，すべての資本主義的労働は価値を生まないことになるだろう。むしろ現実は，伊田氏の想定と反対なのである。市場において「生産者」とみなされない者の労

働でも価値を生むし（資本主義的生産的労働），逆に市場において「生産者」とみなされている者の労働であっても価値を生まないものはいくらでもある（資本家による搾取労働や，純粋な流通取引行為など）。ある労働が価値を生むかどうかを，「市場」で成立する転倒した外観にもとづいて判断してはならない。

結局，伊田氏の議論は，なぜ家事労働が労働力価値の形成に入らないとみなされているのかの説明としては説得的であるが，なぜ家事労働が実際に労働力価値に入らないのかの説明としてはまるで説得的ではない。

第3節　「家事労働＝非価値形成説」の検討 II
　　　　——家事労働そのものの特殊性

以上見たように，家事労働がなされる家庭という私的領域の特殊性（あるいはその特殊な領域で成立している特殊な関係性）を理由にして家事労働の価値形成的性格を原理的に否定するのは無理であることが明らかになった。そこで，家事労働そのものの，労働としての特殊性を理由にして家事労働の価値形成的性格を否定する議論が登場する。それがこの第3節で検討する「第2の論拠」である。

この論拠に関しても大きく2つに分けておこう。1つは，家事労働は普通の物的商品を生産する労働や役畜の世話をする労働とは，その具体的性質の面でまったく異なるものであり，したがって，普通の物質的労働と違って価値を生産しないと主張する。これは，労働力は労働生産物ではない，あるいは，サービス労働は価値を生まないとする論者におおむね共通している理屈である。もう1つは，それとは反対に，家事労働は賃金労働力を再生産するだけでなく，家事労働力をも再生産するという2倍の労働力生産をするのでかえって労働力の価値を生まないという逆説的なものである。以下，順に見ていこう。

1　特殊な具体的有用労働としての家事労働

家事労働の個別的で多様な性格

まずもって次のような主張を提起することができるだろう。家事労働というのは物的生産物を生産する工場労働と違って，ある一定の時間をかけたら正確

に同じ使用価値をもった商品を生産しうるというものではなく，個別的にきわめて多様であり，したがって，価値を生産する労働であるとみなすことはできない，と。たしかに，それ自体物的なものである料理をつくる場合でも，手抜きしてつくることもできれば，料亭並みの料理をつくることもできる。家事労働時間に単純に比例して労働力が回復したり再生産したりするという機械的対応関係は存在しない。このような具体性と多様性を帯びた家事労働（育児労働の場合はいっそうこの側面は強くなるだろう）を，物的生産物をつくる工場内労働といっしょくたにすることはできない。しかしながら，この事実は，家事労働が原理的に価値を生まないとする根拠にはまったくならない。

まず第1に，労働力を生産し再生産するのに必要な家事労働が多かれ少なかれ慣習的であり，したがってまた曖昧で多様であるという事実は，生活手段そのものに関してもあてはまる。マルクスが言うように，労働力価値に入っている最大の項目である生活手段の質と量と範囲は歴史的・文化的に，したがってある程度慣習的に規定されており，経済学的に厳密に確定しうるものではない。なるほど，生活手段を構成する個々の商品の価値量は客観的に確定可能であろうが，正常な労働力を生産し再生産するのにさまざまな生活手段が全体としてどれくらいの量が，そしてどのような質的水準で，どのような組み合わせで必要なのかについては，きわめて曖昧で多様である。また，ある一定の生活手段を消費したからといって，それに比例して労働力が回復するわけではない。ここでもインプットとアウトプットとの対応関係は機械的ではない。しかし，だからといって，生活手段価値が労働力価値に入らないということにはならない。

家事労働にも，労働力を再生産するのに最低必要な部分と，歴史的・文化的・習慣的要素によって規定される部分がある。われわれは，労働力を生産し再生産するのに厳密に必要な家事労働時間が何時間であるかを確定することはできないだろうが，その代わり，一定の地域・文化・歴史的時期において慣習的に支出されている家事労働時間の平均値を用いることができる。このような平均値による代替が原理的に許されないのなら，生活手段に関しても許されないと言うべきであり，したがって労働力価値そのものが確定不可能であると言うべきであろう（実際にそう主張している論者もいる）。

第2に，家事労働の支出量と労働力そのものの使用価値との関係はかなり曖

味かもしれないが，家事労働が直接作り出す物的財貨——料理，洗濯された衣服，掃除された部屋，等々——との関係では，家事労働時間とその成果の量的関係はかなり明確である。後でも述べるように，工場内労働ほど厳格ではないにせよ，家事労働量とその諸成果とのあいだには一定の比例関係が存在する。そして，基本的に家事労働は，賃労働者が購入した生活手段に付随するものであり，その量と一定の相関関係にある。もちろん，さまざまな歴史的段階や地域・文化水準の違いに応じて，この相関関係は多様であろう。加工度のより低い生活手段しか普及していない場合には，より多くの家事労働が必要とされ，逆に，加工度のより高い生活手段が市場で売られている場合には，必要とされる家事労働はより少なくてすむ，等々。しかし，一定の歴史的時期・地域・文化水準においては，その量的関係は一定の平均値を有している。そして一定量の生活手段の価値を労働力価値の中に入れることが，労働力価値を曖昧化するものとみなされていないのならば，その生活手段に相関的に付随する一定量の家事労働を労働力価値に含めることは，労働力価値の大きさを曖昧化することにならないはずである。

　第3に，インプットとアウトプットとのあいだに機械的対応関係がなく，個別的に多様であるという家事労働の性質は，何も，家事労働にのみ特有のものではない。それは，「有機的なもの」，「生きているもの」全般に投下される労働にも多かれ少なかれあてはまることである。同じだけの労働を投下したからといって，まったく同じだけの作物収穫や漁獲高があるわけでもないし，同じだけの質の肉牛やワインができるわけでもない。それらの量や質は，それぞれの地域の土壌や気候や季節のあるなし，その年その年の天候，気温，湿度，昼と夜の温度差，病気や害虫の有無，などによって大きく左右される。だからといって，これらの労働が本来的に価値を生まない労働であるということにはならない。ここでも平均値が代わりをつとめる。このような個別的多様性は，それらの生産を資本主義化しにくくする要因ではあっても，その労働が原理的に価値を生まないことの根拠にはならないのである。

人間の主体的消費による媒介

　しかし，具体的有用労働としての家事労働の特殊性はこれだけではない。家

事労働は直接には労働力を生産してはおらず，それが直接に生産ないし維持しているのは消費用の種々の諸物品にすぎない，したがって，それが労働力の生成に結実するには，人間である労働力所持者による主体的な消費行為による媒介を必要不可欠とする，それゆえ，物を生産したり家畜の世話をする労働と違って，家事労働は労働力価値を形成しないのだ，という議論もありうるだろう。この「主体的な消費行為」論は，家事労働のみならず教育労働などの価値形成的性格を否定するのにも持ち出されているが，ここでは家事労働についてだけ見ておこう。たとえば，青柳和身氏は次のように述べている。

　　労働力（人間の労働能力）が育児・家事労働や教育労働によって直接的に「生産」できない理由は，労働力再生産の内容をなす享受行為や自己発達は本人の主体的活動を本質的契機とするからである。家畜の飼養労働（具体的有用労働）は労働量に比例した家畜の増殖と成長という使用価値的生産をもたらし，所与の歴史的条件において社会的平均的な必要労働時間（抽象的人間労働）も成立する。しかし奴隷労働力の場合ですら，「家畜」化されているとは言っても人間であり，増殖（生殖）拒否，自殺，労働能力の自己毀損としての自傷……等が可能であって……，その結果，奴隷労働力の家畜的「生産」は不可能であった。[13]

たしかに，家事労働の諸成果が首尾よく労働力の生産と再生産に結びつくためには，労働力を所持している人間自身の消費行為を必要不可欠とするし，その行為は主体的で自発的行為である。いくら栄養バランスのよい美味な料理をつくっても，星一徹のようにちゃぶ台ごとひっくり返されてしまえば，その料理に投下された労働はけっして労働力価値には入らないだろう。家畜の場合でも無理やり餌を食べさせることはできないだろうが，人間よりははるかに制御しやすいだろう。人間はけっして家畜ではないし，単なる「物」でもない（したがって，家畜の価値規定と人間労働力の価値規定とを同一視したマルクスの議論は一面的なのだが，何ゆえかこの点について「消費行為の主体性」論を唱える人々はとくに批判していない）。

　だが，このことから導き出されるのは，「家事労働が労働力価値規定に入る

ためには，その労働力の所持者による主体的な消費によって媒介されることが不可欠である」というごく当然の結論だけである。「消費行為の主体性」論を唱える人は，不思議なことに，「家事労働の諸成果が労働力の生成に結びつくためには人間の主体的消費行為が必要であるから，家事労働は労働力価値を形成しない」という論理を提出する。だが前半の命題と後半の命題とのあいだには何の因果関係もない。「家事労働の諸成果が労働力の生成に結びつくためには人間の主体的消費行為が必要である」という命題に続くべきは，「したがって家事労働は，人間の主体的消費行為によって媒介された場合のみ労働力価値を形成する」という命題でしかない。

　家事労働が実際に労働力の価値を形成するには人間の主体的消費が不可欠であるということは，人間の労働力がけっして家事労働の一方的な生産物ではない，ということを意味する。それはむしろ，家事労働をする人間とその成果を主体的に消費する人間との共同の生産物なのである。だが，家事労働だけでも人間の主体的消費だけでも，労働力の生産には足りない。市場で購入する生活手段が不可欠である。そしてその生活手段を生産するのは，商品価値を生むと想定されている通常の市場労働である。したがって，労働力は結局，市場内の商品生産労働と家庭内の家事労働との産物が人間の主体的消費に媒介されて人間の身体・精神に同化されることではじめて生産され再生産される。これが，使用価値連関に即して見た場合の，労働力の生産過程である。

　さて，以上の使用価値連関から次のような価値連関が生じるだろう。消費行為それ自体は労働ではないので，商品としての労働力の価値は結局，その労働者が消費する生活手段の価値に体現されているかぎりでの市場労働の量と，その生活手段を最終消費形態に変えるかその使用価値を維持する家事労働の量とによって規定される。ところが，否定論者たちは，この価値連関から家事労働だけを排除する。おかしいではないか？　労働力の生産へと結実する上で人間の主体的消費が必要なのは，家事労働だけではなく，生活手段価値に体現されている通常の市場労働もだ。星一徹がちゃぶ台をひっくり返すことで台無しになるのは，その料理をつくった家事労働だけでなく，その材料となった生活手段もであり，したがってそれを生産するのに要した市場労働もである。労働力を所持している労働者の主体的消費が不可欠であるという理由で家事労働が労

働力の価値規定に入らないのだとすれば，生活手段の価値も，したがってそれを生産する市場労働も，労働力の価値規定に入らないはずである。

ちなみに，これは，生活手段の価値が労働力に移転するかどうかとは別の論点である。生活手段価値が労働力商品の価値に移転することを否定する論者でも，生活手段価値が労働力価値規定に入ることは認めている。しかし，この生活手段だけでは労働力は生成しないのであって，それが労働力の生産と再生産に結びつくためには，労働力保持者による主体的消費が必要不可欠である。主体的消費を理由に家事労働が労働力の価値規定から排除されるべきならば，生活手段の価値も労働力の価値規定から排除されるべきである。なぜそうしないのか？

以上見たように，家事労働の具体的有用労働としての特殊性や人間の主体的消費を理由にした否定論は，家事労働だけが労働力価値規定に入らないことを何ら証明しておらず，それは労働力価値の生活手段部分にもあてはまるものであり，したがって，生活手段価値も労働力価値規定から排除しなければ首尾を一貫できないものであった。結局，この説も，家事労働が労働力価値規定に入らないことをアプリオリに前提した上で，その理由を後から無理やりひねり出そうとした結果にすぎないのである。したがって，家事労働と通常の商品生産的労働とを区別するにはもっと別の論理が必要になる。

2 自己再生産労働としての家事労働論

刀田和夫氏の論理

そこで，家事労働は，賃金労働者の労働力を維持・再生産するだけでなく，家事労働を行なう家事労働者の労働力をも維持・再生産し，したがって，これは一種の自己再生産労働なので，費用として計算されず，価値を生産しないという主張が登場することになった。「第2の論拠」の1つ目の議論が，家事労働が賃金労働力を生産していることにさえ懐疑的であるか否定的であったのに対し，この2つ目の議論では，それとはまったく反対に，家事労働は賃金労働力どころか家事労働力をも生産し再生産しているので，結局，労働力価値規定から排除されるのだと主張する。家事労働とは何と不幸な労働なのだろう！　そ

れは，賃金労働力を生産していないから価値を生まないと言われたかと思うと，今度は，賃金労働力を生産しているだけでなく家事労働力をも生産しているから価値を生まないと宣告されるのである。労働力を生産していなくても，生産しすぎていても，価値を生まないというわけだ！

　この独創的な主張を提出しているのは，非物質的労働も価値を生むという立場に立っている刀田和夫氏である。いわゆるサービス労働論争では，非物質的労働ないしサービス労働は価値を生まないという説と非物質的労働ないしサービス労働でも価値を生むという説とが対立しているが，後者の説に立つ人でも家事労働だけは例外としている者がほとんどである。刀田和夫氏もその1人である。しかし，非物質的労働でさえ価値を生むのに，基本的に物質的労働である家事労働がどうして価値を生まないのかについては，それ相応の論拠と説明が必要になる。刀田氏はこの難題に取り組み，既存の否定論（家庭内の私的労働だから，直接には商品を生産しないから，など）を的確に批判しつつ，ある独創的な否定論に行きついた。彼は肉牛の生産と比較して家事労働について次のように述べている。

　　肉牛生産の場合，生産過程の結果においては，飼料の形で投入された間接労働も，飼育労働等の直接労働も，損耗して消え失せている。他方，労働力生産においては，たしかに肉牛生産と同様に生活手段の形で投入された間接労働も，直接労働である家事労働も，損耗し消え失せてはいる。けれども労働力生産の場合には，上でも述べたようにその消費によって再び家事労働を行なうことを可能にする家事労働力が副産物として生産されている。つまり家事労働は素材的には損耗し消失しているが，それを可能にする家事労働力の再生産によって事実上再現されている。……したがって事実上それは回収され取り戻される。……費用であることは労働が価値の実体であり価値形成労働であることの基礎であるのだから，この基礎を欠く家事労働は価値形成労働ではあり得ない。したがってそれは労働力の価値を形成することもあり得ない。[14]

　すでに本章の冒頭で述べたように，マルクスは肉牛商品の生産と労働力商品

の生産とを同一視し，直接的労働はどちらの商品の価値規定にも入らないとみなしていた。だから，肉牛生産と家事労働とをこのように対立的に議論するのは，マルクス自身の理解とは異なっている。それはさておき，家事労働は，その遂行者の労働力をも同時に再生産するのであり，したがってそれは一種の自己再生産労働なので，費用としては計算されず，したがって価値を生まないという推論は成り立つだろうか？ 残念ながらまったく成り立たない。

労働はすべて自己再生産労働である

　家事労働はたしかに家事労働力の再生産にも貢献しているが，家事労働それ自体は労働力の支出であって，けっして労働力の回復そのものではない。家事労働が直接に生産しているのは，すでに述べたように，料理や掃除された部屋や洗濯された衣服などの物的生活手段である。家事労働をやることによって自己の家事労働力が同時的かつ自動的に再生産されるわけではない。家事労働をしている間は，労働力は支出され，家事労働力は消耗しているのである。それによって生産されたものを消費してはじめて，家事労働力も賃金労働力も回復する。家事労働によって生産されたものを消費することで家事労働力が回復するのだから，家事労働は自己再生産労働であり，したがってそれは価値を形成しないという推論が成り立つのなら，どんな生活手段を生産する労働も同じである。なぜなら，生産された生活手段を消費することによって賃金労働力もまた再生産されるからである。

　たとえば，わかりやすいように農業を例にとろう。農家では，自分でつくった作物の一部は自分たちで消費し，残りを市場に出す。すなわち，農業労働者は，家事労働者と同じく，一方で市場に出す商品を生産しながら，他方でその副産物として自家消費する生活手段をも生産しているわけである。したがって，農業労働者の労働は自己再生産労働だから総じて価値を生産しない，などと言えるだろうか？ もちろん言えない。価値を生産していないのは，あくまでも，自家消費する部分の作物に関してだけである。刀田氏と同じく肉牛を例にとってもいいが，肉牛生産者も，その一部は自分たちで消費することによって，自分たちの労働力を再生産している。だからといって，肉牛生産者の労働が総じて価値を生まないということにはならない。

以上の点は，自営業者だけでなく，普通の賃金労働者の労働でも同じである。その場合，市場を通じた回り道が存在するだけである。普通の賃金労働者は，資本家の支配のもとで，工場内で生活手段を生産するか，あるいは生活手段の生産に役立つ生産手段を生産する。これらのものを賃金労働者は直接消費するわけではないが，それによって得た賃金でもって，結局はそれらの生活手段の一部を，あるいはそれと同価値の別の生活手段を「買い戻す」。つまり，賃金労働者もまた，全体としてみれば，自分がつくり出した生産物の一部でもって自分自身の労働力をも再生産しているのである。

　家事労働者もまた同じである。家事労働者は，賃労働者が消費する生活手段と家事労働者が消費する生活手段の両方を家庭内で生産する（あるいはその使用価値を維持する）。それらの生活手段を消費することによって，賃金労働者の労働力も家事労働者の労働力も回復し，再生産される。家事労働者が行なう労働のうち価値を生産しないのは，労働市場に売りに出されない家事労働力部分に対象化された労働だけである。この部分に関しては，そもそも市場に売りに出されないのだから，自己再生産をしているかどうかとかかわりなく，そこに投下された労働は価値を生産しない。ただそれだけのことである。

　自らがつくり出した生産物の消費を通じて自己自身を再生産することができるということは，実は，家事労働の特殊な性質でも何でもなく，すべての労働の一般的性質なのだ。だからこそ，この社会も物的富の全体も，労働を通じて不断に生産され再生産されうるのである。したがって，「費用であることは労働が価値の実体であり価値形成労働であることの基礎である」という主張には何の根拠もないことがわかる。労働はそもそもすべて自己再生産的なものである。もし家事労働以外の労働がすべて一方的に損耗するだけだとしたら，社会は早晩滅びるしかないだろう。刀田氏は，家事労働が一般の労働と原理的に異なる何らかの特殊な性質を持っていると勘違いしている。だが，家事労働も一般の労働も生活手段を生産し再生産するという一連の労働の一構成部分にすぎない。その一部が市場化されて賃金労働となったり，家庭内に残されて家事労働となっただけのことである。家事労働だけに何か自己の労働力をも再生産する魔法的力があるわけではない。すべての労働が，その主体たる労働力を生産し再生産するのに役立つ生活手段を直接的ないし間接的に生産することによっ

て，労働力の生産と再生産に寄与し，したがって自己再生産しているのである。
　刀田氏は，家事労働は家庭内の私的労働だから価値を生まないという通説を，鋭く，そして正しく批判しているのだが，結局，家事労働は価値を生まないという根本的通説だけは維持した。そこで苦しまぎれに持ち出してきたのが，家事労働は賃金労働を行なう労働力だけでなく，家事労働を行なう労働力（家事労働力）をも再生産しているという事実であった。この事実への注目は後で見るように重要なものなのだが，このことから，家事労働のうち賃金労働力の再生産に貢献する部分さえも価値を生まないという，まったく根拠のない謬論に飛びついた。家事労働の価値形成的性格を，この労働の特殊な性質を根拠に否定することがいかに困難な課題であるかを，この独創的な説の破綻は物語っている。

第4節　「家事労働＝非価値形成説」の検討Ⅲ
　　　　　――経済的位置の特殊性

　これまで見たいずれの否定論もかなり本質論的な説明であった。家庭内の労働は本質的に価値を生まない，あるいは家事労働という労働の特殊性ゆえにそれは本質的に価値を生まない，等々。これらの本質論的否定論よりも経済学的により有力な説明に思えるのは，もっと具体的な経済的メカニズムを持ち出して，家事労働が結果として価値を生まないことを社会構造的に証明する試みである。この種の試みを「第3の論拠」としよう。この「第3の論拠」は，「家庭内で行なわれる労働だから価値を生産しない」という「第1の論拠」のいわば進化バージョンであり，さまざまな否定論の中で最もまっとうな議論を展開していると言える。
　この「第3の論拠」も大きく2つのものに分けておこう。1つ目は，家事労働の置かれている特殊な経済的位置から，この労働に関しては通常の価値規定ないし価値法則が成り立たないと主張するものである。成り立たない理由は論者によってさまざまであるが，いずれにせよ，家事労働だけは，商品生産にかかわる他のあらゆる労働と異なって価値法則からはずれると主張する。2つ目は，1つ目と本質的に同じことをいわば逆の面から展開した議論なのだが，労働力

の再生産条件を保障する社会的メカニズムにもとづくなら，たとえ家事労働が労働力価値の中に入らなくても労働力の再生産条件は保障されるので，家事労働は労働力価値規定に入らないと主張するものである。以下，順に見ていこう。

1 価値規定および価値法則の例外としての家事労働

抽象的労働への還元メカニズムの不在

まずもって，次のような議論がありうるだろう。家庭内で行なわれる家事労働は，資本の直接的な支配下にはない労働であり，市場の競争圧力を受けているわけではないし，生産様式の発展を通じた単純化や抽象化作用もこうむらないので，家事労働を，厳密に確定しうる抽象的で均等な労働時間へと収斂させうる客観的メカニズムが存在しない，したがって，家事労働は特殊で個別具体的な労働にとどまり，市場における抽象的労働と同等とはみなしえず，それゆえ価値を形成する労働とはみなされない，と。たとえば，ポール・スミスは次のように述べている。

　　個々の家事労働を社会的必要労働として表現しうるメカニズムは存在しない。その生産物に体現される労働時間を極小化しようとする「家内単位」（セコム）間の競争はありえない。……第1に，労働力の価値に寄与すると考えられる必要な労役を定義するための社会的メカニズムは存在しない。……第2に，個々の労働時間を社会的必要労働時間に変える，すなわち労働力の価値を家事労働の平均的な生産性レベルに関連づけるどんなメカニズムも存在しない。[15]

この種の否定論は，「第2の論拠」で見た，家事労働の個別的多様性を持ち出す議論と類似しているが，ここでの力点は，そうした個別的多様性を抽象的同等性に還元する経済的メカニズムが存在しないという点にある。

この論拠は，具体的有用労働が抽象的人間労働へと還元される仕組みのうち，主として生産過程そのものにおいて起こる還元メカニズムを問題にしている。具体的有用労働が抽象的人間労働へと還元されるという場合，2つの異なった

過程が問題となりうる。1つ目のより基本的なメカニズムは，市場における商品交換ないし等置関係から生じる。すなわち，異なったさまざまな具体的有用労働が，その産物である諸商品の，市場における交換関係＝等置関係という「回り道」を通して同一の抽象的人間労働へと還元されるメカニズムであり，『資本論』第1巻第1編「商品と貨幣」の価値形態論で解明されている。これは，資本主義的商品にかぎらず，あらゆる商品生産において存在する還元メカニズムであり，これを便宜上，**「交換過程的還元メカニズム」**と呼ぼう。

　もう一つは，資本の生産過程において，具体的有用労働そのものが，一方では同じ時間にできるだけ多くできるだけ均等に労働させようとする資本の衝動（およびその外的表現である市場における競争の強制法則）に規定されて，他方では，「協業→分業→機械制大工業」という生産様式の発展によって，ますます単純で均等で標準的な労働へと抽象化されていくことに規定されて，現実にも抽象的人間労働へと還元されていくメカニズムであり，これは『資本論』の第3篇「絶対的剰余価値の生産」，第4篇「相対的剰余価値の生産」でおおむね解明されている。このように労働そのものが均等で標準的で単純なものへと現実に還元されていくメカニズムが資本の生産過程には存在するし，それを強制する市場メカニズムが存在する。これを**「生産過程的還元メカニズム」**と呼ぼう。

　以上の二重の還元メカニズムに照らした場合，家事労働は，第1の「交換過程的還元メカニズム」を有しているが（なぜならその産物である労働力商品は市場で販売されるから），第2の「生産過程的還元メカニズム」は有していない（あるいは少なくとも不十分にしか有していない）。すなわち，一方では，家事労働は資本の直接的支配下にはなく，したがって，労働力を生産し再生産するのに必要な家事労働時間はきわめて慣習的で大雑把なものとしてしか想定しえず，したがってその社会的必要労働時間を客観的に確定することはできない。他方では，家事労働そのものが「協業→分業→機械制大工業」という生産様式の発展を経るわけではないので，いつまでも具体的なままであり続ける。以上のことから，家事労働は市場における労働とは根本的に異質であり，それと同等に扱うことはできない，したがってそうした労働は抽象的人間労働たりえず，価値を生む労働とみなすこともできない，という結論が導出されてくる。この

ような議論は正当だろうか？

　まず第1に，家事労働の個別具体性を持ち出す議論に反論したときにも述べたように，このような主張は労働力価値の中の生活手段部分にもあてはまることを指摘しておこう。工場で生産される生活手段に投下される労働量に関しては，それは資本の厳格な支配下にあり，市場の競争圧力を十分に受けるので，そこでの労働は質的に均等化され，その量はできるだけ最低限のレベルへと還元されるだろう。だが，労働力価値の中に入る生活手段の質と量と範囲に関してはそうではない。そもそも労働力を生産し再生産するのにどれだけの生活手段がどれだけの品質で必要であるかを厳格に測定したり，一定水準に還元したりするメカニズムは，他の一般商品と比べて明らかに不十分である。このことから，生活手段価値も労働力価値の中に入らないと言えるだろうか？　結局，これは労働力商品そのものの（あるいは，「生きているもの，有機的なもの」の）特殊性なのであって，家事労働だけを労働力価値規定から除く理由にはならない。

　第2に，具体的有用労働が抽象的人間労働へと還元される本源的メカニズムは，あくまでも，具体的有用労働の産物が商品として市場で売買され，他の具体的有用労働の産物と等値され交換される「交換過程的還元メカニズム」である。家事労働は，労働力商品の売買を通じて，この第1次的な還元過程を経るのであり，そのようにして抽象的人間労働へと社会的に還元されるのである。もし生産過程的還元過程なしには，どんな具体的有用労働も抽象的人間労働に還元されえないのだとしたら，資本主義成立以前や資本主義の初期段階においては，商品交換法則は存在しないし，商品価値も存在しえないことになるだろう。論者によっては，そう主張する人もいる。たしかに，商品交換法則ないし価値法則が真にその威力を発揮するのは，商品生産関係を大規模に発展させ，それを普遍的な競争のもとに置く発達した資本主義社会においてである。それ以前は，多かれ少なかれ，商品交換法則の貫徹度は不十分だろう。しかし，それは，「不十分である」というだけのことであり，商品交換法則そのものが存在しないことを意味するのでもなければ，資本主義発生以前はそもそも具体的有用労働は抽象的人間労働に還元されえないとか，そこでの労働はそもそもいかなる価値も生産していない，ということを意味するものでもない。そのよう

な発想は根本的に不合理であろう。

　第3に，資本主義下においてさえ，賃金労働のそのような現実的抽象化，均等化もけっして完成されたものにはなりえないのであって，いつまでも未完成にとどまる。いくら機械化したとしても，われわれは自動車を生産する際に必要なさまざまな具体的労働と鉄鋼を生産する際に必要なさまざまな具体的労働とが完全に同じだと言うことはできないし，各商品の社会的必要労働時間も，各企業，各工場において絶え間ない技術革新やさまざまな創意工夫によって不断に変動する。また生産部門によっては容易に機械化できない分野もあるのであり，その点でも労働の現実的抽象化には常に大きな限界がある。

　第4に，逆に，家事労働がそうした抽象化をけっしてこうむらないと言うこともできない。マルクスの時代にはそうではなかったが，家電製品の大規模な普及によって，家事労働もまた多かれ少なかれ機械化され，均等化され，抽象化されている。また，さまざまな家事節約術の本の普及が示しているように，家事そのものもかなりの程度マニュアル化され，標準化されていっている。

　第5に，家事労働が市場の競争圧力をまったく受けないというわけでもない。それどころか，資本は相対的過剰人口を創出することによって，どの商品にも劣らぬ競争圧力を労働力商品に対してつくり出す。それによって資本は，自らの要求と欲求にふさわしい労働力を提供するよう絶えず労働者とその家族に圧力をかける。労働者家世帯の側も，労働市場でよりよく労働力が売れるように，労働力をきちんと清潔で健康な状態に保たなければならないし，しかるべき準備を怠らないようにするだろう。

　第6に，家事労働は資本の直接的な支配下にないとはいえ，資本は上で述べた競争圧力やその他の手段を通じて家事労働をも間接的に統制しようとする。たとえば，資本は自分が購入した労働力をできるだけ長時間使用しようとすることで，労働者の生活時間を圧迫し，家事労働の節約と合理化を強制する。共働き家庭が増えれば，この強制力はなおのこと強力に働くだろうし，労働者自身もより合理的に家事を行なおうとするだろう（この点は第5章で再論する）。労働力商品は機械で大量生産される規格化された商品のようにはけっしてならないが，資本は労働力に関してもできるだけ規格化を達成しようとするし，労働者の家庭でもそうした資本の要請に答えようとする（その点はとくに子ども

への教育労働などに現われるだろう)。さらに，場合によっては，資本はより直接的に家事労働への統制を行なうことさえある。グラムシがフォーディズムの経験について叙述したことから明らかなように，あるいは，日本の企業社会における企業の生活干渉の事例に見られるように，資本はしばしば労働者の私的生活過程そのものに介入し，それをより直接的に統制し，それを資本にとってより合理的なものにしようとする。こうして資本は，マルクスが蓄積論で述べたように，「社会的立場から見れば，労働者階級は直接的労働過程の外でも……資本の付属物」であり「労働者階級の個人的消費でさえも，ある限界の中では，ただ資本の再生産過程の一契機でしかない」(KI, 746頁, S. 598-599) ということを実地に証明するのである。

以上のことから明らかなように，賃金労働と家事労働とは，還元不可能なほど質的に異なったものではけっしてなく(原理的には還元不可能な労働など存在しない)，それは程度問題にすぎない。したがって，量的修正係数を導入すれば十分に等置可能である。たとえば，家事労働は賃金労働ほど労働密度は濃くないし，よりストレスや疲れは小さいだろう。したがって，たとえば，家事労働の1時間半は，賃金労働の1時間と同じ労働力支出であるかもしれない。それを測ることは工夫しだいで可能であり(それは労働科学の仕事である)，経済学においては結局，他のあらゆるものと同じく近似的なもので十分なのである。

したがって，還元メカニズムの不十分さを理由にして，原理的に家事労働が労働力価値に入らないという主張には根拠がない。

価値法則からの家事労働の独立性

この種の議論の系論として，家事労働が価値を生まないのは，それが価値法則から独立して遂行される労働であるからだ，すなわち労働力価格の大きさやその売買の成否にかかわりなく，労働者が生きていくためにはいずれにせよ遂行されなければならない労働だからだ，という論拠が提出されている。たとえば，前述したポール・スミスは，先に紹介した還元メカニズムの不在という論拠と並んで，次のような論拠も提出している。

家事労働を商品生産に含めることができない第1の理由は，家事労働の遂行には，労働力の価格変動を伴わないことによる。事実，家事労働は，その生産物たる労働力がまったく売れない時にもなされるのである。……家事労働は，その生産物の価値を通じての労働力の社会的配置とは独立に遂行されるものであり，この意味で，労働力の価値変動に反映するような賃労働者の生活手段に体現された労働とは，質的に違ったものである……。家事労働が，他の商品を生み出す社会的分業の一部門とならないのは，それが価値法則によって配置される労働ではなく，そうした労働力の社会的配置から独立に遂行される労働だからである。[16]

　「家事労働の遂行には，労働力の価格変動を伴わないこと」，そして何より「家事労働は，その生産物たる労働力がまったく売れない時にもなされる」ということが，家事労働が価値を生まないことの根拠として出されている。
　まず，「家事労働の遂行には，労働力の価格変動を伴わない」とはどういう意味だろうか？　家事労働の多少が必ずしも直接的には労働力の質の違いには帰結せず，したがって，労働力商品の価格の上下に必ずしも比例的に相関しないという意味なら，すでに検討した家事労働の個別的に多様な性質を理由にした否定論になる。だが，スミスが言っているのがそうした水準を越えて，家事労働の量が労働力価格やその販売条件にまったく関係しないという意味ならば，ナンセンスであろう。もしそうなら，その時々の社会的・文化的な水準からして正常な労働力を生産し再生産するのに必要な家事労働がきちんと遂行されている労働力と，そうした家事労働がまったくなされていない労働力とが，労働市場においてまったく同じ価格で売れると結論しなければならないだろう。もし本当に家事労働が労働力商品の一定の質の形成と維持にとってどうでもよいものであるなら，それは労働力商品を生産するのに社会的に必要な労働ではないということになるので，それが労働力の価値規定に入らないのは同義反復的に必然である。しかし，スミスは，家事労働は労働力が売れないときにも遂行されなければならない労働だとしているわけだから，家事労働はやはり労働力の質の維持に貢献しているわけである。
　では，「家事労働は，その生産物たる労働力がまったく売れない時にもなさ

れる」という理屈はどうだろうか？たしかに，労働力という商品しか売るものをもたない労働者は，それが売れないときでも労働力を日々生産し再生産し続ける。なぜなら，それは労働者の生命そのものと一体であり，またそうしなければ，将来，労働力が再び売れるときが来たときに労働力として役立たないものになっているからである。もしずっと労働力が売れずに，いっさい収入が途絶えたとすれば，どんなに家事労働をしようが，労働力は維持できないだろうし，場合によっては生命も維持できないだろう。しかし，一時的に売れないだけならば，その間に投下される家事労働は，いずれ売れるときが来るまで商品の使用価値を維持するために必要な労働である。この売れない時期の家事労働はたしかに労働力価値を形成しないが（なぜなら労働力は日々再生産され，日々失われるから），再び売れるよになったときには，再び，日々投下される家事労働は労働力価値に入るであろう。

　生産している商品が売れなくても一定の労働が投下され続けなければならないということそれ自体は，実を言うと，家事労働の特殊性でも何でもなく，他のどんな商品にもある程度あてはまることである。たとえば，2008年前半までの異常な原油高のせいで漁船を動かすことができず，休漁せざるをえなかった漁業者は多かった。しかし，休漁中であっても，すなわち，漁獲された魚という商品を生産していなくても，いつか漁が再開されるときまで，漁船を手入れして，その使用価値を維持していなければならない。さもなくば，漁が再開できるようになったときには漁船は使い物にならなくなっているだろう。休漁しているときに漁船を手入れする労働は価値を生まないが，漁が開始されたときには，漁船を手入れするために日々投下される労働は，漁獲された魚という商品の価値の中に再び入るようになる。

　また，この点に関しても，家事労働を生活手段と区別して特別扱いする理由はない。労働力商品が売れないのであれば，それを再生産するのに必要だった生活手段も無駄だったことになるが，それでも労働者は生きていくためには生活手段を必要とするし，それを手に入れ消費しなければならない。労働力商品が売れないときでも必要であるという理由で家事労働が労働力価値に入らないのであれば，生活手段の価値も労働力価値に入らないと言うべきである。

　結局，スミスは，一方では，家事労働が労働力の価格変動にまったくかかわ

らない労働だとして，したがって労働力の質に貢献していないからという理由で労働力価値規定から排除しておきながら，他方では，家事労働は労働力が売れないときにも遂行されなければならないぐらい労働力の質の維持に貢献しているからという理由で，やはり労働力価値規定から排除しているのである。ここでもやはり，彼が他の多くの論者と同じく，家事労働を労働力価値規定からアプリオリに排除しておいてから，その理由を後から一生懸命ひねり出そうとしているために，明白な自己矛盾に陥っているのである。

労働移動の不在

労働力価値規定に家事労働を入れることを可能にするような経済的メカニズムが欠如しているという議論の系論として，家事労働の場合には労働移動という市場メカニズムが存在しないという論拠を挙げている論者もいる。1970年代における欧米家事労働論争に積極的に参加したジーン・ガーディナーは次のように述べている。

　　　　マルクスは，『資本論』第1巻の労働価値論について説明した際，当初，それを事実上，前資本主義的な小商品生産にあてはめた。彼は，この生産形態は社会化されていないにもかかわらず，そのもとで諸商品が交換される割合は，諸商品に体化されているさまざまな労働量によって決定されると論じた。労働価値論が小商品生産のもとで実際にどの程度作用するのかという問題には，ここでは立ち入らない。しかし，次のことは最初に言っておくべきだろう。すなわち，その作用の前提となっているのは，労働がさまざまな職業間を移動することができるということである。たとえばこうだ。もし靴職人が，仕立て職人よりも自己の労働に見合うだけの報酬を受け取れない場合には，靴職人は自分の仕事をあきらめて仕立て職人になろうとするだろう。あるいは，少なくとも自分の息子たちにはそうするように言うだろう。

　　　　これと同じ分析を家事労働にあてはめるのはミスリーディングであるように思われる。なぜなら，家事労働においては女性は，いかなる直接的な意味でも他の職業に移動する選択肢を持っていないからである。女性は結

婚を通じて家事労働に結びつけられており，家事労働はしたがって他のいかなる職業とも比較できない。したがって，労働力の販売がその維持と再生産のために遂行されている家事労働によって決定されるいかなるメカニズムも存在しない。[17]

「女性は結婚を通じて家事労働に結びつけられており」，「家事労働においては女性はいかなる直接的な意味でも他の職業に移動する選択肢を持っていない」ので，家事労働は価値を形成しない，という理屈は，「第1の論拠」で見た，家庭内における人間関係の特殊性（すなわち婚姻関係）を理由にして家事労働が労働力価値に入らないとする議論と類似しているが，ここでの力点は，婚姻関係そのものではなく，そのことから労働移動という経済的メカニズムの不在を主張している点にある。

しかしながら，この議論もやはり説得力はない。家事労働そのものを別の労働に置き換えることができないとしても（これは，労働力が売れないときでも家事労働をしなければならないというスミスの否定論と類似している），家事労働の対象である夫の仕事を変えることができるだろう。また，通常の労働の場合であっても，他の労働に簡単に転職することができるわけではない。もし法律によって他の仕事に変わることが禁じられている職種があるとしたら，そこでなされている労働はいっさい価値を生まないのだろうか？　そんなことはありえない。

また，もしガーディナーの議論が成り立つのなら，夫婦で何らかの物的商品を生産している小経営家族の妻の商品生産的労働も価値を形成しないと言うべきだろう。なぜなら彼女もその婚姻関係を通じて労働移動を制約されているからである。労働力商品を生産している家庭内での女性の家事労働に比較するべきなのは，靴職人や仕立て職人（どちらもたいてい男だ）の労働ではなく，その靴職人や仕立て職人に協力して靴や衣服の生産に寄与している妻の労働であろう。この妻にも通常の意味での労働移動の自由はないし，他の職業を選択することもできない。離婚は可能だが，それは家事労働者も同じだ。子どもに靴職人の妻にならないよう言うこともできるが，その点も家事労働者も同じだ。

むしろガーディナーは，労働者は労働力商品以外に売るものがないので，靴

職人のように，自分の商品が売れないからといって別の仕事に鞍替えすることはできない，と言いたかったのではないだろうか？　このような意味での労働移動の不在という事実は結局，家事労働にのみかかわるのではなく，労働力商品全体にかかわる問題であり，このような特殊性を理由に家事労働に関しては価値法則が成り立たないと言うのであれば，労働力商品そのものが価値法則にのっとっておらず，したがって商品ではないと言うべきだろう[18]。

　労働力以外に売るものがない労働者は，労働力の売買が靴の販売や仕立てた服の販売より不利であっても，労働力を売り続ける。労働力を生み出すのに必要であったすべての労働が十分に労働力の販売価格（労賃）によって保障されなくても，労働者は靴職人になるわけではない。ここから出てくる結論は，したがって，労働力商品に対象化されている労働のいずれも，労働移動という市場メカニズムによって自動的に保障されるわけではない，ということである。家事労働だけが保障されないのではなく，生活手段に投じられた労働部分に関しても，あるいは次世代の育成に関しても，しばしば不十分にしか保障されないし（低賃金労働者の場合），場合によってはまったく保障されない（失業した場合），ということである。だからといって，原理的に生活手段価値やその他の費用が労働力価値の中に入らないという結論にはならないだろう。

　ここで本来出すべき結論は，労働力に対象化されているすべての労働と費用が本当に賃金によって保障されるためには，労働者は市場メカニズムだけに頼っていてはならず，労働者自身の階級闘争が必要になるということである。靴職人が組合をつくって靴の価格を統制する場合もあるが，それは普通はカルテルとして資本主義社会では排除される（もっとも，小商品生産者の場合でも，生活保障や健康・安全性といった理由からそうした価格統制が認められている場合もある）。しかし，労働者の場合は，ある程度発達した資本主義国ではどこでも，団結の権利と交渉，労働者間の競争規制，労賃の集団的統制，さらには法的な最低賃金などがそれなりに認められている。資本主義経済の核心をなす労働力商品の特殊性ゆえに，市場メカニズムよりもむしろ階級闘争のメカニズムが労働力商品の価値どおりの販売にとって必要不可欠となるのである。

　労働力商品に関しては通常の市場メカニズムが十分作用しないから家事労働が労働力価値に入らないのではない。もしそうなら，生活手段価値も，あるい

は他のどの構成部分も同じである。そうではなく，労働力価値に入っている他のあらゆる要素と同じく，家事労働という要素に関しても，市場メカニズムだけでなく階級闘争のメカニズムが（そしてそれによって促された国家による規制が）必要なのであり，それがあってはじめて，労働力価値は十全に賃金として保障されるということなのである。

自由財としての家事労働？

ポール・スミスと同じような立場を主張している伊田広行氏は，労働力商品のうち生活手段部分と家事労働部分とを区別するには，市場メカニズム以外に階級闘争のメカニズムを考慮する必要があることに気づいている。そこで伊田氏は，この階級闘争のメカニズムが家事労働に関しては作用しないのだという理屈を立てる。すなわち，「必要生活手段部分は労働組合が供給制限している」のに対し，「家事労働部分は，この枠組みから排除されており，ストなどによる供給制限ができず，それゆえ相対的過剰供給・自由財化する」[19]と。

労働力価値を保証させるメカニズムとして階級闘争を出していること自体は非常に正しい。市場のメカニズムだけに委ねられれば，相対的に供給過剰な商品である労働力商品はその価値を十分実現することはできない。だが，これは価値通りの交換ができるかどうかにかかわる問題であって，そもそも労働力価値規定に，ある一定の要素が原理的に入るかどうかの問題ではない。

伊田氏の論理に従うなら，労働組合が組織されるまでは，必要生活手段部分に関しても供給制限できないので，労働力は商品ではなく，労働力価値はそもそも規定しえない，あるいは生活手段価値も労働力価値に原理的に入らないということになってしまうだろう。また，労働組合による組織化といっても，どの資本主義国でも労働組合組織率は100％からはるかに遠く，先進国でも10～20％前後という場合さえある（アメリカやフランスや日本）。労働組合に組織されていない労働者にあっては，労働力は商品ではなく，労働力価値に生活手段価値は原理的に入らないのか？

逆に，労働者が組合を組織して労働供給を制限することができるのなら，その効果は労働力価値全般に及ぶのであって，生活手段価値部分にのみ限定的に及ぶのではない。階級闘争を通じて賃金水準が賃金労働者個人の生活手段価値

部分を保障する水準を越えてアップしたならば，それは事実上，家事労働部分をも部分的ないし全体的に保障する水準にまで賃金が上昇したことを意味する。実際，後でも言及する「家族賃金」はそうした水準を追求するためのイデオロギー的手段（そのイデオロギー自体はしばしば性差別的なものだったが）に他ならないし，実際にその水準をしばしば獲得しているのである。

労働力商品が相対的に過剰供給されていることは，それがしばしばその価値通りに支払われない可能性を強めるものである。このことは，現実の労働力商品の価格がしばしば価値以下になりうることを意味するものであるが，このことは，家事労働が原理的に労働力価値に入らないことを意味するものではない。このような不平等な取引自体は，構造的な力関係の差がある他のあらゆる取引関係にも見られるものである。たとえば，独占企業は恒常的に下請企業からの搬入部品を価値以下で購入しているかもしれない。その場合，下請企業の生産する部品価値の一部は恒常的に実現されず，したがって剰余価値の一部が独占企業によって収奪されるだろう。下請企業は常に自己の商品が価値以下でしか買ってもらえなくても，とりあえずは商品の原価分と自分および家族の生活費分が保障されているかぎり廃業しないだろう。だからといって，このマイナス分に関してはそもそも価値が形成されていないということにはならない。

最後に，少なくとも，『資本論』において最初に労働力価値規定を行なう論理段階では，労働力商品の価値通りの売買が前提となっているのだから，その労働力価値に家事労働が入るかどうかという問題は，それが十分に実際の賃金で保障されるかどうかという問題とは相対的に切り離して論じられるべきであろう。

2　労働力の社会的再生産条件の保障

労働力の再生産を保障する社会的メカニズム

市場メカニズムの特殊性でも，また階級闘争メカニズムの特殊性でも，家事労働の価値形成的性格を原理的に否定できないとすれば，より大きな社会的メカニズム，すなわち労働力の社会的再生産条件を保障するメカニズムに注目する必要がある。すなわち，家事労働分がたとえ労賃に反映されなくても，生活

手段価値さえ労賃で保障されれば、それで労働力の再生産条件は保障されるのであり、労働者（ないしその家族）は結局自己の生存本能にもとづいて家事労働をせざるをえないのだから、家事労働は労働力商品の生産に必要な労働とはみなされず、したがって労働力商品の価値規定に入らない、という議論が可能だろう。先の議論では、家事労働に関しては種々の経済的メカニズム（抽象的労働への還元メカニズム、市場メカニズム、階級闘争のメカニズム）が特殊に作用しないがゆえに家事労働が労働力価値に入らないという論理が出されていたが、この議論では逆に、家事労働を考慮しなくても労働力の再生産を保障する社会的メカニズムが作用するがゆえに、家事労働が労働力価値に入らないと主張されている。

この主張を最も明確に語っているのが中川スミ氏である。まず中川氏は、次のように問題を明確に提起している。

> マルクスによれば、労働力の価値は労働者の必要生活手段の価値に還元された。だが一部の論者も指摘するように、労働者の再生産のためには一定量の生活手段があればよいというものではなく、これらの生活手段を加工・修理・保管などをする家事労働も必要である。それなのに労働力の価値規定には必要生活手段の価値しか入らないのはなぜであろうか？[20]

中川スミ氏は、家事労働は労働力の再生産のために必要な労働であることを認めつつ、にもかかわらず、「労働力の価値規定には必要生活手段の価値しか入らない」ということを最初から前提し、その上で、入らない理由は何かと問題提起している。この点はこれまでのすべての論者と同じである。そして中川氏はこの問いに対して次のように答える。

> この疑問にたいしては、たしかに家事労働は労働者の再生産にとって必要であるとはいえ、資本主義のもとでは労働者の再生産に社会的に必要だとはみなされず、したがって労働力の価値の大きさには入らない、と答えねばならない。[21]（強調はママ）

いったい誰によって「社会的に必要だとはみなされ」ないのだろうか？　この論文ではその点が曖昧である。資本家によってだろうか？　資本家がそのようにみなせば，客観的にもそうなるのだろうか？　そうではあるまい。資本家は，労賃は労働の価格だとみなしているし，自分の搾取労働が価値を生んでいると思い込んでいるだろうし，価値の実体は効用だとみなしているかもしれないが，だからといって，労賃が労働力価値の現象形態でなくなるわけでも，搾取労働が価値形成労働になるわけでも，価値の実体が効用になるわけでもない。中川氏の別の論文では，それは「市場」だとされ，市場が「判断」し「カウント」しているのだと述べられている[22]。しかし，市場レベルでの「判断」それ自体がただちに本質的な価値規定になるわけではない。もしそうなら，市場の「判断」で成立する生産価格に含まれている労働量がただちに価値の本質的規定になるはずである。また，『資本論』第１巻における価値規定においては，市場による「判断」はとりあえず捨象され，価値と価格とは一致するものと前提されている。しかし，この点の欠陥はあまり重要ではない。もっと重要なのは，なぜ家事労働が「社会的に必要だとはみなされ」ないのか，その理由である。中川氏の言うところを聞こう。

　　なぜならば，労働者の再生産に「社会的に必要な労働時間」とは，「現行の社会的諸条件のもとで」労働者の再生産に必要な労働時間を意味し，この労働者の再生産の社会的諸条件には，労働者階級がいかなる社会慣習や生活要求をもって形成され，再生産されているか……といった「歴史的・社会慣行的要素」が含まれるからである。[23]

　この理屈はむしろ，家事労働を労働力価値規定に入れるべきだとする議論の論拠として持ち出した方がいいだろう。なぜなら，まさに「現行の社会的諸条件」においては，労働力の再生産に必要な労働時間には家事労働時間が入っているからである。すべての家事労働が市場からの既製品やサービスの購入，あるいは無料の社会的サービスによって代替されるかもしれない未来社会（そんな社会がありうるとして）を問題にしているのではなく，一定の家事労働時間が実際に遂行されている「現行の社会的諸条件」を問題にするのなら，まさに

家事労働時間は労働力価値規定に入らなければならないだろう。だが，中川氏の議論の核心はもっと先にある。

> 資本主義的生産様式が眼前にみいだした労働者階級の再生産条件は，労働力の販売とひきかえに労働者にたいして一定量の生活手段を購入できるだけの賃金さえ与えられるならば，労働者はいやでもその「自己維持＝および生殖本能」(K. I. S. 600) にしたがってこれらの生活手段を消費し，これをつうじて労働者階級が再生産されていく，というものであった。このように，労働力の再生産にとっては，一定量の生活手段だけが社会的に必要だとみなされるような状況のもとでは，これらの生活手段の価値だけが労働力の価値の大いさを規定するしかないのである。[24] (強調は引用者)

労働者が1日分の労働を遂行するのに必要な生活手段価値さえ労賃で保障されれば，労働力の再生産条件は保障されるのであり，したがって労働力価値はまさにこのような再生産条件を保障するメカニズムによって規定されるのではないのか？ この中川氏の主張は重要であり，家事労働問題の核心に迫るものでもある。しかし，このことから，中川氏は，家事労働が原理的に労働力価値に入らないという誤った結論を引き出してしまった。

再生産条件の保障と労働価値論

まずもって，中川氏の言い分は，生活手段の一部にも十分あてはまるものであることを指摘しおこう。とくに生活手段の中の文化的・精神的要素にかかわる部分はそうである。その一部がたとえ賃金で保証されなくても，まさに「自己維持＝および生殖本能」にもとづいて，労働者は労働力の再生産のより本質的な部分に支出を制限することで労働力を再生産していくだろう。このことから，生活手段価値のうち文化的・精神的要素の部分は原理的に労働力価値に入らないと言えるだろうか？ 肉体的な要素に関しても，少々そのレベルを落としたとしてもそれなりに労働力は再生産されるだろう。したがって，中川氏の主張は事実上，労働力価値を肉体的な最低限の生活手段価値に還元する議論である。

ここでもやはり，家事労働だけを特別視してそれを丸ごと労働力価値規定から排除する原理的根拠は存在しないのであり，家事労働にあてはまるさまざまな事情は生活手段価値にも大なり小なりあてはまるのである。しかし，中川氏のこの主張にはさらに重要な次の2つの問題がある。

 まず第1に，支出する生活手段価値さえ保障されれば労働力の再生産の社会的条件が保障され，したがって，それ以上の労働は価値規定に入らないという理屈は，すでに「第1の論拠」で登場した「支出費用説」の一種であり，労働価値論を理論的に否定することにつながる。たとえば，ある自営業者を例にとろう。彼は自分の生産する商品を販売した代金で，種々の生産費をまかなえるだけでなく，自分の生活手段価値をもまかなえなければならない。さもなくば，この自営業者は餓死し，この商品の社会的再生産の条件は保障されないだろう。逆に言えば，生産した商品の実現価格が，生産費に加えてこの自営業者の生活費をまかなえるだけの水準でありさえすれば，この自営業者の労働力の社会的再生産条件は確保されるだろう。このことから，この商品の価値には，この自営業者が生産手段につけ加えた価値のうち生活手段価値を補塡する部分しか商品価値に入らないなどと言えるだろうか？　もしそうだとすれば，労働価値説も剰余価値論も成立しないことになるだろう。

 第2に，周知のように，賃金労働力の再生産条件は，賃金労働を遂行するのに必要な生活手段価値だけでは保障されない。その賃金労働を正常に遂行するには家事労働が必要であり，それを遂行する家事労働力が正常に再生産されなければならない。ところが，家事労働者が家事労働を遂行するのに必要な生活手段価値を（自分ないし世帯をともにする別の人物の）賃金に直接反映させることはできない。なぜなら，それは，家事労働者の生活手段価値（本源的労働力価値）を事実上，彼ないし彼女が生産する商品（賃金労働力）の価値に移転させることになるからだ。これは，『価値と剰余価値の理論』ですでに明らかにしたように，労働価値論上の背理である。本源的労働力価値はけっして商品価値には移転しない（この問題は「妻の扶養費」について論じる第5節で再論する）。

 家事労働者はいわば賃金労働力を生産する小商品生産者である。賃金労働力の生産にとっての原材料となるのは，賃金労働力を再生産するのに必要な種々

の生活手段（これは賃金労働力の生産という観点から見れば，生産手段として機能する）である。家事労働者は，この生活手段に新たな労働（家事労働）を加えて最終消費形態にし，賃金労働者自身の主体的消費を媒介にして賃金労働力を生産し再生産する。だがこの家事労働を遂行するにあたっては，家事労働者は自分が生きていくのに必要な別の生活手段（今度は単なる消費手段として機能する）を必要とする。なぜなら家事労働は労働力の支出を意味するからだ。しかし，この生活手段価値分を，自分がつくり出した商品，すなわち賃金労働力の価値に直接算入することはできない。ではどうやって家事労働者は自分が賃金労働力を生産するのに必要だった生活手段価値を補塡するのだろうか？答えは明らかである。家事労働者が賃金労働力を生産するのに支出した労働が労働力価値の一部として実現され，それによって得た貨幣から補塡するしかない。もし賃金にこの家事労働分が含まれていないとしたら，家事労働者が賃金労働力を生産する際に個人的に消費した必要生活手段の価値分を補塡しえなくなるので，家事労働力は正常に再生産されず，したがって家事労働は正常に遂行されないだろう。すると賃金労働力も正常に再生産されなくなり，したがって賃金労働者の再生産条件は保障されないだろう。

　このように，まさに中川氏が主張する，労働力の再生産条件を保障する社会的メカニズムの存在は，家事労働が労働力価値規定に入らないことを証明するのではなく，その逆のことを，すなわち家事労働が労働力価値規定に入るし，入らなければならないことを証明するのである。

　以上，否定論の主要な論拠を3つに分類して検討してきた。これらの論拠はいずれも，ある商品の価値はそれを生産し再生産するのに社会的に必要な労働によって規定されるという労働価値論の基本命題を肯定しつつ，それにもかかわらず，家事労働が労働力価値規定には入らないことを何とか証明しようと四苦八苦している。そのためには，労働力商品の本源的部分の生産に寄与しているさまざまな労働のうち，家事労働だけが入らない決定的な根拠を明らかにしなければならなかった。まず最初に，その労働が行なわれる場所ないし領域の特殊性が持ち出され，次に，その労働そのものの特殊性が持ち出され，最後に，その労働が社会的に置かれている経済的位置の特殊性が持ち出された。しかし，

いずれも，家事労働だけが労働力の価値規定から除外されることを証明することに成功していない。それらの論拠はほとんどどれも，家事労働のみならず生活手段価値部分にもあてはまる論拠であるか，家事労働のみならず他の生産的労働にもあてはまるか，あるいは労働力商品のみならず他の諸商品（たとえば「生きているもの，有機的なもの」）にもあてはまるか，等々でしかなかった。労働力を生産し再生産するのに寄与するあらゆる要素の中で，家事労働だけが，ただそれだけが労働力価値を構成しないことを証明することは，結局，誰にもできなかった。このような証明は，労働価値論にもとづくかぎり原理的に不可能なのではないだろうか？ したがって，否定論は結局のところ，労働価値論と労働力価値論とを——労働力商品の特殊性の名のもとに——完全に切り離してしまうか[25]，あるいはその両者を事実上否定することに行き着かざるをえないような論理を採用することになるのである[26]。

第5節 「妻の扶養費」と労働力の価値規定

さて，これまで見てきたように，労働価値論，および「他のどの商品とも同じ」という労働力の価値規定からして，家事労働を労働力価値規定から原理的に排除することは至難の業であるにもかかわらず，ほとんどの論者は家事労働を労働力価値規定からアプリオリに排除している。それでいて，家事労働と比べて労働力価値規定に入れることが理論的にはるかに困難であるはずの「妻の扶養費」については何ゆえか，とくに大きな論争もなく労働力価値規定にあっさりと入れられている。本章の最後にこの問題について論じよう。

1 マルクスにおける「妻の扶養費」

マルクスは，すでに述べたように，家事労働を労働力価値規定から——何の説明もなしに——事実上排除している。「事実上」と言うのは，マルクスは，家事労働が労働力価値規定に入らないとはどこでも明言していないからである。したがって排除の理由はわからないが，ともかくも，マルクスは家事労働を労働力価値規定から一貫して省いている。しかし，「妻の扶養費」についてはそ

うではない。マルクスは,『資本論』で最初に労働力価値規定を行なう際には,一言も「妻の扶養費」については触れておらず,ただ次世代の労働力たる子どもの生活手段についてのみ論じていた。念のため,以下に引用しておこう。

> 労働力の所有者は死を免れない。だから,貨幣の資本への連続的な転化が前提されるとして,彼が市場に現われることが連続的であるためには,労働力の売り手は,「どの生きている個体も生殖によって永久化されるように」,やはり生殖によって永久化されなければならない。消耗と死によって市場から引きあげられる労働力は,どんなに少なくとも同じ数の新たな労働力によって絶えず補充されなければならない。だから,労働力の生産に必要な生活手段の総額は,補充人員,すなわち労働者の子どもの生活手段を含んでいるのであり,こうしてこの独特の商品所持者の種属が商品市場で永続化されるのである。(KI, 224-225頁, S. 186-187)

このように,最初に労働力価値について規定したときには,本人の生活手段と修業費を除けば,子どもたちの生活手段についてしか触れられておらず(子どもの生活手段の問題については本書の第6章で検討する),どこにも「妻の扶養費」など登場しない。にもかかわらず,機械による女性労働および児童労働の動員とそれによる「労働力の価値分割」について論じる段になると,突然,成人男性労働者の労働力価値は,子どものみならず家族全体の生活維持に必要な労働時間によっても規定されていたと言い出すのである。

> 労働力の価値は,個々の成年労働者の生活維持に必要な労働時間によって規定されていただけでなく,労働者家族の生活維持に必要な労働時間によっても規定されていた。機械は,労働者家族の全員を労働市場に投じることによって,成人男性の労働力価値を彼の全家族のあいだに分割する。それだから,機械は彼の労働力を減価させるのである。(KI, 515頁, S. 417)

このように,「労働力の価値は……労働者家族の生活維持に必要な労働時間によっても規定されていた」と述べられている。そしてこの「労働者家族」に

は子どもだけでなく，どうやら妻も入っていることは，妻の賃労働者化によって成人男性労働力の価値分割が起こるという記述が続いてなされていることから明らかである。以上の点は1861～63年草稿ではよりはっきりとしている。そこでも，最初に労働能力の価値が規定されている場面では「妻の扶養費」について一言も述べられていないのに (草稿集4, 62頁, II/3-1, S. 37-38)，機械による労働力の価値分割が論じられている場面では，次のようにいつの間にか「妻の扶養費」が労働力価値の中に入っていることになっている。

　　　しかしまた他方では，この水準——平均的な高さ——には子どもと妻の扶養が入るので，妻自身が労働することを強制され，また，発育すべき時期に子どもがすでに労働に向けられることによって，この水準を押し下げることが可能である。(草稿集4, 69頁, II/3-1, S. 41)

　このように，マルクスは『資本論』でも1861～63年草稿でも，最初に労働力の価値規定をしたときには「妻の扶養費」について一言も述べていないのに，機械による労働力の価値分割が論じられる場面になると，いつの間にか労働力価値の中には「妻の扶養費」が入っていることになっている。だがマルクスは，どうして成人男性労働者の労働力価値の中に，成人女性たる妻を含む「家族の生活維持費」が入るのかについて何も説明していない。ただ，「家族の生活維持に必要な労働時間によっても規定されていた」（あたかも最初からそうであったかのように）と断言されるだけである。

　本節で論じたいのは，はたして「妻の扶養費」なるものはそもそも夫の労働力価値に入りうるのか，もし入りうるのだとしたら，いったいそれはいかにして労働価値論と，そして「他のどの商品とも同じ」はずの労働力価値論と整合しうるのか，という問題である。

2　「妻の扶養費」が（夫の）労働力価値に入るとする説

労働者階級の永続性の保障

　これまでマルクス経済学の世界では，どうして家事労働が労働力価値規定に

入らないのかについてあれほど多くの議論が費やされてきたにもかかわらず，どうして「妻の扶養費」が入るのかについては，労働価値論にもとづく説明の努力はほとんどなされてこなかった。また，マルクスが最初に労働力の価値規定をした際には労働者家族としては子どもの養育費だけを明示していたにもかかわらず，「労働力の価値分割」を論じる段になると突然，その「労働力の価値分割」にはいつのまにか「妻の扶養費」も入っていることになっているという矛盾についてもほとんど論じられていない。

一般に，『経済原論』などの教科書的書物をひもとくと，この「不整合」はおおむね次のようなやり方で「解決」されている。すなわち，最初に労働力の価値について規定するときに，資本の恒常的存続のためには労働者階級の存在は永続化されなければならない，という説明に続けて，最初から子どもの生活手段に限定せずに，「労働者家族の生活維持に必要な生活手段」とか「労働者家族の維持費」と表現することによって，労働力価値規定に「妻の扶養費」を密輸入しておくことである。こうすればマルクスの説明にあった矛盾は見えなくなるだろう。たとえば，比較的新しい有斐閣の『資本論体系』第3巻の「原典解説」では，次のように説明されている。

> 労働者は死を免れない。だから，労働者が一代かぎりで消滅することなく，世代から世代にわたって連続的に再生産されるためには，消耗と死によって市場からひきあげられる労働力は，新たな労働力によってたえず補充されなければならない。したがって，労働力の生産に必要な生活手段の総量のなかには，労働者の家族の生活維持に必要な生活手段が含まれる。[27]

他の教科書的文献も大同小異である[28]。労働者の世代的再生産を保障するためには，家族の生活費が賃金によってまかなわれなければならない，したがって「妻の扶養費」も成人男性労働者の労働力価値に入るのだという説明は，教科書的書物のみならず，もう少し本格的に労働力価値の問題について論じた論文にも見出せる。たとえば，中川スミ氏は次のように説明している。

労働力の価値は，この商品の定在様式の独自性によって労働力の所有者たる労働者の再生産に必要な労働時間に還元された。労働者の再生産のためには一定の質・量をもった生活手段が必要であることから，労働力の価値はさらに，労働者の再生産に必要な生活手段の価値に還元された。問題はこの必要生活手段の範囲であるが，個々の労働者が死を免れない限り，労働者「種族」(K. I, S. 179)のたえざる再生産のためには労働者の世代的交代が必要である。かくて労働者の再生産に必要な生活手段の範囲は，これを労働者の世代的更新という観点からみれば，労働者本人だけでなく，平均的な家族員数からなる労働者家族の再生産に必要なものによって規定される。労働力の価値は，労働者の世代的な更新の観点からみれば，労働者家族の再生産費によって規定されるのである。労働力の価値が，したがって賃金が労働者家族の再生産費によって規定される限り，夫の賃金には当然妻の再生産費も含まれることになる。29)

　労働者は死ぬ運命にあるから，その世代的更新は不可欠であり，したがってその世代的更新を保障するためには家族の扶養費が賃金に反映していなければならない，と中川氏は説く。だが，この論理によって正当化されるのはせいぜい，子どもの養育費だけであって（これも実は自明でないことは第6章で明らかにされる），妻の扶養費ではないはずだ。子どもさえちゃんと養育されれば，労働者の世代的再生産は保障される。なぜ，一人前の成人であり賃労働者として働くこともできる妻の扶養費まで，成人男性の労働力価値の中に入るのだろうか？ 実際，すでに引用したように，マルクスは最初の労働力価値規定において労働力の世代的再生産について言及した際，「補充人員，すなわち労働者の子どもの生活手段」(KI, 225頁, S. 186)に範囲を限定している。マルクスがこのような限定をしたのは，労働者階級の永続性の必要という理由だけでは，「妻の扶養費」を労働力価値に入れることに理論的困難を感じたからであろう。にもかかわらず，マルクスは，「労働力の価値分割」論では，まるで最初から「妻の扶養費」が労働力価値規定に入っているかのように議論するのである。

　中川スミ氏も，このマルクスの理論展開が首尾一貫していないことに気づいており，そのことを説明しようと努力している。中川氏は，最初の時点での労

働力価値規定は抽象的・一般的な規定にすぎず，その歴史的に具体的な規定が「機械」章の「労働力の価値分割」論でなされているのだと説明している。たとえば，中川氏は別の論文では次のように述べている。

　ところで注意しなければならないのは，マルクスは第２篇では労働力の価値を労働者家族再生産費として明確に定式化しなかったにもかかわらず，ここで，労働力の価値は「労働者家族の全成員の維持に必要な労働時間によって規定された」としている点である。これは，労働者の再生産・維持を総じて階級的な次元で論じた『資本論』においても，機械経営のもとでの婦人・児童労働の導入といった労働者のより現実的な労働・生活条件に上向する場合には，労働者階級の再生産がより現実的に個々の労働者――といっても労働者階級の平均見本としての労働者――の再生産という観点から捉え直されることによって，労働力の価値が労働者家族の再生産費としてより具体的に規定し直されていることを示すものだと言えよう。[30]

だが，まず第１に，マルクスは「労働力の価値分割」論において，「労働者家族の生活維持に必要な労働時間によっても規定されていた」とあたかも最初からそう規定していたかのように書いている。もし中川氏の言うように，論理次元の違いをマルクス自身が自覚していたのなら，このような書き方にはならないはずである。たとえば，次のような書き方になるはずである。「最初に労働力価値規定をしたときには労働力の再生産費として，子どもの養育費だけを挙げたが，歴史具体的にはこの再生産は子どもの生活手段のみならず，その子どもの世話をする母親の生存をも前提とし，かつこの母親は歴史的には最初のうちは賃金労働者ではなかったので，成人男性の労働力価値にはこの母親の分の生活手段価値も入るのだ」，云々と。これなら，それが正しいかどうかは別にして，論理的に整合的である。ところが，マルクスはそうした書き方をいっさいしておらず，あたかも最初から労働力価値規定には家族構成員全員の生活維持費が入っていたかのように書いているのだ。

　第２に，もし中川氏の言うように，第２編の労働力価値規定がより抽象的・一般的で，第４編の労働力価値規定がより特殊的・具体的ならば，むしろ第２

編での労働力価値規定における再生産費を「子どもの生活手段」に限定するような狭い規定を避けるべきではないだろうか？　一般の方がより広い定義でないと，特殊を包摂できない。

　だが論理レベルの違いという仮説を受け入れたとしても，やはり「妻の扶養費」が労働力価値規定に入ることの労働価値論的説明は何らなされていない。たしかに，労働力を社会的に正常な形で再生産するためには，賃金は少なくとも家族の扶養費をまかなえる水準でなければならない（性別役割分業が前提であるかぎり）。だがこの事実それ自体は，労働力価値の中に家族の扶養費が原理的に入る理由にはならないし，賃金がその家族の扶養をまかなえる額に一致する根拠にもならない。賃労働者家族の生活の再生産という社会的要請がどのように価値論的に貫徹されるのか，これこそ経済学が説明しなければならないものである。

　この問題は結局，先に論じた中川スミ氏の家事労働の価値形成的性格否定論と同じ内実を持っている。中川氏は，一方では，労働力の再生産条件の社会的保障という理屈で家事労働が労働力価値に入らないことを主張し，他方では，同じく労働力の再生産条件の社会的保障という理屈でもって今度は「妻の扶養費」が労働力価値規定に入ると主張するのである。これはどちらも，労働価値論にもとづくことなく，労働力の再生産条件を保障する必要性という外的要請でもって一般理論を構築しようとしたことの必然的帰結なのであり，同じメダルの両面なのである。

家族＝「労働力の基本的な再生産単位」説

　上の議論の系論であるが，労働力というのはそもそも個人単位で再生産されるものではなく，歴史的に見て単婚核家族を基本単位として再生産されるので，この単位を維持するのに必要な生活手段価値も労働力価値に入るのだ，という説明もありうるだろう。これに対しても基本的には上で行なった批判がそのまま妥当する。労働力の再生産が基本的に一定規模の世帯を単位にしてなされるとしても，このことからただちに，この家族の生活費全部が1人の労働者の労働力価値規定に入ることが理論的に根拠づけられるわけではない。

　たしかに，労働者家族の生活は一つの単位を構成して営まれているし，その

単位を基礎にして労働力は生産され再生産されている。単身者の世帯も多いが，労働力の世代的再生産をも視野に入れるならば，労働力は全体としては，一定の家族を単位として再生産されていると言うことができる。この点は労働力商品の特殊性である（他の一般的商品の場合も家族経営で生産されることがあるが，家族経営であることはその商品の生産にとっての必要条件ではない）。賃労働者家族はたいてい共通の家に住み，共通の家電製品を使い，ともに家事労働を享受する。そして，この確固たる事実にもとづいて，片働き分業世帯の場合には，成人男性労働者は家族の生計費をすべて賃金に含めるよう闘争するだろうし，それは一定の範囲で資本家にも認められるかもしれない。このように当事者の主観と行動に即してみるならば，賃金には妻を含む家族の扶養費が入っていると言えるだろう。だがこのことにもとづいて，労働力価値には「妻の扶養費」が原理的にも入っているのだと説明することは，労働価値論にもとづいた理論的媒介の努力を放棄することである。

　当事者の主観と行動をそのまま無限定に価値の実体説明とすることはできない。たとえば，資本家の主観と行動に即せば，商品価格とは，費用価格（生産コスト）に平均利潤を足したものにすぎないし，実際に価格はその水準に長期的には一致する傾向にある。このことから，「商品の価値実体は費用価格＋平均利潤である」と説明したとすれば，これは労働価値論の完全なる放棄である。

　労働力が実際にどのような単位で再生産されていようとも，資本家に対して売られるのは一個人の労働力である。家族経営の自営業者はその商品を家族単位で生産しているが，販売するのはそれが生産した個々の商品にすぎないのと同じである。その商品を売った代金でこの家族は生活を成り立たせなければならないが，だからといって，この商品の価値にこの家族の総生活費が原理的に算入されるわけではない。

　この家族単位説は以上の問題点の他にもきわめて深刻な問題を抱えている。労働力の再生産は家族単位だから夫の労働力価値に成人たる妻の消費する生活手段価値も原理的に入るのだと説明することは，事実上，妻を夫の生活手段の一部とみなすことにつながる。もし妻が夫の単なる生活手段の一部ならば，妻の生活手段価値が夫の労働力価値の中に原理的に入ることは，労働価値論的に正当化されるだろう。たとえば，平均的な賃金労働者がおおむね1匹の犬を飼

うことが文化的に一般的ならば，この犬の餌代は賃金労働者の労働力価値に「精神的要素」として入るだろう。妻を独立した人格とみなさず，ペットと同じく，夫の生活手段の一部とみなす場合にはたしかに，「妻の扶養費」を夫の労働力価値の中に原理的に算入することは正当化されるだろう。だが，そのような想定がまったく性差別的であって，理論的にも現実的にも何ら正当性を持ちえないのは明らかである。

3 「妻の扶養費」と労働価値論

　以上見たように，成人男性労働者の労働力価値に「妻の扶養費」が入るとする説には，労働価値論にもとづく一貫した説明は何もなかった。私はむしろ，ここで，労働力価値に「妻の扶養費」を直接的に算入することは労働価値論に著しく反すると主張したい。

原理的な説明

　まず，より原理的な面から説明しよう。これまで述べてきたように，賃労働者の各家庭は労働力商品を生産する一種の自営業とみなすことができる。そこにおいて性別役割分業が存在していると仮定するなら（これはけっして自明ではない），妻の家事労働は夫の労働力を生産する労働の一環を担っているとみなすことができる。この場合，労働力生産の原材料（生産手段）となっているのは賃金労働者たる夫が消費する生活手段である。夫が消費する生活手段の価値が夫の労働力価値に入ることに関しては，誰からも異論はない。問題は，この生活手段に働きかけて最終消費形態である物的財貨を生産したりその使用価値を維持・回復する家事労働者（この場合は妻）の消費する生活手段価値が，この家事労働者の生産する商品たる労働力の価値に入るのかどうか，である。

　もし入るとすれば，家事労働者の生産する商品の価値の中に，その家事労働者が消費する生活手段価値が移転することになってしまうだろう。だが，このような価値移転が起こるとすれば，前著『価値と剰余価値の理論』でさんざん説明したように，労働価値論上の背理を犯すことになる。すなわち，労働者の本源的労働力価値（ここではとりあえず労働者が消費する生活手段価値）がそ

の労働者の生産する商品の価値に移転するという事態になってしまう。このような背理（価値の二重計算）は理論的に排除されるので，妻の生活手段価値はけっして夫の労働力価値には移転しないし，したがって，夫の労働力価値にはけっして妻の生活手段価値は入らない。

まずもって，以上の原理的説明でもって，家事労働者の生活手段価値が生計をともにする賃金労働者の労働力価値に入るという議論は理論的に否定される。

派生的レベルでの説明

だが，これだけだと納得しない向きもあるだろうから，より派生的なレベルでも説明しておこう。実を言うと，本章の2〜4節で紹介した，家事労働が労働力価値に入らない理由として挙げられたもろもろの根拠のいくつかは，この妻の生活手段価値にはいっそうよく（むしろ本当の意味で）あてはまる。

たとえば，夫と妻との間に商品交換関係がないという理由を取り上げよう。家事労働の場合は，夫婦間に商品交換関係がなくても，妻の家事労働によって，夫が直接消費する生活手段が生産され，その生活手段を夫が消費することによって賃金労働力が生産され，それが労働市場で販売されるという，使用価値的連関が（したがって価値的連関が）明確に存在していた。それゆえ，家事労働は労働力価値の中に入ると言えた。ところが，妻が個人的に消費する生活手段には，夫の賃金労働力との間にそのような使用価値的連関は（したがって価値的連関も）まったく存在しない。妻が個人的に消費する生活手段は文字通り消費とともに消失し，使用価値も価値も消えてなくなる。そこから先の使用価値的連鎖はまったく存在しない。いったいどうして妻の生活手段価値が夫の労働力価値に入るなどと言えるのか？

あるいは，家事労働は単なる「個人的消費」ないし「消費活動」にすぎないという否定論について見てみよう。家事労働に関してはこれはまったく恣意的で的外れな否定論だった。なぜなら家事労働は，世間や学者がどう名づけようとも実際にはれっきとした生産活動を行ない，市場で販売される商品（労働力商品）を生産する労働の一環を担っているからである。しかし，妻の生活手段価値についてはこの否定論は完全にあてはまる。妻が生活手段を消費する行為は本来の意味での「消費行為」であり，言葉の完全な意味での「個人的消費」であ

る。この消費の結果として生成する妻の家事労働力は労働市場では売買されず，彼女が個人的に消費した生活手段の価値も使用価値も完全に消えてなくなる。いったいそれがどうやって夫の労働力価値に入るというのか？

家事労働が多かろうと少なかろうと労働力の価格や販売条件に関係しないという否定論はどうか？　この否定論も，妻の生活手段価値により強くあてはまるだろう。妻の消費する生活手段量ないしその価値量が多かろうと少なかろうと，夫の賃金労働力の質に変化はない。したがって，その労働力の販売条件や価格に影響しない。もちろん，妻の消費する生活手段量が飢餓レベルにまで落ちたならば，まともに家事労働ができなくなるだろうが，そうでないかぎり，妻の消費する生活手段価値量は夫の賃金労働力の質に影響しない。

以上見たように，労働価値論の原理的レベルから見ても，より派生的なレベルで見ても，夫の賃金労働力の価値に家事労働者の生活手段価値は入らない。あれほどさまざまな根拠を捻出しては，家事労働が労働力の価値に入らないと力説してきた人々が，どうして「妻の扶養費」が夫の賃金労働力の価値に入るなどという，はるかに根拠のない仮説に異論を唱えないのか不思議である。

賃金をめぐるいくつかの論点

以上，われわれは本章において，まず第1に，家事労働が労働力価値規定に入らないとする主要な諸説をすべて批判し，むしろ労働価値論からすれば入らなければならないことを明らかにした。第2に，今度は逆に，労働価値論からして，「妻の扶養費」が夫の賃金労働力の価値に入ることはありえないことを証明した。以上，2つの点から次の結論が導き出せる。労働力価値の規定には，これまで排除されてきた家事労働が入り，これまで入れられてきた「妻の扶養費」は入らない。したがって，実を言うと，「妻の扶養費」がそれ自体として労働力価値の中に入るのではなく，家事労働が労働力価値の大きさに反映し，その主要部分が家事労働者の消費する生活手段価値に充当されるのであり，それを通じて労働者家族の生活手段価値が現実に補塡され，したがって労働者家族の生活が再生産されるのである。

以上の点は，労働価値論から必然的に出てくる結論だが，このことから，賃金をめぐるいくつかの論点に対しても一定の回答を与えることができる。

まず第1に，男女の賃金格差を理論的に説明するのに使われてきた古い議論，すなわち，男性の労働力価値には家族の扶養費が入っているから原理的に高く，女性の労働力価値には家族の扶養費が入らないから原理的に低い，という議論が，目に見える現象ないし思い込みをそのまま理論に引き写したものにすぎない，ということである。そのような単純で抽象的な労働力価値論のレベルで男女の賃金格差を説明することはできない。男女の賃金格差はより複雑で多様な要因によって発生しているのであり，たとえ労働力価値論のレベルで説明するにしても，はるかに複雑で丁寧な議論が必要になる。この点については本書の第5章で議論されるだろう。

　第2に，以上のような労働力価値論にもとづくなら，労働者の賃金は最初から原理的に「個人単位」の賃金なのであって，別に「家族単位」の賃金ではなかったことがわかる。「家族単位」の賃金から「個人単位」の賃金へという議論はよくなされるが，この議論はしばしば，男性労働者の賃下げを正当化するために用いられてきた。「家族単位」の賃金は規範的に正しくなく，「個人単位」の賃金は規範的に正しいという前提にもとづくなら，前者から後者へと賃金の基準を変更することは規範的に正しく，したがってそれに伴って賃金が下がっても，それも規範的に正しいという結論になりやすいだろう。しかし，この議論は，その前提からして誤っているのであり，したがって根本的に再検討される必要がある。

　さて，一方でマルクスは，あたかもその価値規定に商品価値の一般的規定が貫徹されているかのように述べていた。にもかかわらず，労働力価値に本来入るべき家事労働が労働力価値論からアプリオリに取り除かれ，本来入らない「妻の扶養費」が入れられていた。それゆえ，マルクスは，労働力価値が，家族という労働力再生産単位が消費する種々の生活手段価値に分解されるのだと理解するのではなく（価値分解説），労働力価値が事実上，賃金労働者個人の生活手段価値とその他の家族の生活手段価値という独立した諸要素によって構成されると理解している。これは一種の「価値構成説」であろう。

　理論経済学においてなすべきなのは，労働力の再生産条件の保障という理由で「妻の扶養費」を労働力価値の構成要素にアプリオリに組み入れることでは

なく，原理的には「他のどの商品とも同じ」である労働力価値規定，すなわちそれを生産し再生産するのに社会的・平均的に必要なすべての労働（家事労働を含む）によって規定されるという労働価値論にもとづいた労働力価値規定から出発して，どのようにして結果的にこの労働力価値が，労働力の単純ないし拡大再生産を保障するのに必要な種々の生活手段価値に分解されるのかを，理論媒介的に明らかにすることである。それはちょうど，前貸資本の大きさに比例する利潤をアプリオリに前提するのではなく，そうした平均利潤の成立を，労働価値論にもとづいて種々の段階を経て理論媒介的に解明することが，理論経済学において決定的に重要であったのと同じである。

次の第3章で取り組むのはまさにこの課題である。その章において，労働力価値規定に家事労働が入らないから労働力価値が生活手段価値に還元されるのではなく，逆に，労働力価値規定に家事労働が入るからこそ，労働力価値が，労働力（家事労働力を含む）の日々の生産と再生産（単純再生産）を可能とするような，さらにはその世代間的ないし世代内的な再生産を可能とするような水準の生活手段価値を確保しうるのだということを証明するつもりである。

1) 磯野富士子「婦人解放論の混迷」(『朝日ジャーナル』1960年4月10日号，上野千鶴子編『主婦論争を読む』II，勁草書房，1982年，所収。以下，磯野第1論文と略記)，同「再び主婦労働について」(『思想の科学』2月号，1961年，前掲『主婦論争を読む』II所収。以下，磯野第2論文と略記)。磯野氏のこの主張は事実上，マルクス経済学者たちから総スカンを食らったが，それを支持した例外的文献として，古賀良一「労働力の価値と家事労働」（北九州大学『商経論集』第14巻4号，1979年）がある。磯野第1論文は，『資本論』における労働力価値規定の記述にもとづいて，もしそれが正しいのならば家事労働も労働力価値に入らないと首尾一貫しないのではないかというきわめて当然の，しかし当時にあっては画期的な問題提起をした。磯野第1論文の初出は1960年だが，これは，欧米で家事労働の価値形成的性格についての議論が出される10年以上も前であり（欧米におけるこの説の最も初期の代表的論者はジョン・ハリソンとウォーリー・セコムであり，彼らの論文はそれぞれ1973年と1974年に発表されている。John Harrison, "The Political Economy of Housework", *Bulletin of the Conference of Socialist Economists*, Winter 1973〔ジョン・ハリスン「家事労働の政治経済学」，『現在』第4号，1977年〕; Wally Seccombe, "The Housewife and her labour under Capitalism", *New Left Review*, no. 83, 1974)，磯野論文の国際的先駆性は明らかである。ちなみに，向井公敏氏は，あたかもこうした問題提起を最初に公然と行なっ

たのが1970～80年代の欧米マルクス主義フェミニストであるかのように述べているが，これはまったくの事実誤認である（向井公敏「労働力の再生産と労働者家族の存続」『同志社商学』第54巻1・2・3号，2002年，293頁）。磯野第2論文は，第1論文に対して出された初歩的な諸批判に対してきわめて的確に反論しており，今日においても付け加えるべき点がほとんど見当たらないくらいである。唯一，訂正する必要があると思われるのは，磯野氏が異論の一つに譲歩して「私も，労働力が家事労働によって生産されるとは考えていない」（磯野第2論文，98頁）と書いていることくらいだろうか。家事労働だけが労働力を生産するのではないが，家事労働は労働力を生産する労働の一部なのである（さもなくば，労働力価値の規定には入らない）。当時にあっては，家事労働が労働力の価値規定に入るのではないかという問題提起は奇抜なものに思えたかもしれないが，その後，欧米でも同種の意見が出され，この説を支持する人々がしだいに増えはじめた80年代以降は，磯野理論を門前払いすることはできなくなっているはずである。ところが，磯野氏の第1・第2論文およびそれへの反論を収めた『主婦論争を読む』に付された上野千鶴子氏の解説は，「磯野富士子の所論に対して社会主義陣営が与えた反論は『家事労働は，使用価値は生むが交換価値は生まない』という自明の事実だった」と書いており，磯野論文の核心をまったく無視する総括を行なっている。磯野氏は第2論文でこう書いている――「私はまた，妻の加工した生活資料が夫にとって商品であるというのでもない。妻はたしかに夫という特定の人間のために労働する。しかしここで不特定多数のために生産される商品は，労働力であり，以前は特定の家業のために使われた労働力が，今や不特定多数の資本家の前に商品として売りに出されるのである」（磯野第2論文，100頁）。問題は商品一般ではなく，労働力商品である。ところが上野氏はこのことを完全に無視して，「『家事労働は，使用価値は生むが交換価値は生まない』という自明の事実」と書くのである。磯野氏にとって不幸だったのは，家事労働の価値形成的性格の有無が婦人解放論と直結させられる形で提起されたことだろう。それゆえ，家事労働が労働力価値規定に入るかどうかは経済学的に考察されるべき問題であるにもかかわらず，女性を家事労働にいっそう縛りつけるものだとか，家事労働の有用的性格を経済的価値にのみ結びつけるのはブルジョア的だとか，家事労働を有償にしても婦人解放にはつながらないといった的外れな反論を生むことになった。家事労働が労働力価値規定に入るかどうかという経済学的問題と，女性解放の適切な戦略は何かという政治問題とは，たとえ一定関連しているにしても別問題であり，自動的に前者から後者が出てくるわけではない。

2）典型的には平野厚生氏の以下の諸論稿。平野厚生「労賃形態と労働力商品（上）――労働力商品範疇の一検討」（東北大学『研究年報経済学』第33巻1号，1971年），同「労働力商品の根本問題（上）（下）」（東北大学『研究年報経済学』第36巻3号，4号，1975年），同「マルクスの労働力商品概念の検討」（『東北大学教養部紀要』第39号，1983年），同「労働力の特殊な商品形態について」（『東北大学教養部紀要』第41号，1984年），同「所謂労働力商品論への批判」（東北大学『研究年報経済学』第48巻3号，

1986年),同「労働力商品とはどういうものか」(東北大学『研究年報経済学』第52巻1号,1990年),同『労働力商品論の基本問題』(高文堂出版社,1984年)。

3)　高木督夫「婦人運動における労働婦人と家庭婦人」(『思想』1960年12月号),前掲『主婦論争を読む』II所収,73頁。

4)　同前,74頁。

5)　Harrison, The Political Economy of Housework, *op. cit.*, p. 39〔ハリソン前掲「家事労働の政治経済学」,41頁〕。

6)　Susan Himmelweit & Simon Mohun, "Domestic Labour and Capital", *Cambridge Journal of Economics*, 1977, p. 23. その他,家事労働論との関係で「労働力＝非労働生産物説」を唱えている文献として,以下のものがある。大木啓次「家事労働と婦人解放」(『立教経済学研究』第32巻3号,1978年),中川スミ「家事労働と資本主義的生産様式」(『高田短期大学紀要』第5号,1987年。後に中川スミ著／青柳和身＋森岡孝二編『資本主義と女性労働』桜井書店,2014年に所収),など。この問題は,この消費の「主体的」性格を強調することで,家事労働が労働力価値を生まないと主張することにもつながっており,本文で後述する。

7)　前掲高木論文,荒又重雄『価値法則と賃労働』(恒星社厚生閣,1972年),金谷千慧子「家事労働論」(竹中恵美子編著『現代の婦人問題』創元新書,1972年),大木前掲論文,竹中恵美子『戦後女子労働史論』(有斐閣,1989年),角田修一『生活様式の経済学』(青木書店,1992年),など。たとえば荒又氏は次のように述べている——「商品生産社会における労働の社会的形態は商品価値のみであり,ここにおける社会的労働の一環たりえぬ家庭内労働に商品価値という社会的評価が与えられることはありえない」(荒又前掲書,180頁)。また,ウォリー・セコムを批判したマーガレット・クールソン,ブランカ・マガス,ヒラリー・ウェインライトも次のように主張している——「家事労働は,ウォーリー・セコムが正しく述べているように,必要労働である。労働者階級の主婦は寄生者ではない。しかし,それにもかかわらず,家事労働はけっして価値を生まない。なぜなら,その直接的な生産物は使用価値であって,商品ではないからだ。それらの物は市場向けではなく,家族内の直接的な消費用である」(Margaret Coulson, Branka Magas, and Hilary Wainwright, "The Housewife and her Labour under Capitalism—a Critique", *New Left Review*, no. 89, 1975, p. 62)。

8)　水田珠枝「主婦労働の値段」(『朝日ジャーナル』1960年9月25日),前掲『主婦論争を読む』II所収,34頁。

9)　注6で列挙した論者はおおむねこの立場であるが,それに加えて比較的最近のものとして以下の文献を挙げることができる。金子ハルオ『サービス論研究』(創風社,1998年),櫛田豊『サービスと労働力の生産』(創風社,2003年),二宮厚美『ジェンダー平等の経済学』(新日本出版社,2006年)。櫛田氏は次のように述べている——「たとえば料理をつくるという活動それ自体は,たしかに物(財貨)をつくる活動には違いないが,我々はそれを必ずしも労働であると断定できない。料理をつくる活動が例えば食品加工工場などで社会的共同活動の一環として行われる場合には,我々はそれ

を労働であると言う。しかし、料理をつくる活動が労働力の再生産を担う家庭内の消費生活過程の一環として行われる場合には、我々はそれを潜在的には労働であるものの消費活動として扱うのである」(櫛田前掲書、28頁)。このように櫛田氏は家事労働を「消費活動」として扱うと一方的に宣言し、そのことにもとづいて、家事労働の価値形成的性格に関する論争について次のように言う――「さて、"家事労働が価値を形成するか否か"をめぐり論争があったことは記憶に新しい。この論点について、以下簡潔に私見を述べておきたい。もっとも、家事労働を代替的消費活動という概念で捉えていることで、私の結論は明らかなのであるが」(同前、125頁)。たしかに、最初に家事労働を消費活動と名づけてしまったわけだから、その結論は同義反復的に「明らか」である。念のためその結論を聞いてみよう――「これに対する私の見解は"価値の移転と創造を媒介するが価値は形成しない"である」(同前)。当然の論理的帰結であろう。櫛田氏は、通説に反してサービス労働が労働力価値を形成する労働であり、個人的消費によっても労働力価値への生活手段価値の移転が起こることを正しく力説しているのだが、その櫛田氏ですら、家事労働が問題になるとたちまち通説に舞い戻るのである。

　ちなみに、二宮厚美氏もこの点に関して櫛田氏と基本的に同意見であるが(二宮前掲書、246-247頁)、なぜか、櫛田氏の所論について、家事労働が「労働力に価値を対象化する労働」であるという立場であると誤解し、その上で櫛田氏に対し「生産と消費の区別をわきまえない議論である」(二宮前掲書、275頁)と的外れな批判をしている。中川スミ氏も同種の誤解をしている――「櫛田は、家事が消費行為の一環として労働力を生産し、労働力の価値を形成すると主張し、これを論証するために食事を含む労働者の消費行為が生活手段の価値を労働力に移転・対象化すると主張している」(中川前掲『資本主義と女性労働』、25頁)。この引用文の後半は正しく櫛田氏の議論を紹介しているが、前半はまったく間違っている。櫛田氏は、すでに引用したように、家事労働は生活手段の価値移転を媒介するが、それ自身は労働力価値を形成しないという立場である。それに対して、サービス労働非価値形成説の大御所である金子ハルオ氏は、櫛田氏の理論を正しく理解しており、むしろ、家事労働を労働力価値形成要因から排除していることを論理的に首尾一貫しないとして正当に批判している(金子前掲書、210-211頁)。

10) ポール・スミス「家事労働とマルクスの価値理論」(上野千鶴子他訳『マルクス主義フェミニズムの挑戦(第2版)』勁草書房、1986年、189-190頁。ちなみに、このような議論をむしろ逆手にとって独自の労働論を展開したのが小倉利丸氏である。小倉氏は、睡眠も食事もセックスも労働力商品の再生産に不可欠なのだから、すべて労働(「労働力再生産労働」)なのだという荒唐無稽な主張をしている(小倉利丸『搾取される身体性』青弓社、1990年、115頁)。ここでも、「過ぎたるはなお及ばざるが如し」という警句があてはまる。

11) 伊田広行『性差別と資本制――シングル単位社会の提唱』(啓文社、1995年)、261頁。

12) 同前、283頁。伊田氏は、このカップル単位への埋没説に追加して、家事労働の供

給を制約する社会的条件がないために自由財化しているという論理を出して，最終的に家事労働は価値を生まないという結論を導き出している。この点については「第3の論拠」について論じるときに論じる。
13) 青柳和身『フェミニズムと経済学』(御茶の水書房，2004年)，321-322頁。同著は人間と性の再生産様式を史的唯物論の基礎に位置づけた非常に優れた意欲作なのだが，残念なことに，家事労働は価値を生まないという通説を踏襲している。なお，同著に関する私の書評とそれに対する青柳氏のリプライについては以下を見よ。森田成也「書評：青柳和身『フェミニズムと経済学（第2版）』」(『季刊 経済理論』第48巻2号，2011年)。青柳和身「森田成也氏の「書評『フェミニズムと経済学（第2版）』へのリプライ」(『季刊 経済理論』第48巻3号，2011年)。
14) 刀田和夫「労働力の価値と家事労働」(九州大学『経済学研究』第48巻3・4号，1982年)，107-108頁。
15) スミス前掲「家事労働とマルクスの価値理論」，189-190頁。
16) 同前，185-186頁。ヒンメルワイトとムーンの前掲論文も「家事労働は価値法則に従わないので価値を生産しない」と述べている（Himmelweit & Mohun, *op. cit.*, p. 27)。同種の見解は伊田広行氏によっても唱えられている。「資本家が家事労働の価値を認めないからといって，あるいは労働力が全く売れないからといって家事労働をやめることはない。別の商品を作るという選択肢もない」(伊田前掲書，273頁)。伊田氏は，自分の見解がポール・スミスと基本的に同じであることを認めている（同前，274頁)。ただし，伊田氏は，家事労働が労働力商品を生産する労働であることをはっきりと認めており，この点さえ認めようとしないスミスとは異なる。
17) Jean Gardiner, "Women's Domestic Labour", *New Left Review*, no. 89, 1975, p. 49.
18) 実際にそう主張している論者もいる。高橋正立「労働力商品への価値法則の適用の困難」(龍谷大学『経済学論集』第7巻2号，1967年)。
19) 伊田前掲書，275頁。ところで伊田氏は，家事労働が絶対的・物理的な意味で希少性がないというのではなく，「あくまでも欲望（需要）との比較においての相対的なものである」(同前，272頁)と述べているが，他方では，家事労働を「空気」と同列に扱ってもおり（同前，275頁)，まったく首尾一貫していない（ちなみに空気が価値を持たないのは，労働生産物ではないからである)。いずれにせよ，家事労働は有限であり，その担い手も有限であり，したがってけっして自由財ではない。たしかにマルクスは女性労働について次のように述べている——「イギリスでは川舟を引いたりするのに今でも馬の代わりに女が使われることがあるが，その理由は，馬や機械を生産するのに必要な労働は数学的に与えられた量であるが，これに反して過剰人口の女を養うのに必要な労働はどのようにでも計算できるからである」(KI, 513頁, S. 416)。これは当時における現実を反映したものであり，資本の本質を雄弁に物語るものであるが，だからといって，女性を養う必要労働が原理的な意味で「どのようにでも計算できる」ことを示唆するものではない。これは，この一文の前の部分にある記述から明らかなように，「労賃の労働力価値以下への低下」(KI, 513頁, S. 416)の一例に他

ならない．過剰化された独身男性労働者もしばしば同じように超低賃金で使い捨てされるが（今日の派遣労働者のように！），だからといって，総じて労働力は自由財でありその価値は「どのようにでも計算できる」という理論的命題を立てることができないのと同じである．

20) 中川前掲「家事労働と資本主義的生産様式」41-42頁．
21) 同前，42頁．
22) 中川スミ「『家族賃金』イデオロギーの批判と『労働力の価値分割』論」（東京大学社会科学研究所『社会科学研究』第46巻3号，1994年），284頁．同論文も，中川前掲『資本主義と女性労働』に所収．
23) 中川前掲「家事労働と資本主義的生産様式」，42頁．
24) 同前．
25) 労働力商品の特殊性の名のもとに労働価値論と労働力価値論とを切り離す議論は，多くの通説に無意識的に採用されている論理だが，それをマルクス（およびフェミニスト）に対する批判を通じて非常に自覚的に行なっているのが，ドイツのミヒャエル・ハインリッヒである．ハインリッヒは次のように述べている──「労働力と他の商品との間には，もう一つさらなる区別があるのだが，それをマルクスはこれ以上取り上げていない．一般的な商品の価値には，一方では，その生産に用いられた生産手段の価値が入り込み，他方では，この生産手段を用いて完成した生産物をつくる労働によって付加された新価値が入り込む．しかし，労働力商品にはこのことはあてはまらない．その価値はただ，市場において購買されなくてはならない生活手段の価値によってのみ規定される．家庭内で，とりわけ女性によって行なわれる再生産労働（家事労働，育児など）は，労働力の価値に入り込まない．したがって，フェミニストの著作家たちは，経済学批判にはここに『盲点』があるとしてマルクスを非難した（……）．だが，マルクスによる労働力商品の価値の規定が誤りなのではなく……，彼がこの労働力商品の価値規定の特殊性を強調せずに，他のあらゆる商品の価値規定との同一性を証明しようとしたことが誤っているのである」（ミヒャエル・ハインリッヒ『「資本論」の新しい読み方──21世紀のマルクス入門』堀之内出版，2014年，120頁）．マルクスの議論を前提にするかぎり，家事労働を労働力価値規定から除くことができないことを自覚して，批判のほこ先をマルクスそのものに向けているのは，理論的に首尾一貫している．だが，このような「特殊性」の名のもとに，資本主義における最も重要な商品たる労働力への労働価値論一般の適用性が否定されるならば，マルクスの価値論・剰余価値論の体系全体が揺らぐことになるだろう．それにしても，どうして労働力商品には通常の労働価値規定があてはまらないのだろうか？ ハインリッヒはこう述べている──「資本主義の内部では，労働力商品の特殊な価値規定は必然的である．というのも，もし労働者が市場で購買しなくてはならない生活手段の価値だけを受け取るのではないとするならば，彼らは長い目で見れば，もはや無所有者ではなくなり，労働力の販売への強制から少なくとも部分的には自由となりうるであろう．労働力の価値を再生産の費用へと制限することは，資本主義の機能的必然性

第2章　家事労働と労働力価値をめぐる論争　109

である」(同前)。つまり，ハインリッヒは，労働力商品の価値がその生活手段価値に制限されないと，資本主義にとっては困ることになるという機能主義的理由で説明しているのである。同じような理屈で，資本主義の機能的必然性からすれば，資本の投資額の大きさに比例して利潤が得られなければならないという理由から，あらゆる商品の価値(生産価格ではなく)は投資額とそれに比例した利潤額の合計で規定されると言ってもよかったはずである。だが，社会的必要労働による価値規定と，それとは矛盾して見える種々の現象とを理論的に媒介することこそ理論経済学の役割なのである。

26) 「無意識的」ではなく意識的に労働力商品論の否定に行き着いている典型例として，以下の文章——「もともと存在しない労働力商品や，労働力商品の価値にかかわらせて，家事労働が価値を生むとか生まないとかを問題とすることは，理論的にいえば問題自体成り立つはずがないことなのであり，無用無益なことなのである」(堀眞由美「主婦と家事労働」，『立教経済学研究』第49巻4号，1996年，37頁)。もちろん，同氏は，大木啓次氏にならって(大木啓次『マルクス経済学を見直す』平原社，1994年)，労働価値論と剰余価値論そのものの否定へと，したがってマルクス経済学の全面否定へと一直線に進んでいる。マルクスを「見直す」と意気込む人々はたいていマルクスの理論を前進させるのではなく，むしろ古典派かもっと悪い場合には俗流経済学へと後退させるのであり，その最初の一歩はたいてい労働力商品論の否定なのである。

27) 本間要一郎「貨幣の資本への転化」(富塚良三・服部文男・本間要一郎編『資本論体系』第3巻『剰余価値・資本蓄積』，有斐閣，1985年)，22頁。

28) ローゼンベルクも『資本論注解』で次のように解説している——「労働力そのもののうちに対象化されている労働は，労働者とその家族のために必要な生活手段の生産に支出された労働である」(ローゼンベルク『資本論注解』青木書店，1962年，235頁)。ただしローゼンベルクは，労働力そのものに労働が対象化されていることを認めており，この点さえ認めない一部のマルクス経済学者たちよりはるかにまっとうである。宮川實氏も次のように論じている——「だから，労働力の生産に必要な生活資料の総量には，労働者の家族の生活資料もふくまれている」(宮川實『資本論講義』第2巻，青木書店，1967年，42頁)。『マルクス主義経済学講座』上巻においても次のように説明されている(執筆者は鶴田満彦氏)——「労働力の再生産に必要な生活手段の分量は，次の3つの部分からなりたっている。……第2は，労働者の家族が必要とする部分である。労働者は死をまぬがれないから，長期的・継続的に労働力を再生産するためには，つぎの世代の労働者を養育しなければならない。だから，労働力の再生産に必要な生活手段の分量は，労働者の子どもたちと，彼らを生み育てる母親の生活手段をもふくんでいるのである」(見田石介・宇佐美誠次郎・横山正彦編『マルクス主義経済学講座』上巻，新日本出版社，1971年，128頁)。富塚良三氏もその『経済原論』において，「労働力の価値は，労働者をその家族とともに標準状態において維持再生産するに必要な生活手段の価値によって規定される」と書いている(富塚良三『経済原論』有斐閣，1976年，88頁)。また福島利夫氏も次のように言う——「労働力の価値

には労働者自身の生活費だけではなく,次の世代の労働力の担い手のためにその家族の生活費も含まれる。低賃金では結婚もできないし,子どもの数も制限されるわけである」(福島利夫「貨幣の資本への転化」,平野喜一郎他編『経済原論』青木書店,1982年,67頁。ちなみにここでは,「低賃金では結婚できない」と叙述されているように,賃金労働者(アプリオリに「男」と前提)が非賃金労働者(専業主婦)と結婚することが暗黙の前提になっている。しかし,次章で見たように,低賃金労働者は1人で暮らすより,低賃金労働者同士で暮らす方が,生活手段の共同使用による節約効果があるので,まだ生活は楽になるのである。

29) 中川前掲「家事労働と資本主義的生産様式」46頁。
30) 中川スミ「労働力の価値規定と労働力の価値分割」(黒川俊雄他編『社会政策と労働問題』未来社,1983年)329頁。他の多くの論者は,すでに見たように,労働力価値を規定する最初の段階ですでに「家族の維持費」という表現をとっているので,この矛盾は最初から存在せず,したがって説明する手間が省かれている。

第3章　家事労働と労働力価値との量的関係

　本章では，家事労働と労働力価値との量的関係について具体的に考察する。これまでの家事労働論争では，家事労働が原理的に労働力価値に入るかどうかという質的問題だけが議論され，その量的関係についてはほとんど論じられてこなかった。しかし，この量的規定の問題が具体的に解明されないかぎり，家事労働が労働力価値規定に入るという主張も十分説得力をもたないだろう。

　労働価値論からして，労働力価値規定に家事労働が入らなければつじつまが合わないということは，これまでの議論からして明らかである。しかし，それでも，これとは一見矛盾するような現象が見られ，そのことが結局，労働力の価値規定に家事労働が入るという考えを拒否する重要な要因になっている。その現象とは，前章でも少し触れたが，賃金が結局，賃労働者家族の生活を再生産するのに必要な種々の生活手段の購入に使われていること，したがって事実上，労働力価値が生活手段価値に還元されていることである。したがって，マルクスが，一方では，古典派と違って，労働と労働力とを区別し，労働力商品の価値が他のどの商品とも同じ価値規定を有していることを指摘しながら，他方では，古典派にならって，労働力価値を直接に生活手段価値に還元したとき，この事実にもとづいていたことは疑いない[1]。いかにしてなぜ労働力価値が理論的に生活手段価値に還元されるのかを解明することはできなかったが，経験的には，あるいは現象的にはそれは揺るぎのない事実に見える。それゆえ，マルクスは，労働力商品の価値規定について述べた最後に結論として次のように言うことができたのである。

　　　労働力の価値は一定量の生活手段価値に帰着する。したがってまた，労働力の価値は，この生活手段の価値，すなわちこの生活手段の生産に必要な労働時間の大きさにつれて変動するのである。(KI, 225頁, S. 186)

　以上の経験的事実を労働価値論にもとづく労働力価値の本質的規定から理論

媒介的に解明してはじめて，家事労働が労働力価値規定に入るという命題の正当性を真に主張することができるだろう。また以上の点の解明によって，家事労働があたかも価値法則の作用を受けないかのようにみなす議論の誤りも明らかになるだろう。

第1節　いくつかの前置き

1　労働力価値への家事労働の二重の反映

労働力価値への消極的反映

　以上の点を解明するために，まずもって家事労働というものが労働力価値にどのような形で反映するのかについて明らかにしておかなければならない。労働力価値と家事労働との量的関係が具体的に考察される少数の事例においても，通常，家事労働が労働力価値規定に反映されるとは，その絶対的大きさにのみ，すなわち時間換算した場合のその時間の絶対的長さにのみ反映すると思われている。労働力商品の生産および再生産のために一定時間の家事労働が必要であると前提し（この前提は本章全体にわたって維持される），生活手段価値を時間換算で4時間とし，家事労働時間を2時間とすると，労働力価値の大きさは6時間であるというように。しかし，労働力価値への反映はこの絶対的大きさに還元されるものではない。

　ここで重要になるのは，拙書『資本と剰余価値の理論』で論究したように，「1日あたりの労働力価値」という概念と，それに対応する「労働日の制限」という概念である。マルクスは，現行版『資本論』第1巻第8章「労働日」において，1日に必要な生活時間を所与とした上で，たとえ労働者に支払われる労働力価値の絶対額が同じでも，ある一定の制限を越えて労働者に労働させた場合には，不等価交換になると指摘していた。そのような制限（シュランケ）は，同書で明らかにしたように，短期的なものと長期的なものの2つがある。短期的なものは，たとえば，1日20時間労働を反復継続させた場合，生活時間を著しく侵害し，たとえ短期間でも労働力がまともに再生産するのを阻害するため，ただちに労働力を使用価値的に破壊し，したがって労働力価値をも破壊するこ

とになる。これが「短期的シュランケ」である。しかし，たとえば労働時間が1日15～16時間の場合のように，一定長期間にわたって継続可能でも，それによってしだいに労働力を蝕み，労働力の生涯耐用期間を人為的に短縮するような場合も，等価交換原則に反する。なぜなら，1日分の労働力価値は，労働力そのものの生涯耐用期間にもとづいて計算されているからである[2]。

以上のような考察において，資本のもとで行なう本来の労働時間が終わった後に，家事労働時間が存在するのと存在しないのとではまったく事情が異なることは明らかである。私は前書『資本と剰余価値の理論』において，いわゆる「生活時間」の中には本来，家事労働時間が入るとして，次のように述べておいた。

> この最低必要生活時間の中には当然，家事労働時間も含められなければならない。この家事労働時間なしには労働力は正常なものとして再生産されえないからである。そして，資本主義の発展度が低ければ低いほど，種々の既製品や家事サービスなどが利用できないために，当然，この家事労働時間は長くなり，したがって最低必要生活時間も長くなる。これは，資本にとって，剰余労働の搾取に対する重大な制約要因となる。この問題については別の機会に詳しく論じる予定である。[3]

この問題を論じるのがまさに本章である。生活時間の中に家事労働時間を含めて考えるなら，それは資本のもとでの労働時間（賃金労働時間）を二重に制約するだろう。まず第1に，労働者が食事や睡眠や休憩などの労働力を回復するのに直接必要な時間に絶対的に追加されることによって。第2に，この家事労働のあいだは労働力は回復せず，逆に労働力が追加的に支出されるので，精神および身体を疲れさせ，労働力回復に必要な時間を絶対的に増大させることによって。

誰か他の者が家事労働を負担してくれるのでないかぎり（まさにそのようなことを可能にするのが性別役割分業なのだが），すべての賃金労働者は，自己の賃金労働力を生産し再生産するための家事労働を自らの生活時間の中で果たさなければならない。仕事が終わった後はただ休む時間と消費する時間だけで

あるというイメージは，性別役割分業を前提にし，かつ夫の側の主観を前提にしたものである。マルクスは，労働日を分析した際に，この家事労働時間についてまったく言及していない。後で論じるためにいったん捨象するということも述べていないし，実際，それ以降も，労働日の制約要因としての家事労働時間が問題にされることはない。

　だが，それぞれの賃金労働力の再生産に必要な家事労働を賃金労働者自身が担うことを前提にするなら，家事労働時間が本来の生活時間以上に賃金労働時間に対する制約要因になるのは明白であろう。たとえば，平均的な人間が反復継続的に1日になしうる労働時間の標準的最大限を14時間としよう[4]。家事労働時間を捨象した場合，すなわち，生活時間すべてが賃金労働力の直接的な回復に充てられると仮定した場合，賃金労働時間はこの14時間まで最大限延長させることができるだろう。だが，たとえば，ある一定の歴史的時期，ある一定の国および地域において，一個の平均的労働力が14時間もの労働をするのに必要な日々の家事労働時間が4時間であるとしたら，1日に労働可能な14時間をまるまる賃金労働時間にあてることはできない。14時間から4時間をマイナスした10時間が1日における最大の賃金労働時間であるということになるだろう。

　さて，資本家は「1日分の労働力価値」を労働者に支払って，まる1日分，この購入した労働力を使用する権利を得た。だが，この場合の「1日分」とはどれくらいの長さに相当するのか？　法定標準労働日が成立している場合には，その「1日分」とは法律が定める標準労働日である。だが，それ以前には，この「1日分」とは，とりあえず1日あたりの労働時間の最大限を超えない範囲を指す。家事労働時間が捨象されている論理段階では，「1日あたりの労働時間の最大限」とは，上で述べた14時間に相当する。すなわち，「1日分の労働力価値」を購入して，資本家は最大14時間労働させる権利を手に入れたわけである。だが，家事労働時間がここに入ってくると事情が一変する。資本家は「1日分の労働力価値」を支払ってももはや14時間労働させることはできない。なぜなら，そんなことをすれば，家事労働時間がなくなるか，労働者は労働力回復時間に食い込んで家事労働をしなければならなくなるからである。そうすると，賃金労働時間と家事労働時間を足した合計は14時間を大きく超え，標準的最大限を大幅に超過してしまい，労働力の長期的制限を超えてしまうだろう。

これは商品交換法則に反する。つまり、資本家は、たとえ「1日分の労働力価値」を支払っても、「1日分の労働時間」の最大限まで労働者を働かせることはできないことになる。もちろん、賃金労働時間に対するこの制約は、他のどんな制約とも同じく、自動的に資本家の手を縛るものではない。それは常に階級闘争によって守られなければならない。しかし、とりあえずこの制約が守られるとすると、資本家は、1日に最大14時間を働かせるのではなく、10時間しか働かせることができなくなる。このように、「1日分の労働力価値」を支払っても、「1日分」ではなく、「1日分の労働時間マイナス家事労働時間」しか働かせることができないとすれば、これは、まさに家事労働時間が労働力価値に反映したことを意味する。これを「労働力価値への家事労働の消極的反映」と呼ぼう。

労働力価値への積極的反映

しかし、資本家は当然、不満を唱えるだろう。「俺は『1日分の労働力価値』を支払ったのに、1日分使用することができないのはおかしい。それなら、俺は『1日分の労働力価値』をまるまる支払うのではなく、自分が使用できる分だけの労働力価値しか支払わないだろう」と。

これはもっともな主張である。等価交換法則の前提に立つのならば、資本家は自分が買った分だけしか支払う義務はない。労働者が1日14時間労働できる労働力を有していながら、そのうち10時間分の労働をする部分しか販売しないのならば、買う方もその部分販売に応じた価格しか支払わないだろう。米を140キロ生産した農家が、そのうち40キロを自家消費し、100キロしか市場に出さないとすれば、市場で買い手が払うのはもちろん、100キロ分の米の価値だけである。そこで労働力の買い手である資本家は、「1日分の労働力価値」をまるまる支払うのではなく、その $\frac{10}{14}$ 時間分だけ、すなわち7分の5だけ支払おうとするだろう。すなわち、これまでは「1日分の労働力価値」という表現を用いてきたが、今ではそれは「1日分の**賃金労働力価値**」と言い直さなければならない。そして、「1日分の労働時間」を意味する「労働日」という一般的な言い方もまた、「1日分の賃金労働時間」を意味する「**賃金労働日**」という言い方に代えられなければならないだろう。したがって、資本家は、「1日分の賃金労働力価値」を賃金労働者に支払って、「1日分の賃金労働時間」だけ働かせ

る権利を得たことになる。

　しかし，労働者の方も黙ってはいない。「君は『1日分の労働力価値』をまるまる支払うのではなく，その7分の5だけを，すなわち『1日分の賃金労働力価値』だけを支払うと言う。よろしい。それは君の権利だ。しかし，私が家庭内で行なう家事労働は自分のためだけに行なっているのではない。それは単なる自家消費ではない。これは，君が購入する労働力を正常な状態に日々維持するのに不可欠な労働でもある。私が君に売る唯一の商品である労働力が，君にとって役立つような健康で文化的な水準に保つには，この家事労働が必要不可欠なのだ。したがって，君が支払う賃金には，この家事労働時間分が反映していなくてはならない。その商品に含まれている費用と労働分が支払われるよう要求するのは，売り手としての私の権利だ。したがって，私は，自分の売る賃金労働力の価格に家事労働分が入ることを要求する」。

　ここでも，この労働者の要求が自動的に資本家に受け入れられるわけではない（もちろん言うまでもないことだが，労働者にしても資本家にしても文字どおりこのようなセリフを言い合って交渉するわけではない。標準労働日をめぐるマルクスの論述と同じく，労働者と資本家の言い分という形式を使って理論的考察をしているのである）。労働日（賃金労働日）をめぐる闘争と同じく，ここでも階級闘争が必要になる。しかし，とりあえず事態の正常な進行を前提するならば，この労働者の要求は受け入れられなければならない。そうでなければ，不等価交換になってしまう。したがって，家事労働が賃金労働力価値の絶対的大きさに反映しなければならない。これを「労働力価値への家事労働の積極的反映」と呼ぼう。

　先に述べた「消極的反映」とこの「積極的反映」とが相互に結びついていることは明らかである。通常，家事労働と労働力価値との量的関係について論じる人々は，この「積極的反映」の面だけで問題を考えようとするが，実際には，「消極的反映」との連関において考察しないかぎり，けっして正しい結論には至らない。この二重の反映を同時に配慮することによってはじめて家事労働と労働力価値との量的関係が確定するのである。そこで，それをいくつかのモデルと具体的な数値例を通じて検討しよう。

2　いくつかの必要な前提

まずもって，この量的関係を簡単な数値例で解明するためには，多くの前提を置かなければならない。きわめて複雑な現象をわれわれの貧困な頭脳で理解するためには，どうしても現実の単純化が必要なのである。

8つの前提

まず第1に，ここで問題になるのは，ある一定の歴史的・文化的水準と一定の国ないし地域における社会的平均値としての賃金労働力の価値であり，また，歴史的・地域的・文化的に見て社会的・平均的に必要である生活手段価値と家事労働時間である。したがって，所得水準や年齢や性別等々によるそれらの大きさの個別的違いはここではすべて捨象される。また，この平均値を超えて行なわれる家事労働時間はもちろん労働力価値の中には入らない。それは，どんな商品の価値の場合とも同じである。

第2に，第2章で述べたように，家事労働の1時間と賃金労働の1時間とでは，その強度ないし密度に大きな違いがあるし，あるいはそれによって生じるストレスや疲れにも大きな違いがあるだろう。一般に，家庭内で行なわれる労働の方がはるかに強度ないし密度が小さいだろうし，他人の監視下にはない私的な家庭内で行なわれていることからして，労働によって生じるストレスや疲れもはるかに少なくてすむだろう（ただしDV夫が家庭内にいる場合には別だろうが，ここではそうした要素も捨象される）。したがって，家事労働の1時間と賃金労働の1時間とを同じ大きさの労働時間として計算するのは，まったく不正確である。しかし，これはすでに述べたように程度問題にすぎず，一定の修正係数を入れれば是正可能である。ここでは事柄の単純化のために，家事労働の1時間と賃金労働の1時間とが同等であるとみなしておく。

第3の前提はこうだ。通常，家事労働について論じられるとき，夫が賃金労働に従事し，妻が家事労働に従事するという性別役割分業が前提にされている。マルクスも同じであった。マルクスが労働日の制限について論じた際に，家事労働時間を制約要因に入れなかったのは，賃金労働者は家事労働をしなくてよいと無意識に前提していたからである。だが，このような前提は本当は説明を要する事柄であって，自明でも自然でもない。子どもの養育費や育児の問題は

たしかに一定の家族形態を前提するだろうが（1人親であれ2人親であれ拡大家族であれ），家事労働は，論理的に言っても何らかの家族形態をとくに前提にしない。それは単身者でも家族を持っていても，必要なものである。したがって，何らかの家族形態や性別役割分業を前提することなく，家事労働と労働力価値との関係が論じられなければならない。したがって，本章では，最初に各賃金労働者が自分の労働力の生産と再生産に必要な家事労働をすべて自前で行なう非分業モデルを検討し，次に分業モデルを検討する。

第4に，家事労働も賃金労働もともに単純労働だと仮定しておく。したがって，労働力価値に本来入るべき教育・修業にかかわる部分は捨象されている。ここで複雑労働の問題を入れることは事柄をただ煩雑にするだけであり，また家事労働は基本的に単純労働と前提してもそれほど現実から乖離してはいないからである。

第5に，本章で論じられるのは本源的労働力価値（労働力価値から技能価値を引いたもの）だけであるが，この本源的労働力価値には，生活手段価値と家事労働以外にも子どもの養育費などが入っている。しかし，これらの要素も，家事労働と労働力価値との量的関係を純粋に考察するために，本章では除外しておこう。したがって，労働力価値はもっぱら本人の生活手段価値と家事労働のみからなると仮定される。それ以外の諸要素については本書の最後の第6章で論じられる。

第6に，家事労働の中には日々必要とするものもあれば（買い物や料理など），数日に1度ないし週に1度（洗濯や掃除など）にまとめてできるものもある。場合によっては月に1度や，1年に1度だけ（暮れの大掃除など）必要なものもある。これらの複雑な組み合わせをここで検討するのはあまりにも煩雑すぎるので，すべてを平均化して日々の家事労働時間にその可除部分が入るものと仮定しておく。これは，日々の労働力価値への積極的反映という点ではまったく問題のない仮定であるが（生活手段価値に関しても，このような1日分の労働力価値への平均化についてマルクス自身が『資本論』で述べている），日々の賃金労働時間への制約要因としての消極的反映に関しては，いささか問題のある仮定である。というのも，本当に毎日必要な家事労働時間は3時間で，週末の休みにまとめて行なう家事労働時間が6時間だとすると，1日あたりに平均化さ

れる家事労働時間は4時間であるということになるが（週6日働くと仮定），日々の賃金労働時間への制約となるのは3時間分だけだからである。しかし，ここでも計算が煩雑になるのを防ぐために，平均して必要な家事労働時間がそのまま毎日行なわれるものと仮定しておく。生活手段価値についても同じ計算をする。労働者は週に最低でも1日は休まないと正常に労働力が再生産されないが，その休みの日にも生活手段価値を必要とする。この部分は，賃金労働をする日々の生活手段価値の中に平均化されて入るものと仮定される。

　第7に，日々の労働力を生産し再生産するのに必要な生活手段価値の大きさも，同じく日々の労働力を生産し再生産するのに必要な家事労働時間（**必要家事労働時間**）の長さも，それぞれ総労働時間（賃金労働時間＋家事労働時間）に単純に比例するものと仮定しておく。マルクスは『資本論』において，労働力の「支出の増加は収入の増加を条件とする」(KI, 224頁, S. 185)，「労働力の価値は，その機能が長くなるにつれて，その消耗が増大するので増大……する」(KI, 708頁, S. 569) と述べており，したがって総労働時間の長さと生活手段価値とのあいだに一定の比例関係を認めている。そして，すでに述べたように，家事労働は生活手段に付随するものであり，したがってその量とおおむね正の相関関係にある。たとえば，衣服が多くなったり，家が広くなったりすれば，それに応じて洗濯時間や掃除時間が増えるだろう。もちろん，このような前提にはただちに次のような異論が出されるだろう。たとえば，すでに加工済みの生活手段を多く購入したり外食回数を多くしたりすることで生活手段価値への支出を増やせば，それだけ家事労働時間を短くすることができる。したがってこの場合，生活手段価値の大きさと家事労働時間の長さとは反比例関係にある。逆に，生活手段への支出を節約するために家事労働時間を増やすこともあるだろう。この場合，家事労働時間が長くなるほど生活手段価値は少なくなるだろう。しかし，個別的に各労働者がさまざまな選択肢をとるとしても，ここで問題になっているのは全体としての平均値だけである。そしてその平均においては，家事労働を節約する生活手段価値の増大と，逆に生活手段価値を節約する家事労働時間の延長とは相互にすでに相殺されているのである。それゆえ，ここでは，生活手段価値の増大に単純に比例して家事労働時間が増えるものと仮定しておく（家事労働節約型の生活手段の問題については第4章で検討する）。

第8に，一定の長さの労働時間を超えると比例的に生活手段の量や家事労働時間を増やしても労働力は回復しないだろう。しかしながら，生活手段を比例的に増やしても回復できないような長時間労働も，事態の正常な進行を前提にすれば排除される。また逆に，まったく労働しなくても一定の生活手段と家事労働は必要である。この最後の点については，第3節で分業モデルを検討するときに再度新たな条件を導入することにする。

生活手段の共同使用と家事労働の共同享受

さらに以上8つの前提に加えてもう1つの前提を加えておきたい。それは，世帯構成員の人数（成人）に比例して必要生活手段価値と必要家事労働時間とが比例的に増大するという前提である。この前提を置く理由についてはかなり詳しく説明する必要がある。

まず，通常は，複数構成員を伴う世帯においては，一部の生活手段は世帯構成員全員によって共同使用され，したがってそれに伴う家事労働もまた世帯構成員によって共同で享受されうるので，世帯構成員が1人から2人になったからといって，単純に必要生活手段量や必要家事労働時間が2倍になるわけではない（協業における生産手段の共同使用による節約と同じ）。たとえば，風呂やトイレや洗濯機や冷蔵庫や炊飯器やテレビなどは共同で使用されるので，世帯構成員が2人になったからといって，それにかかる生活手段が2倍になるわけではない。したがってまた，その共同使用される生活手段の維持や修繕にかかわる家事労働もまた，単純に2倍になるわけではない。もちろん，共同使用されている生活手段は，その分，より多く使用され，より早く劣化するので，より早く新品に交換したり，あるいはより多い頻度で掃除や修繕が必要になるだろう。しかし，だからといって必要生活手段や必要家事労働時間は2倍になるわけではなく，せいぜい1.5倍くらいであろう。

しかし，他方では，このような節約効果を相殺する事情も存在する。共同世帯になることで逆に，生活手段や家事労働が以前より増大することもあるからである。生活手段に文化的・精神的要素があるのと同じく，家事労働にも文化的・精神的要素がある。一人暮らしのときには生じなかったような新しい文化的な生活への欲求が起こることで，生活手段への支出も家事労働時間も増大す

る可能性が大いに存在する。たとえば，一人暮らしのときなら，部屋を少々汚くしていても平気だし，洗濯も頻繁にしなくてよいし，食事もいいかげんなものでもよいということが可能である。しかし，複数構成員による世帯になれば，そうはいかなくなる。一定の文化水準を前提にすれば，一人暮らしのときよりも明らかに掃除や洗濯の頻度は増大する。料理に関しても，一人暮らしなら簡単な調理や現代ではインスタント食品などで済ませていたのが，パートナーや子どもと暮らすようになれば，毎回，一定度まともな料理が必要になる。生活手段に関しても同じである。一人暮らしのときには必要のなかったタンスが必要になったり，より高価な生活手段が選ばれたり，家族がいるからこそ旅行やレクリエーションや豪華な外食の頻度が増えたりもする。

したがって，複数の世帯構成員による共同生活によって，生活手段の共同使用や家事労働の共同享受による節約が生じるだけでなく，より文化的な生活への欲求や必要が生じることで，共同で使用される部分に関しても各自が使用する部分に関しても，新たな生活手段と家事労働の支出増が生じ，しばしば節約分を相殺するのである。したがって一概に，共同生活によって生活手段価値と家事労働時間が相対的に少なくてすむとは言えない。両者がどの程度減少するのか，あるいは逆に増大するのかについては，かなりの程度，個別的な所得水準や文化水準に規定されるだろう。たとえば，所得水準が低くて，生活手段や家事労働が物質的な必要最低限に近ければ近いほど，節約効果の方が大きいだろう（だから，低賃金労働者は一人暮らしをするよりも，低賃金労働者同士で共同生活した方がまだましな生活が送れるのである）。逆に，文化水準が高ければ高いほど，物的な意味で必要最小限の生活手段とそれに伴う必要最低限の家事労働の節約効果よりも，共同生活をすることで生じる新たな文化的要求に伴う支出増と家事労働時間の増大分の方が大きいだろう。

しかし，以下の量的関係の考察においては，この両傾向がお互いに相殺しあうとみなして，成人構成員の数に単純に比例して必要生活手段価値と必要家事労働時間が増大すると前提しておく。こうすることで，量的計算が非常に単純化されるからである。この前提は，もっと後で，労働力の価値分割について論じるときに改めて俎上に上るだろう。

さて以上の諸前提を踏まえて，家事労働と労働力価値との量的関係を，一定

の数値モデルにもとづいて具体的に考察しよう。

第2節　家事労働と労働力価値との量的関係 I ——非分業モデル

最初に論じるのは，各賃金労働者が自分の分の家事労働をも遂行するという非分業モデルである。これは必ずしも単身者モデルではない。複数の構成員を擁する世帯を形成していても，自分の賃金労働力を再生産するのに必要な家事労働を各自が自分で行なっている，あるいは分業して同程度に行なっているというパターンもありうるからである。とはいえ，性別役割分業が強固に存在している現実世界においては，この非分業モデルが典型的に見られるのはやはり単身者世帯においてである。それゆえ，以下の記述においては単身世帯労働者を想定しておこう。

1　最初の数値例の検討

賃金労働力の価値の算出

まず，労賃が必要生活手段価値に還元されている状態から議論を出発させよう。つまり，資本家は，「1日分の労賃」として，「1日分の労働力価値」全体を支払うのではなく，あくまでも「1日分の生活手段価値」しか支払わない状態から出発する。先に見たように，標準労働日が成立する以前は，この「1日分」とは，労働時間の短期的・長期的制限を超えない水準を意味し，資本家は，自分が購入した労働力商品から，買い手の権利にもとづいて最大限の効用を（つまりできるだけ多くの賃金労働時間を）引き出そうとする。

さて，計算がより簡単になるように，1日の標準最大労働時間（家事労働時間も含めて平均的な労働者が1日になしうる総労働時間の標準的最大限）をここでは12時間とし，この12時間まるまる働かせた場合に必要になる1日あたりの生活手段価値が6時間に相当するとしよう。したがって資本家は，6時間に相当する労賃を支払って，労働者を12時間働かせようとするだろう（つまり剰余価値率は100％）。

だが，通常の条件下では，家事労働がゼロになるほど家事サービスや家事代

替商品の普及はなされていないし，また完全使い捨て文化にもなっていないので，当然にも，6時間に相当する賃金で買えるのは，必ずしも最終消費状態になっている生活手段ではなく，いわば半加工状態にある生活手段であり，あるいは最終消費形態であってもそれは一定の維持・回復労働を必要とする。これらの労働は商品を購入した後に家庭内で（あるいは店からの運搬労働を入れれば家庭外でも）遂行されなければならない。これが家事労働である。さて，この家事労働時間が，6時間の必要生活手段価値に対して平均して1日あたり4時間が必要だと仮定しよう。

先ほど述べたように，もし資本家がこの家事労働時間を無視して12時間分めいっぱい賃金労働させたならば，賃金労働者は家事労働をする時間がないか，あるいは，労働力を回復するのに必要な時間を侵害してまで家事労働をせざるをえない。そうすると，労働力は正常には再生産されなくなり，そうした状態が長期的に続くならば，労働力の正常な耐用期間が短縮することになるだろう。これは等価交換原則に反する。したがって，議論の正常な進行を前提にする場合には，家事労働時間が可能となる水準まで賃金労働時間が短縮されなければならない。すなわち，12時間ではなく，そこから4時間をマイナスした8時間しか資本家は労働者を働かせることができない。

こうして資本家は，「1日分の生活手段価値」を支払ったのに，「1日分」まるまるは働かせることができず，1日あたりわずか8時間しか労働させることはできないだろう。そこで，資本家は，先に見たように不満を唱える。「1日分まるまる働かせることができないのなら，俺は1日分の生活手段価値をまるまる支払うのはやめて，8時間労働分の生活手段価値だけを労働者に支払うだろう」。

この言い分はすでに述べたように一定の根拠がある。では，労働者が1日に生きていく上で必要な総生活手段価値のうち，実際に資本家によって支払われる分の生活手段価値の大きさはどれくらいだろうか？ すでに述べた種々の前提にもとづくならば，それは，12時間の総労働時間に占める賃金労働時間（8時間）の割合（3分の2）を，総生活手段価値の大きさに掛けた値である。すなわちそれは，6時間$\times\frac{2}{3}=4$時間になるだろう。つまり，資本家は労働者に4時間分の生活手段価値を補填する分の賃金しか支払わないだろう。

しかし、労働者も黙ってはいない。労働者は実際には資本家のもとで8時間働いた後に、それに追加して4時間の家事労働を必要とするのであり、それなしには賃金労働力は正常には再生産されないのである。そしてこの4時間の追加労働時間においては労働力は回復されるのではなく、その逆に労働が追加的に支出されるのであり、したがって、その回復にはその分の生活手段を（すなわち、ここでの前提では2時間分の価値を持った生活手段を）必要とするのである。にもかかわらず、資本家が8時間労働中に消費される生活手段価値分を補償する労賃しか支払わないとすれば、労働者は、4時間の家事労働を正常な形で担うことができなくなるだろう。そうすると、そうした状態が長期にわたって続けば、労働力の正常な生涯耐用期間が短縮されてしまうだろう。これは等価交換原則に反する。

　そこで労働者は、先ほどと同じく、資本家に対してこう言う。「なるほど、賃金労働時間を遂行するのに必要な生活手段価値は4時間だけだと君は言う。そうかもしれない。しかし、君が日々必要とする賃金労働力が正常な水準で回復するためには、君のもとで働く8時間に加えて、われわれがそれぞれ家庭内で働く4時間が必要なのだ。これは君に販売する労働力を生産するのに必要な労働なのだから、この分を支払ってもらわなければならない」。すると、本来の労働力価値は、4時間分の生活手段価値に追加して4時間の家事労働が入るのであり、したがって、労働力価値は合計で8時間に相当するのではないか？

　労働者のこの法外な要求を耳にして資本家はこう絶叫するだろう。「何だって、労働力価値が8時間に相当するだって？　君たち労働者は8時間しかわれわれのために働かないのに、それとちょうど同じだけの労働力価値を要求するとは何事だ。そんなことをすれば、われわれの得るべきあの麗しい剰余価値は1円も残らないではないか！」。資本家は労働者のこの要求に死ぬほど驚き、必死になって頭を働かせ、何としてでも合法的に、すなわち等価交換法則にのっとって剰余価値を入手しうる理由を探す。そして、それは見つかるだろう。資本家は快哉してこう叫ぶ。

　「君たちは家事労働4時間分をすべてわれわれが払うべきだと言う。それはとんでもない間違いだ。君たちが行なう家事労働は、われわれが購入する賃金労働力を生産し再生産するのに役立っているだけではなく、君たちが家庭内で

行なう家事労働力をも生産し再生産するのにも役立っているはずだ。だとすれば，君たちがわれわれに請求することができる家事労働分は，4時間まるまるではなく，4時間×$\frac{2}{3}$でしかないはずだ」。

この主張も正当だろう。生活手段価値について言えたのと同じことが，家事労働に関しても言えるわけである。労働者が家庭内で生産し再生産している総労働力のうち，資本家に売るのがその一部であるとすれば，その価値に含められるべき家事労働も，その売った分だけであるのは明らかである。では，それは結局いくらになるのだろうか？ 4時間×$\frac{2}{3}$=$\frac{8}{3}$時間，すなわち$2\frac{2}{3}$時間（2時間40分）である。これに4時間分の支払生活手段価値を足したものが，労働者が資本家に対して請求することのできる労働力価値の大きさだということなる。労働者が保有している総労働力のうち資本家に賃金労働力として販売する分の価値，すなわち賃金労働力価値はこの場合，$6\frac{2}{3}$時間（6時間40分）になる。資本家はこの事実を前にして当惑するだろう。なぜなら，資本家が最初にその不当性を主張した労働力価値は6時間だったのに，今や6時間40分がその正当な労働力価値であることが明らかになったからである。やぶへびだったと唇をかむかもしれない。

だが，今さら後悔しても遅い。今や，$6\frac{2}{3}$時間こそが，資本家が労働者に支払うべき正当な賃金労働力価値の大きさであることが理論的に明らかになった。こうして資本家はしぶしぶ，$6\frac{2}{3}$時間に相当する賃金を支払い，労働者を8時間働かせる。剰余労働時間は今では$1\frac{1}{3}$時間である。

しかし，$6\frac{2}{3}$時間に相当する賃金を得た労働者も喜んでばかりはいられない。なぜなら，労働者は，この8時間労働が終わったあとには4時間の家事労働を遂行しなければならず，その4時間の追加的な労働力支出ゆえに，追加的な生活手段を必要とするからである。その額は先ほど見たように2時間分に相当するから，結局，労働者は，$6\frac{2}{3}$時間の賃金を得るが，そのうち6時間分は生活手段価値に費やされることになり，手元に残るのは，すなわち最終的に生活手段価値に還元されない部分はわずか$\frac{2}{3}$時間（40分）ということになるだろう。

家事労働力と賃金労働力への労働力価値の分割

以上の事態を別の面から見てみよう。まず，労働者はそれぞれ自分の家庭内

で，自分が売ることのできる唯一の商品である労働力を生産し再生産している小生産者であるとみなすことができる。このような比喩は，もちろん，あらゆる比喩につきものの不正確さが存在する。この比喩に対する異論はいくらでも思いつくことができるだろう。だが，ここではそのような非本質的な議論にいちいち立ち入らない。ただちに本質的問題へと議論を進めよう。

　さて，個々の労働者を労働力商品を生産する小生産者だとみなした場合，この小生産者は，労働力商品の原材料およびその労働手段となる種々の物的財貨を用いて，そこに家事労働という新たな労働をつけ加えて，労働力商品を生産するわけである。最もわかりやすい例として調理を例にとれば，原材料は野菜や生肉などであり，労働手段はさまざまな調理用具である。野菜や生肉も調理用具も，経済全体から見れば「生活手段」として総括されるが，家庭という別個の経済単位内ではそれは一種の「生産手段」として機能している。労働者は，これらの家庭内生産手段を用いて，新たな調理労働を加えて，最終消費形態である料理をつくる。そしてこの最終消費形態にある新たな生活手段を消費することでようやく労働力は生産され再生産される。

　こうして，労働者は，6時間分の価値を持った生活手段を購入し，それに4時間の新たな労働（家事労働）を加えて，「1日分の総労働力」を生産したわけである。この「1日分の総労働力」の価値が，6時間＋4時間＝10時間であるのは明らかである。そして，この「1日分」とは12時間を意味し，したがってこの労働力の使用価値，すなわちそれが正常な労働として機能しうる時間は12時間である。つまり，ここで生産された労働力は全体として，10時間分の価値を持ち，12時間機能しうる使用価値を持っていることになる（この数値例は実を言うと，マルクスが『資本論』で用いていたのと同じであるが，違うのは，マルクスは家事労働時間をいっさい考慮に入れておらず，したがってこの12時間がすべて賃金労働時間になると考えていたことである）。いささか話がややこしいだろうが，これは仕方がない。なぜなら，労働力という特殊な商品は，その価値の尺度と使用価値の尺度とがともに労働時間である唯一の商品だからである。米の場合ならこのようなややこしさはない。なぜなら，米の価値の尺度は労働時間だが，その使用価値の尺度は重さか容積だからである。

　しかし，労働者は，自分がつくり出したこの「1日分の総労働力」をまるごと

資本家に売るのではない[5]。労働者はその一部を自家消費する。すなわち、ちょうど米作農家が自分の生産物の一部を自家消費して、残りを市場に出すのと同じく、賃金労働者は、自らがつくり出した総労働力のうち、家事労働力部分を自家消費し、賃金労働力部分だけを労働市場に売りに出すのである。ではその価値はいくらだろうか？　米作農家が、自家消費する米の価値を市場で売り出す米の価格の中に算入することができないのと同じく、賃金労働者も、資本家に売る賃金労働力の価格のうちに、自家消費する家事労働力の価値を算入することはできない。米作農家が全体として1000キログラムの米を生産し、そのうちの800キロだけを市場に商品として出し、残る200キログラムを自家消費するとすれば、市場に売り出す800キログラムの米の価値は、1000キログラム全体の米を生産するのに要したすべての費用と労働の総計に5分の4 $\left(\frac{800}{1000}\right)$ をかけたものに等しいだろう。

　それと同じく、労働力生産者である労働者は、全体として12時間の使用価値を持つ労働力のうち、4時間分の使用価値を家事労働力として自家消費し、8時間分の使用価値だけを賃金労働力として労働市場で資本家に売るのだから、労働力全体の3分の2だけが労働市場で売られる。言いかえれば、「1日分の総労働力」は、資本家への販売分と自家消費分に2：1の比率で分割される。その価値額は、その使用価値量に比例するので、10時間×$\frac{2}{3}$＝$6\frac{2}{3}$時間が賃金労働力の価値になる。残りの$3\frac{1}{3}$時間が家事労働力の潜在的価値（「潜在的」なのは、この家事労働力は市場で販売されないから）の大きさとなる。

　こうして、全体としての労働力価値は、その使用価値量の分割比率に応じて、賃金労働力の価値と家事労働力の潜在的価値とに「価値分割」される。マルクスが、女性や子どもが労働市場に投げ込まれるときにはじめて生じるとみなした「労働力の価値分割」は実は、単身者の労働力に関してもすでに生じていたわけである。

剰余労働時間の分割

　このように、労働者は、賃金労働力のみを労働市場に売り、その価値額を労賃として入手する。それは$6\frac{2}{3}$時間だった。先に見たように、このうち4時間は賃金労働時間中に必要となる生活手段価値に費やされ、2時間は家事労働時

間中に必要となる生活手段価値に費やされる。合計で6時間が生活手段価値に消える。では，労賃のうち，生活手段価値には還元されない $\frac{2}{3}$ 時間（＝40分）はいったい何を意味しているのだろうか？　もちろんそれは賃金労働力を正常な状態に維持し再生産するのに必要だった家事労働時間の一部であり，したがって正当な賃金労働力価値の一部である。だが，他方では，それは，労働者の総労働力が全体として生み出しうる剰余労働時間の一部を自己のうちに確保したものでもある。

　どういうことかというと，先に見たように，この労働者は，10時間分の価値を持ち12時間機能しうる総労働力を生産した。したがって，この総労働力の総必要労働時間は10時間であり（必要生活手段価値6時間＋必要家事労働時間4時間），かつ12時間機能することができる。したがってこの場合，総剰余労働時間は2時間である。もし資本家がこの総労働力を12時間分まるまる自分のために働かせることができたなら，資本家は2時間の剰余価値ないし剰余労働時間をすべて入手することができたろう。しかし，悲しいかな，家事労働時間がゼロになっていない歴史的段階においては[6]，資本家は，剰余価値を生産する能力を持ったこの麗しい労働力を，したがってその価値形成能力を労働者と分かち合わなければならない。全体として2時間の剰余価値を生みうるこの総労働力が，資本家への販売分と労働者の自家消費分とに2：1の割合で分割されるのに応じて，それが生み出しうる剰余価値も，2：1の割合で分割されるのである。2時間の総剰余価値のうち，その $\frac{2}{3}$ だけが資本家のものになり（時間に換算すると $1\frac{1}{3}$ 時間），残り $\frac{1}{3}$ が労働者のものとなるわけである（時間に換算すると $\frac{2}{3}$ 時間＝40分）。

　しかし，ここで次のような反論が起こるかもしれない。労働者が剰余価値の一部を入手するというのはありうることなのか，と。この疑問はもっともである。私はここで「剰余価値の分割」という言い方をしたが，これは便宜的な表現である。剰余価値ないし剰余労働とはあくまでも，賃金労働力価値を超えて生産された価値が他の人格によって領有された場合にとる社会的形態である。したがって，われわれが出した事例において，賃金労働者はあくまでも賃金労働力価値を受け取っているのであって，剰余価値を受け取っているのではない。しかし，もし労働者のなしうる全労働時間が賃金労働時間であった場合に発生

しうる総剰余労働時間ないし総剰余労働のすべてが資本家のものにはならないこと，その一部が剰余価値という形態をとらずに，労働者によって労働力価値の一部として領有される（より正確に言えば資本家に領有されなかった）ということでしかない。その点ではこれは，熟練労働者における技能形成労働（修業労働と育成労働）と同じであり，その部分を『価値と剰余価値の理論』では「自己剰余労働」と呼んだのだが，本書ではこの部分を「**予備価値**」ないし「**予備時間**」と呼んでおこう。というのも，この部分は後で見るように，労働力の再生産に必要なもろもろの費用に動員されるからである。これは，賃金労働力の価値のうち（あるいはその対価である賃金のうち）直接的には必要生活手段価値に還元されない部分である（それが間接的にはどのようにさまざまな用途の生活手段価値に還元されるかについては後述する）。

家事労働と生活手段価値

さて，以上の議論からきわめて重大なことがわかる。労働者が労賃を通じて入手することのできた6時間分の生活手段価値のうち，実際に賃金労働によって必要となる生活手段価値部分はたったの4時間にすぎず，残る2時間分の必要生活手段価値は，賃金の大きさに家事労働分が反映してはじめて入手することができるということである。生活手段価値さえ保障されれば労働者の生活は再生産されるので，あとは労働者はその生存本能にもとづいて家事労働をやるだろうから，労働力価値に家事労働分が反映されていなくてもよい，したがって労働力価値には家事労働は入らないという議論（第2章で検討した「第3の論拠」の系譜に属する議論）の誤りが，ここではっきりとする。

賃金の大きさに積極的に反映されなくても必要生活手段の購入に影響を及ぼさないのは，したがって，労働力の再生産条件を侵害しないのは，上の数値例では，労働者が手に入れる$6\frac{2}{3}$時間分の賃金のうちの予備価値分，すなわちわずか$\frac{2}{3}$時間分にすぎない。たしかにこの予備価値の範囲内では，実際に支払われる労賃が労働力価値以下であっても，労働者は必要な生活手段価値をすべて賃金として入手できるので，労働力（賃金労働力と家事労働力）は再生産されるだろう。だが，それを下回ると，家事労働力を生産し再生産するために必要な生活手段価値が保障されないので，家事労働力が正常に再生産されず，した

がって，その家事労働力が行なう家事労働に依存している賃金労働力もまた正常には再生産されない。こうして，家事労働が労賃の大きさに積極的に反映されないかぎり，労働力の再生産条件は侵害されるのである。

　以上の議論に対して次のような反論があるかもしれない。家事労働を遂行するのに必要な生活手段価値分を最初から賃金に，すなわち賃金労働力の価値に算入して計算すればすむ話ではないか，と。しかし，これはすでに第2章で，中川スミ氏の議論に反駁したときに説明したように，本源的労働力価値を，労働者が生産する商品の価値に移転させる誤った議論である。家事労働者が労働力を生産する時間中に必要とする生活手段の価値は，この家事労働者にとっては本源的労働力価値を構成するから，この生活手段価値はけっして家事労働者がつくり出す商品たる賃金労働力の価値には入らない。では，家事労働者が賃金労働力を生産するのに必要な追加的生活手段の価値はどのように補塡されるのだろうか？　それは，家事労働者が賃金労働力を生産するのに費やした労働が賃金労働力の価値として保障されることによって補塡されるのである。

　この問題が非常に理解しにくいのは，3つの複雑な事情がからんでいるからである。まず第1に，ここでは生活手段そのものが，まったく機能の異なる2つの部分に分かれていることである。すなわち，生活手段のうち，賃金労働力を再生産するのに直接必要な部分は家庭内では「生産手段」として機能しており，したがってその部分の価値は賃金労働力に直接移転する。他方，生活手段のうち，この家事労働を遂行するのに直接必要な部分は，自分の家事労働力を生産し再生産するための「生活手段」として社会的に機能しており，したがってその部分の価値は賃金労働力に移転しない。まるで「だまし絵」のように，生活手段が社会的位置づけの違いによって生産手段になったり生活手段になったりし，その社会的機能の仕方がまったく異なり，したがって価値連関も異なるのである（一方は価値移転し，他方は価値移転しない）。価値移転というのは物理的現象ではなく，社会的現象である。同じ物的財貨から構成されていても，一方は賃金労働力を生産するための「生産手段」として機能しており，したがって賃金労働力に価値移転するが，他方はその賃金労働力を生産し再生産する家事労働に必要な生活手段として機能しており，したがって賃金労働力に価値移転しないのである。

第2に，この2つの異なった機能や作用がともに家庭という同一の場所で起こっていることも，いっそう理解を困難にしている。市場（ないし工場）と家庭という2つの異なった領域で機能の仕方が異なる場合には，その相違は簡単に理解できる。半加工の生活手段が市場に（あるいは工場内に）あるかぎりでは，それはより完成された生活手段にとっての材料となりうるし，したがって生産手段として社会的に機能し，したがってその価値を最終商品に移転させることは，非常にわかりやすい。他方，その生活手段が消費者に購入されて消費されれば，そしてその消費によって生成する労働力が市場で販売されないかぎりでは，それは単なる生活手段として機能し，したがってその価値はどこにも移転しない。この2つの異なった機能の仕方は，一方が市場内にあり，他方が家庭内にあることによって，皮相な目にも誤解の余地のないものとして理解しうる。しかし，この2つの異なった機能の仕方がともに家庭内で起こるときには，およそ理解しがたいもののように見えるのである。

　事柄を複雑にしている第3の事情は，家事労働が，単に賃金労働力を生産するだけではなく，家事労働力をも生産しており，しかもこの賃金労働力と家事労働力とが同じ労働者の身体と人格のうちに共存しているという事実である。後で賃金労働力と家事労働力とが2つの人格に分離する場合を考察するが，そのときには，この問題は非常にわかりやすくなるだろう。しかし，ここではまだ賃金労働力と家事労働力とは別の人格に分離しておらず，1つの人格の中で融合しており，したがって，賃金労働力と家事労働力とを区別することはかなり高度な抽象力を必要とするのである。

　以上の3つの複雑な事情ゆえに，この問題での使用価値連鎖と価値連鎖を正確に追うことが非常に困難になっている。しかし，この労働力生産過程における価値と使用価値の複雑な連鎖を注意深く追うならば，まさに，労働者がトータルに必要とする生活手段価値が賃金によって保障されるためには，その労働力価値規定に家事労働が入らなければならないということがわかるのである。

2　異なった数値例の検討

　最初にわれわれが前提した数値モデル（以降「第1例」と略記する）では，賃

金労働力と家事労働力とが2：1に分割され，総労働時間と必要生活手段価値との割合も2：1であった。したがって，必要生活手段価値と必要家事労働時間とは3：2の割合であった。そこで次に，異なった数値モデルを採用すると具体的に労働力価値や剰余価値の分割割合がどうなるかを検討しよう。

第2例——生活手段価値の低下

まず，必要生活手段価値は下がるが必要家事労働時間の方は一定である場合を見ていこう。一般の諸商品の労働生産性は上昇したが，家事労働を軽減するような家電製品はまだ普及しておらず，また家事労働を代替する既製品やサービス商品も普及していない歴史段階を想定すればよいだろう。

12時間の総労働時間に対して必要な家事労働時間を第1例と同じく4時間とし，賃金労働時間も第1例と同じく8時間とするが，労働時間と生活手段価値との比率を2：1から4：1に変えよう。この場合，総計で12時間の労働によって必要とされる総生活手段価値は3時間に相当する。8時間の賃金労働によって必要とされる生活手段価値は2時間である。賃金労働力を生産し再生産するのに必要な家事労働時間は，$4時間 \times \frac{2}{3} = 2\frac{2}{3}$ 時間である。したがって，賃金労働力の価値は $2時間 + 2\frac{2}{3}時間 = 4\frac{2}{3}$ 時間である。賃金労働時間は8時間であるから，$3\frac{1}{3}$ 時間が資本家の獲得する剰余労働時間になる。この大きさは，第1例と比べて2時間分も増大している。

他方，労働者が獲得する $4\frac{2}{3}$ 時間のうち，2時間は賃金労働によって必要とされる生活手段価値に費やされ，1時間は家事労働によって必要とされる生活手段価値に費やされ，残る予備価値は $1\frac{2}{3}$ 時間に相当する。必要生活手段価値に還元されない予備価値部分が第1例と比べて非常に大きい。

これを別の面から見ればこうなる。この労働者は総計で12時間労働し，必要生活手段価値は総計で3時間，必要家事労働時間は総計で4時間，したがって総必要労働時間は7時間であり，総剰余労働時間は5時間である。この5時間の総剰余労働時間が賃金労働時間と家事労働時間との比率2：1で資本家と労働者とのあいだで分割されるのだから，資本家が獲得する剰余労働時間は $5時間 \times \frac{2}{3} = 3\frac{1}{3}$ 時間であり，労働者の獲得する予備価値は $1\frac{2}{3}$ 時間である。これは第1例よりもかなり多いが，これは，生活手段価値が下がって総剰余労働時

間の大きさが増大したが，家事労働時間が減っていないために，賃金労働時間と家事労働時間との比率が一定のままであったからである。

第3例の1——家事労働時間の短縮と賃金労働時間の延長

次に，必要家事労働時間だけが短縮される場合を検討しよう。一般に家事そのものの労働生産性が上昇することによって（たとえば家電製品の利用），あるいは，既製品か市場サービスの利用によって代替されることによって（いずれも基本的には労働生産性の上昇を意味する），家事労働時間は歴史的に短縮される傾向にあるだろう。通常は，第2例で検討したように，一般の諸商品の労働生産性も上昇するので，生活手段価値も低下するはずだが，この家電製品と代替品ないしサービス商品の購入が追加的な生活手段となって，それ以外の生活手段価値の低下分を相殺し，結果として必要な生活手段価値が一定であるという事態を想定すればよいだろう。

ここではまず，必要家事労働時間が半減するが，総労働時間が以前と同じ12時間である場合を考察しよう。必要家事労働時間が4時間から2時間に減少するので，資本家は2時間余分に労働者を賃金労働に用いることができる。したがって，賃金労働時間が10時間，家事労働時間が2時間であるから，賃金労働力と家事労働力との比率は，2：1ではなく，5：1になっている。言いかえれば，賃金労働力は全労働力の$\frac{5}{6}$を占めている。10時間労働した場合に必要になる生活手段価値は5時間に相当する。この5時間に家事労働時間が追加された大きさが，労働者が資本家に売る賃金労働力の価値になる。賃金労働力を生産するのに必要な家事労働時間は，2時間×$\frac{5}{6}$であるから，$1\frac{2}{3}$時間に相当する。したがって，賃金労働力の価値は，5時間＋$1\frac{2}{3}$時間＝$6\frac{2}{3}$時間である。これは，第1例と同じである。しかし，資本家が獲得する剰余価値量はまったく異なっている。労働者は資本家のもとで10時間労働し，したがって10時間の価値を生む。資本家が労働者に払う賃金労働力価値は$6\frac{2}{3}$時間であるから，今や資本家が入手する剰余価値は$3\frac{1}{3}$時間である。先の第1例では$1\frac{1}{3}$時間だった。家事労働時間が2時間減り，賃金労働時間が2時間増大したので，資本家の獲得する剰余価値も2時間増えたわけである。

他方，労働者が獲得する$6\frac{2}{3}$時間のうち，5時間は賃金労働によって必要と

される生活手段価値に費やされ，1時間は家事労働によって必要とされる生活手段価値に費やされ，生活手段価値に還元されない予備価値は，第1例と同じく $\frac{2}{3}$ 時間である。

以上を別の面から見ればこうなる。労働者は全体として12時間労働をする労働力を生産した。それを生産するのに要した費用・労働は総計で，6時間の必要生活手段価値と2時間の必要家事労働時間であった。したがって，この総労働力の価値＝総必要労働時間は8時間である。したがって，この総労働力が生産しうる総剰余労働時間は，4時間である（12時間－8時間）。第1例ではこの総額は2時間だった。今ではそれが4時間になっている。差額の2時間はもちろん，家事労働時間が2時間減少したことによる。したがって，この4時間が今では，5：1の割合で資本家と労働者とのあいだで分割される。資本家は，4時間 $\times \frac{5}{6} = 3\frac{1}{3}$ 時間の剰余価値を入手し，労働者は残る $\frac{2}{3}$ 時間を予備価値として自分に確保するわけである。

第3例の2――賃金労働時間の一定

上の例では，家事労働時間が2時間減少したのに応じて，賃金労働時間が2時間増大するとされ，したがって総労働時間は12時間のままであった。そこで，この第3例の別バージョンとして，賃金労働時間が8時間にとどまる場合を考えよう。労働時間と生活手段価値との割合は引き続き2：1とする。さてこの場合，必要家事労働時間は何時間になるだろうか？　この値をxと置くと，xは次の式で求めることができるだろう。

$12 : 2 = (8+x) : x$

この式を解くと，xは $1\frac{3}{5}$ 時間になる。したがって，総労働時間は $9\frac{3}{5}$ 時間である。すると，必要生活手段価値は $4\frac{4}{5}$ 時間に相当する。賃金労働時間と家事労働時間との比率は5：1であり，したがって $1\frac{3}{5}$ 時間の家事労働時間のうち $\frac{5}{6}$ は賃金労働力に，$\frac{1}{6}$ は家事労働力に分割される。それゆえ，賃金労働力の価値は，4時間分の生活手段価値に，$1\frac{3}{5}$ 時間 $\times \frac{5}{6} = 1\frac{1}{2}$ 時間分の家事労働時間が追加され，その大きさは $5\frac{1}{2}$ 時間になる。賃金労働時間は8時間であり，したがって，資本家が入手する剰余価値は $2\frac{1}{2}$ 時間になる。

他方，労働者は自分が入手する労賃$5\frac{1}{2}$時間のうち，4時間は賃金労働によって必要とされる生活手段価値に費やされ，$\frac{3}{4}$時間は家事労働によって必要とされる生活手段価値に費やされ，残る予備価値は$\frac{3}{4}$時間である。

第1例と比べて，資本家が入手する剰余価値は，$1\frac{2}{3}$時間から$2\frac{1}{2}$時間へと増大している。「第3例の1」で生じた2時間の増大よりも少ないが，それでもかなり増大している。賃金労働時間は第1例と同じなのだから，結局，この「第3例の2」で剰余価値が増大したのはもっぱら家事労働時間の短縮のおかげである。これは，労働力価値の全般的低下によって生じる剰余価値の増大であるから（なぜなら賃金労働時間は8時間のままだから），明らかに相対的剰余価値生産の一種である。この相対的剰余価値の性格については第5章でより詳しく論じることにして，最後に具体的な数値例の代わりに，一般的な代数式で以上の関係を総括しておこう。

3 代数式による表現とその理論的意味

代数式による表現

代数式で表現するにあたって誤解が生じないよう，すでに行論の中で用いていたいくつかの用語の意味をここで改めて確定しておこう。まず，1日の賃金労働時間と家事労働時間とを足したものが1日の「**総労働時間**」である。この総労働時間に対して平均的に必要な生活手段価値の総額が「**総生活手段価値**」である。したがって，この総生活手段価値には，賃金労働力を再生産するのに必要な生活手段価値と，家事労働力を再生産するのに必要な生活手段価値の両方が含まれている。さらに，この総生活手段価値を最終消費形態にするかあるいはその使用価値を維持するために必要な家事労働時間が「**総家事労働時間**」である。さらに，賃金労働力と家事労働力とによって構成される全体としての労働力が「**総労働力**」である。そして総生活手段価値と総家事労働時間を足した値が「**総必要労働時間**」ないし「**総労働力価値**」である。総労働時間から総必要労働時間を引いた値が「**総剰余労働時間**」である。最後に，この総剰余労働を総必要労働時間で割った値を「**総剰余労働率**」と呼ぼう。

家事労働の存在を捨象していた次元では，これらの用語についている「総」

という接頭語はとくに必要なかった。なぜなら「労働時間」とはただちに賃金労働時間のことを指すし，「生活手段価値」とは賃金労働力を再生産するために必要な生活手段価値だけを指したからである。同じく，「労働力」も「労働力価値」も，資本家に売る分の労働力とその価値だけを指していたからである。しかし，家事労働の存在，したがって家事労働力の存在を前提すれば，全体としての労働時間，全体としての労働力，全体としての生活手段価値，等々を別途想定する必要が出てくる。それゆえ，いささか煩雑ではあるが，「総」という接頭語をつけることでこうした区別を表現することにしたのである。

さてここで，総生活手段価値をa，賃金労働時間をb，総家事労働時間をcと表現しよう。この3つさえ明らかになれば，他のすべての量は簡単に求めることができる。総労働時間をTと置き，総労働力価値ないし総必要労働時間をLと置き，総剰余労働時間をMと置こう。ただし，Tは最大12時間であると想定され（$T \leq 12$），総必要労働時間は常に総労働時間よりも短いことが前提される（$L < T$）。すると，T, L, Mはそれぞれ次のように書き表せる。

$$T = b + c \quad (ただし T \leq 12)$$
$$L = a + c$$
$$M = T - L = (b + c) - (a + c) = b - a$$

次に総剰余労働率をM'の記号で表現すると，それは以下のように書き表わせる。

$$M' = \frac{b-a}{a+c} \times 100$$

次に，賃金労働力の価値をL_1，家事労働力の価値をL_2と置こう。すると，この両者は，総労働力価値を，賃金労働時間と家事労働時間の比率で分割することによって成立するから，それぞれの値は次のような式で書き表せる。

$$L_1 = (a+c) \times \frac{b}{b+c}$$

$$L_2 = (a+c) \times \frac{c}{b+c}$$

また，資本家が獲得する剰余価値を M_1，労働者が獲得する予備時間ないし予備価値を M_2 とすると，これは総剰余労働時間を，賃金労働時間と家事労働時間との比率で分割することによって成立するから，それぞれの値は次のような式で書き表せる。

$$M_1 = (b-a) \times \frac{b}{b+c}$$

$$M_2 = (b-a) \times \frac{c}{b+c}$$

代数式から読み取れる諸法則

以上の簡単な代数式から次のような重要な諸法則を導き出すことができる。

まず第1に，Mの式を求める代数式から明らかなように，総剰余労働時間の大きさには総家事労働時間はまったく関与せず，賃金労働時間と総生活手段価値だけによって規定されている。したがって，賃金労働時間が1日に必要な総生活手段価値を生産する時間よりも長いかぎり，剰余労働は発生しうる。これは実を言うと，最初から家事労働時間を捨象したときの剰余労働発生条件と同じである。したがって，総労働時間（および労働強度）を一定とすれば，リカードとマルクスが，生活手段価値（賃金）と剰余価値とのあいだに見出した相反関係はそのまま，この総生活手段価値と総剰余労働時間とのあいだにも見出すことができる。

第2に，したがって，総生活手段価値が低ければ低いほど総剰余労働の量は大きくなる。

第3に，総家事労働時間は，総剰余労働の大きさには関与しないが，資本家と労働者のあいだにそれが分割される割合に関与し，したがって，総家事労働時間が短ければ短いほど，資本家が獲得する剰余価値の大きさは増大し，労働者の獲得する予備価値は減少する。逆に，総家事労働時間が長ければ長いほど，総労働時間に占める家事労働の割合が大きくなるので，労働者の獲得する予備価値は増大し，資本家の獲得する剰余価値量は少なくなる。そして，総家事労働時間が短縮すれば，単に資本家の取り分が労働者に対して相対的に大きくなるだけでなく，家事労働の短縮分だけ賃金労働時間を延長する可能性が広がるので，総剰余労働の絶対量をも増大させることができる。こうして，家事労働

時間の短縮は資本家にとって一石二鳥の役割を果たす。

　以上の諸法則を資本主義発展の一般的傾向との関連でとらえ返すとどうなるだろうか？　一般に資本主義の発展とともに生活手段価値が減価し家事労働時間が短縮する傾向にあるのは間違いない。したがって，資本主義の発展とともに，一方ではますます総剰余労働時間を増大させることができ，他方では，そこに占める資本家の取り分の割合をますます増大させることができるだろう。したがって，二重に資本家の獲得する剰余価値をますます増大させることができるだろう。

　他方，労働者が獲得する予備価値は家事労働時間の減少とともに減っていくのだから，資本主義が発展すればするほどこの予備価値は減少していき，したがって，労働者が獲得する賃金はしだいに生活手段価値に直接還元されていく歴史的傾向が存在すると言えるだろう。つまり，労働力価値を直接に生活手段価値に還元するというアプリオリな操作は，実を言うと，歴史傾向的にはしだいに妥当していくことがわかる。これはちょうど，すべての労働を単純労働とみなす理論的前提が，歴史的に熟練の解体による単純労働化の進行によってしだいに実現されていくのと同じである。

　すなわち，資本主義の発展とともに，労働力価値はますます本源的労働力価値に還元されていき（熟練の解体），本源的労働力価値はますます生活手段価値に還元されていき（家事労働時間の短縮），労働時間そのものもますます賃金労働時間に還元されていく。つまり，家事労働の存在を最初から捨象し賃金をすべて直接的に生活手段価値に還元している『資本論』の諸前提は，歴史傾向的にはしだいに根拠づけられていくということである。だが，これはあくまでも歴史傾向的な話であって，現時点では，あるいは少なくとも予測可能な未来においても，家事労働時間を無視することはできないし，したがって，労働力価値をアプリオリに生活手段価値に還元することは許されないのである。

第3節　家事労働と労働力価値との量的関係Ⅱ
　　　　――性別分業モデル

　これまでの数値例はすべて，各労働者が賃金労働者でもあり家事労働者でも

あるというモデルにもとづく説明であったが，この節では両契機が異なった人格によって別々に担われるパターンを，すなわち「性別分業モデル」を考察しよう。賃金労働者としての人格と家事労働者としての人格が分離しておらず同一の人格に融合している「非分業モデル」は，かなり理解しにくいものであったが，それにもかかわらず，このモデルを最初に用いたのは，一般に規範として使われやすい「片働き分業モデル」を自明としないためであり，また，複数の契機ないし経済的人格が同一人格のうちに存在する形態にこそ本質的な諸契機を見出す努力をすることが理論的に必要だからである。

　異なった人格に分離して担われることで一般にもはっきりと目に見えるようになる異なった諸契機ないし諸機能は，分離によってはじめて発生したのではけっしてなく，その諸契機はすでに同一人格のうちに潜在的に存在していたのである。この諸契機を抽象力によって理論的に分離することが経済的分析の役割であり，マルクスが商品のうちに価値と使用価値の2つの契機を見出したのもこの同じ分析の力であった。この2つの契機が後に別々の商品に担われることによって（貨幣と一般商品），多くの人々の目にもはっきりと見えるようになると同時に，目をくらます要因にもなる。

1　いくつかの新たな諸前提

　この「性別分業モデル」でも，最初に設定した一般的な諸前提はそのまま妥当するとしよう。すなわち，労働強度の同一性や，子どもの養育費や育児労働の捨象，いずれも単純労働であること，家事労働時間の日々の平均化，総労働時間，総生活手段価値，総家事労働時間の比例関係，等々である。さらに，そうした既存の諸前提と並んで，一定の家族形態を前提した性別分業がなされているこのモデルでは，いくつかの新たな諸前提が，あるいはこれまでの前提の部分的修正が必要になる。

　まず第1に，生活手段価値の中には，共同で使用できるものだけでなく，文化的に主として一方の性別構成員にのみ必要なものも多々存在し，それらを細かく考慮に入れれば，必要生活手段の量には性別上の差が存在するかもしれないが，これについてもここではとくに問題せず，性別にかかわらず，成人労働

者はすべて一定の労働時間に比例して同じだけの生活手段を必要とするとしておく。

　第2に，賃金労働力と家事労働力とが一個の人格の中に融合しているときには，それぞれの労働力が必要とする生活手段は，同一人物の消費対象であった。しかし，賃金労働力と家事労働力とが別々の人格に分離すると，それぞれの労働力を再生産するのに必要な生活手段はそれぞれ別の人格が消費することになる。もし家事労働時間が短縮して，家事労働を遂行するのに必要な生活手段量が少なくなりすぎた場合，1つ重要な問題が生じる。人間は，まったく労働していなくても，生きているだけでカロリーを消費し，したがって日々，自己の生命力を再生産するのに一定量の生活手段を必要とする。また，こうした純肉体的側面だけでなく，文化的・精神的にも，一定の歴史的時期には一定の文化水準が存在し，そうした最低限の文化水準を満たす生活手段が必要である。人は労働しなくても一定の広さの住まいや衣服を必要とするし，一定の文化的欲求を満たさなければならない。この最低限必要な生活手段の価値を「**最低必要生活手段価値**」と呼ぶとすれば，家事労働時間が大幅に短縮して，それがつくり出す価値量がこの最低限を下回った場合，家事労働力を再生産するのに必要な生活手段価値を入手することができず，やはり家事労働力は再生産されないことになる。

　生きていくうえで最低限必要な生活手段は使用価値としては相対的に一定の固定量として考えることができるかもしれないが（その場合でも文化的・歴史的・地域的変動はある），価値量としては，その大きさは全般的な労働生産性に依存するので，一定の固定量として考えることはできない。そこで，賃金労働者が8時間労働するときに必要な生活手段価値の2分の1がこの最低生活手段価値に相当すると仮定しよう。

　同じく，生活手段に最低必要量があるように家事労働にもそうした最低必要時間が存在するだろう。これを「**最低必要家事労働時間**」と呼ぶとすれば，それを自分がするのであれ他人がするのであれ，最低限必要な生活を再生産するためだけでも一定の最低家事労働時間が必要になる。ここでは，計算を簡単にするために，この大きさを1時間と仮定しておこう。

2 片働き分業モデル

　マルクスの「労働力の価値分割」論では，最初に「片働き分業モデル」が自明の前提とされ，その後に共働き（あるいは児童労働）が生じて，成人男性労働力の価値分割が起こるとされている。歴史的には伝統的技能をもった男性職人が最初に資本によって形式的に包摂されたとき，たしかにそのような「片働き分業モデル」が一定普遍的に存在していた。したがって，「片働き分業モデル」→「共働き分業モデル」と進行することは歴史的進行に一致した論理展開であるように見える。にもかかわらず，理論的には，未分化の状態から分離した状態へと進むことが正しい。

　この理論の進行過程が歴史の進行過程と一致していた方がよりわかりやすいだろうが，実際に一致するとはかぎらない。なぜなら，資本主義が成立するのは社会的真空の未開地においてではなく，すでに既存の性差別的で身分差別的な社会構造の中で生じるからである。資本が最初に形式的に包摂する労働力は，伝統的技能を身につけた熟練労働力である。ところがこの熟練労働力は既存の性差別構造の中で育成されたものである。したがって，それはほとんどもっぱら成人男性によって担われ，彼らが最初の賃金労働者になるだろう。そして当時の労働生産性水準からすれば，労働力を再生産するのに必要な家事労働時間は非常に長かったので，それを担う専任の家事労働者が必要だったろう。それゆえ，妻がその家事労働を担うのがある程度必然的になるだろう。ここではこの歴史的過程を詳しく追う必要はない。ここで確認しておくべきことは，賃労働世帯の歴史的出発点が片働き分業モデルであったことには資本内在的な必然性は必ずしも存在しないということである。むしろ，資本主義がかなり高度に発展してから片働き分業モデルが賃労働世帯に再普及したことにこそ資本内在的な必然性を探求しなければならないだろう。だがこの後者の課題についてはすでに拙書『資本主義と性差別』(青木書店，1997年) で取り組んだし，本書の第5章でも簡単に再論している。ここではとりあえず以上のことを事実として確認しておくだけでよい。そこで，片働き分業モデルにもとづいて，家事労働と労働力価値との量的関係を考察しよう。

第1例の片働き分業モデル（1）――夫12時間労働バージョン

前節で検討した第1例の数値例を片働き分業モデルに置きかえてみよう。この第1例においては、1人が1日になしうる総労働時間が12時間で、その分に必要な生活手段価値は総労働時間の半分に相当し、その生活手段を消費可能なものにする（あるいは維持・回復する）のに必要な家事労働時間は生活手段価値の3分の2に、あるいは総労働時間の3分の1に相当した。

賃金労働者が家事労働をも担う場合には、4時間分を家事労働に割かなければならないので、8時間分の賃金労働時間しか残されていなかった。しかし、今では家事労働は別の人格によって、すなわち賃金労働者の妻によって担われている。したがって、賃金労働者は8時間ではなく総労働時間の12時間をまるまる賃金労働に割くことができるし、資本もそれを追求するだろう。そこで、ここではまず、賃金労働者が実際に賃金労働に12時間まるまる割くことを仮定しよう。その場合、この賃金労働に必要な生活手段価値は6時間に相当する。

さて次に、家事労働者たる妻の方に目を向けよう。彼女は夫の賃金労働力を再生産するのにまず4時間の家事労働を行なわなければならない。だが、この家事労働者は夫の賃金労働力を再生産するだけではだめで、自らの家事労働力をも再生産しなければならず、そのための家事労働をもしなければならない。もちろん、賃金労働力を再生産するのに必要な家事労働の一部は、家事労働力の再生産にも役立つだろう。しかし、本節の前提で確認したように、そのような共同享受部分は世帯の共同化によって生じる家事労働の増大によって相殺され、したがって、家事労働者に関しても、その労働力を再生産するのに必要な家事労働時間は、この家事労働者が行なう総労働時間に、あるいは、彼女が必要とする生活手段価値の大きさに比例する。

この家事労働時間は何時間になるだろうか？ 12時間の賃金労働のためには4時間の家事労働時間が必要だったのだから、この比例関係が、家事労働力の生産に関しても維持される。家事労働者は、夫の賃金労働力のためにすでに4時間の家事労働を行なっているのだから、家事労働力を再生産するのに追加的に必要な家事労働時間をxとすると、次のような式が成立するだろう。

$$12 : 4 = (4+x) : x$$

この式を解くと，x＝2であり，2時間の家事労働が追加的に必要になる。したがって，家事労働時間は合計で6時間になり，それに必要な生活手段価値は3時間となる。賃金労働力の価値は，6時間の生活手段価値に4時間の家事労働が付加されるから，10時間に相当する。総労働時間は12時間だから，資本家が獲得する剰余価値は2時間である。

さて，賃金労働者が受け取る10時間分の労働力価値のうち，6時間分は自分の賃金労働力を再生産するのに必要な生活手段価値に費やされ，3時間分は妻の家事労働力を再生産するのに必要な生活手段価値に費やされる。このことから明らかなように，家事労働者が家事労働をするために必要な3時間分の生活手段価値が獲得しえたのは，彼女の家事労働が夫の賃金労働力に反映したおかげであり，それなしには，この3時間分の生活手段価値は入手しえなかったし，そうなれば家事労働力は正常に再生産されず，したがって賃金労働力も正常に再生産されないだろう。

こうして10時間の労働力価値のうち合計9時間分が生活手段価値に費やされ，残るは1時間である。これは直接的には生活手段価値に還元されない。この1時間は，家庭内で行なわれた6時間の労働が生み出した予備価値である。言い換えれば，家庭内の家事労働力がもし賃金労働力になっていたとしたら資本家によって剰余価値として領有されていたであろう価値を労働者世帯の側が確保したものである。したがって，賃金が労働力価値以下になったとしても，マイナス分がこの1時間を超えないかぎり，賃金労働者と家事労働者のそれぞれの労働力を再生産するのに必要な生活手段価値は確保されるので，それぞれの再生産条件は保障され続けるだろう。

なお，この数値例では家事労働者は1日に6時間しか労働しないことになっているが，子どもがいる場合には，育児労働がこれに加わるので，実際には家事労働者がしなければならない労働時間はもっと長いだろう。この育児労働の問題は最終章で論じられる。

第1例の片働き分業モデル（2）——夫8時間労働バージョン

この最初の数値例では賃金労働者は12時間の賃金労働をすることになっていたが，8時間しか賃金労働をしない場合も検討しておこう。8時間労働に対

して必要とされる生活手段価値は4時間に相当する。その生活手段価値に必要な家事労働時間は，4時間 $\times \frac{2}{3} = 2\frac{2}{3}$ 時間である。したがって，賃金労働力の価値は，4時間 $+ 2\frac{2}{3}$ 時間 $= 6\frac{2}{3}$ 時間であり，資本家が獲得する剰余価値は $1\frac{1}{3}$ 時間になる。

　家事労働者は賃金労働力を再生産するのに必要な家事労働をしなければならないだけでなく，自分の家事労働力を再生産するのにも家事労働をしなければならない。それは何時間だろうか？ 12時間労働する場合にはその追加分は2時間だったから，追加的に必要な家事労働時間は，2時間 $\times \frac{2}{3} = 1\frac{1}{3}$ 時間である。すると合計で，家事労働者は4時間の家事労働を行ない，それに必要な生活手段価値は2時間になる。賃金労働者が獲得する $6\frac{2}{3}$ 時間のうち，4時間は賃金労働力を再生産するのに必要な生活手段価値に費やされ，2時間は家事労働力を再生産するのに必要な生活手段価値に費やされる。合計で6時間であり，残りは $\frac{2}{3}$ 時間であり，これが直接には生活手段価値に還元されない予備価値となる。

　先に述べたように，人間は労働していなくても，日々生きていくのに一定量の生活手段を必要とする。この価値額を先に，賃金労働者が8時間労働をしたときに必要な生活手段価値の2分の1であると想定しておいた。今回の場合，賃金労働者は8時間労働し，それに必要な生活手段価値は4時間に相当する。家事労働者が自己の家事労働力を再生産するのに必要な生活手段価値は2時間に相当する。これは，先に前提した8時間の賃金労働に必要な生活手段価値のちょうど2分の1である。これが一定の限界値であり，家事労働者が受け取る生活手段価値がこれ以上小さくなると，家事労働者の労働時間の長さにかかわりなく，家事労働者の生活そのものが再生産できなくなるだろう。

　ここで重要な意味を帯びてくるのが，予備価値の $\frac{2}{3}$ 時間である。理論的には家事労働者は2時間分の生活手段価値で何とかその生活を正常な形で再生産できるが，現実には生活手段価値が一時的に価値より上がる場合もあるだろう。その場合には，彼女はこの予備価値の $\frac{2}{3}$ 時間を自分のための生活手段に転化することによってはじめて，家事労働力を正常に再生産することができる。このことから，この予備価値はやはりそれなりに必要であるということがわかる。

第2例の片働き分業モデル（1）──夫12時間労働バージョン

次に第2例の片働き分業モデルを考察しよう。この第2例では生活手段価値だけが低下し、家事労働時間は一定のままであった。労働時間と生活手段価値との比率は2:1から4:1に低下するが、総労働時間と家事労働時間との比率は、3:1のままである。したがって、生活手段価値と家事労働との比率は、以前の3:2から3:4に変化する。

さて、まず賃金労働者が12時間めいいっぱい労働する場合を考えよう。この場合、賃金労働に必要な生活手段価値は3時間であり、それに必要な家事労働時間は4時間である。したがって、賃金労働力の価値は3時間＋4時間＝7時間となる。賃金労働時間は12時間なので、資本家が獲得する剰余労働時間ないし剰余価値は5時間となる。

さて、家事労働者は賃金労働力を再生産するために4時間の家事労働をするが、当然、自己の家事労働力を再生産するための家事労働も必要である。家事労働時間の割合に変化はないので、これは引き続き2時間となる。したがって、家事労働者は総計で6時間の家事労働をする。この6時間の家事労働を遂行するのに必要な生活手段価値は、$1\frac{1}{2}$時間である。

賃金労働者は7時間の労働力価値を賃金として取得し、そのうち3時間は賃金労働力のための必要生活手段価値に費やされ、$1\frac{1}{2}$時間は家事労働力のための必要生活手段価値に費やされる。合計で$4\frac{1}{2}$時間が必要生活手段価値に費やされ、残る予備価値は$2\frac{1}{2}$時間である。必要生活手段価値に直接還元されない労働力価値部分がこの場合はかなり大きい。これは、生活手段価値が減価することで、総剰余労働時間が増大したが、賃金労働時間と家事労働時間との比率が一定のままだったからである。

第2例の片働き分業モデル（2）──夫8時間労働バージョン

次に、賃金労働時間に制限が課されて、賃金労働者を12時間めいいっぱい使うことができず、8時間に制約されると想定しよう。この場合、賃金労働に必要な生活手段価値は2時間であり、それに必要な家事労働時間は$2\frac{2}{3}$時間である。したがって、賃金労働力の価値は$4\frac{2}{3}$時間となり、資本家が獲得する剰余労働時間ないし剰余価値は、$3\frac{1}{3}$時間となる。

さて，家事労働者は賃金労働力を再生産するために $2\frac{2}{3}$ 時間の家事労働をするが，自己の家事労働力を再生産するのにも家事労働をしなければならない。それは $1\frac{1}{3}$ 時間となる。なので，家事労働者は合計で4時間の家事労働をする。この4時間の家事労働に必要な生活手段価値は1時間である。

賃金労働者は $4\frac{2}{3}$ 時間の労働力価値を賃金として取得し，そのうち2時間は賃金労働力の再生産に必要な生活手段価値に費やされ，1時間は家事労働力の再生産に必要な生活手段価値に費やされる。合計3時間が必要生活手段価値に費やされ，したがって，賃金労働者が受け取る労働力価値のうち必要生活手段価値に直接還元されない予備価値は $1\frac{2}{3}$ 時間になる。

ところで，先に述べたように，賃金労働者が8時間労働をする際に必要な生活手段価値の2分の1が，最低必要生活手段価値であると想定されている。この事例の場合，家事労働者が受け取る生活手段価値はちょうど，8時間労働する賃金労働者が必要とする生活手段価値の2分の1に相当するので，家事労働者はその生命を再生産するのに必要な最低限の生活手段しか受け取っていないことになる。したがって，ここでも，場合によっては，予備の $1\frac{2}{3}$ 時間の一部が家事労働力を再生するための追加的な生活手段価値に転化しなければならず，そうしてはじめて家事労働力が正常に再生産されるだろう。

第3例の片働き分業モデル（1）——夫12時間労働バージョン

第3例では，家事労働時間だけが2分の1に短縮し，生活手段価値は減価していなかった。これを片働き分業モデルにもとづいて検討しよう。

最初に，賃金労働者たる夫が12時間労働する場合を考えよう。賃金労働者は12時間労働し，それに必要な生活手段価値は6時間であり，それに必要な家事労働時間は今では4時間ではなく2時間である。したがって，この賃金労働力の価値は8時間であり，資本家が獲得する剰余労働時間ないし剰余価値は4時間に相当する。

家事労働者たる妻は，賃金労働力を再生産するのに2時間の家事労働をするが，もちろん，自分自身の家事労働力を再生産するのにも家事労働をしなければならない。その時間をxとすると，xは次の式によって算出することができる。

$12 : 2 = (2+x) : x$

　上の式を解くと，$x = \frac{2}{5}$ 時間になる。しかし，これは，先に前提した必要最低家事労働時間である1時間を下回るので，この家事労働者は自分の家事労働力を再生産するために，結局，1時間の家事労働をしなければならない。すると家事労働者は総計で3時間の家事労働をする。この家事労働分にとって必要な生活手段価値は，$1\frac{1}{2}$ 時間となる。賃金労働者たる夫は8時間相当の労働力価値を賃金として得ているが，そのうち6時間は夫のための必要生活手段価値に費やされ，$1\frac{1}{2}$ 時間は家事労働者たる妻のための必要生活手段価値に費やされる。総計で $7\frac{1}{2}$ 時間であり，したがって残る予備価値は $\frac{1}{2}$ 時間である。

　しかし，この事例の場合，家事労働者の家事労働に必要な生活手段価値 $1\frac{1}{2}$ 時間は，8時間の賃金労働に必要な生活手段価値の2分の1（この場合は2時間に相当する）よりも少ない。そこで予備価値の1/2時間を生活手段価値に転化する必要があり，それによってようやく2時間分の最低生活手段価値に達する。この事例では，予備価値はすでに予備ではなくなっており，家事労働力を再生産するのに必要不可欠な生活手段価値の一部になっている。したがって，この事例では，労働力価値はすべて生活手段価値に費やされており，もし家事労働分が完全に賃金に反映しないとすれば，家事労働力は正常に再生産されず，したがって賃金労働力も正常に再生産されないだろう。

　これは，家事労働時間が短縮したために，この家事労働が賃金労働力に対象化される価値量が，家事労働者が生きていくのに最低必要な生活手段価値と同額になり，予備価値が消えてしまったことを意味する。これは，労働力の単純再生産にとっての一種の均衡状態であると言えるだろう。

第3例の片働き分業モデル (2) ―― 夫8時間労働バージョン

　次に賃金労働者が8時間だけ賃金労働する場合を検討しよう。この8時間の賃金労働に必要な生活手段価値は4時間である。それに必要な家事労働時間は 2 時間 $\times \frac{2}{3} = 1\frac{1}{3}$ 時間である。したがってこの賃金労働力の価値は $5\frac{1}{3}$ 時間である。資本家が獲得する剰余価値は，$2\frac{2}{3}$ 時間である。

　さて，家事労働者は賃金労働力を再生産するのに家事労働をするだけでなく，

自己の家事労働力をも再生産するためにも家事労働をする。その時間は，$\frac{2}{5}$時間×$\frac{2}{3}$＝$\frac{4}{15}$時間である。しかし，ここでも最低必要家事労働時間を下回っているので，結局，家事労働者は1時間の家事労働をしなければならない。したがって，この家事労働者は，合計で$2\frac{1}{3}$時間の家事労働をする。この$2\frac{1}{3}$時間に必要な生活手段価値は，$1\frac{1}{6}$時間に相当する。

賃金労働者が受け取る賃金は$5\frac{1}{3}$時間だが，そのうち4時間は賃金労働に必要な生活手段価値に費やされ，$1\frac{1}{6}$時間は家事労働に必要な生活手段価値に費やされる。残る予備価値は，$\frac{1}{6}$時間である。しかし，前提で確認したように，8時間の賃金労働をするのに必要な生活手段価値の2分の1が最低必要生活手段価値なので，家事労働者は少なくとも2時間分の生活手段価値を入手しないと自己の生命力を正常な形で再生産できない。そこで予備価値が動員されるが，それを入れても，合計で$1\frac{1}{3}$時間しか生活手段価値に費やせない。これでは，賃金労働者の賃金では家事労働者の生命は正常な形では再生産できないことになる。

これは何を意味しているのか？ これは，ある商品の生産に必要な直接的労働時間が劇的に下がったにもかかわらず，すなわち労働生産性が著しく高まったにもかかわらず，あいかわらず1つの商品しか市場に売りに出しておらず，したがって，生産者の生活費さえまかなえなくなった状態を意味している。

普通の商品生産においては，その商品を生産するのに必要な直接的労働量が減少した場合には，1日あたりに生産する商品の量を増やすことによって，したがって，1日あたりの労働時間を一定に保つことによって，獲得しうる価値量を増やそうとする。しかし，片働き分業モデルに固執して，どんなに労働力商品を生産するのに必要な直接的労働の生産性が高まっても，8時間分機能する1個の労働力商品しか労働市場に売りに出されないとすれば，必然的に，労働力の減価の結果として，家事労働力の再生産が不可能になるのである。この危機の打開策は2つしかない。1つは，この第3例の最初のバージョン，すなわち賃金労働者が長時間労働をするバージョンを選択するか（労働力商品は1個のままでも，その機能量を増大させる），さもなくば，労働生産性の上昇に応じて労働市場に販売する労働力商品の数そのものを増やすこと，すなわち，共働き化することである。

3 共働き分業モデル

　以上見たように，性別役割分業に固執するかぎり，総労働力を生産し再生産するのに必要な直接的労働（家事労働）が大きく減少した場合，そして，賃金労働者が長時間労働をしない場合，労働者の受け取る賃金だけでは片働き分業モデルを維持することができない。しかし逆に，賃金労働力を生産し再生産するのに必要な直接的労働が非常に長い場合，性別役割分業を維持したまま共働き化することは非常に困難でもある。したがって，性別分業が厳格に維持されているかぎり，片働きから共働きへの本格的な移行が必要になるかどうかは，理論的には，①賃金労働者の長時間労働が制約されること，②家事労働時間が短縮すること，という2つの条件に依存することになる。

　先に述べたように，『資本論』では，もっぱら資本の側の要請でのみ女性は賃金労働者化するとされていた。しかし，その場合，マルクスの理論によれば，「労働力の価値分割」がもたらされて，成人男性労働者の賃金が劇的に減価し，結局，家族成員が全体で受け取る賃金は男性成人労働者1人が働いていたときとほとんど変わらない水準になることになっていた。もしそうだとすれば，いったいなぜ賃金労働者家族は女性や子どもを労働市場に送ったりするのだろうか？　まったく経済的に説明がつかない。しかし，われわれの理論モデルでは，共働き化する経済的必要性が労働者家族の側にも存在することがわかる。

　もちろん，歴史的には，長時間労働が維持され，家事労働時間がまだほとんど短縮していない段階でも，女性の賃金労働者化が進んでいる。しかし，その主たる対象となったのは，夫の家事労働を担当する必要のなかった未婚の若年女子だった。だが，他方では，既婚女性も賃金労働者化し，それとともに賃金の全般的低下が生じた。マルクスもこの現象を前提にして，「労働力の価値分割」論を唱えたわけだが，それは理論的説明というよりも，現象をそのまま理論に移し変えた結果にすぎない。この問題については，家事労働と「労働力の価値分割」について論じる第5章で本格的に論じるとして，ここでは，各種の数値例にもとづいて，共働き分業モデルを検討していこう。

　具体的に数値例を検討するにあたって，新たな仮定を追加しよう。夫はフルタイム労働者であるが，妻は，性別分業のもとで自分のための家事労働だけで

なく夫のための家事労働をも負担しなければならないので，必ずしもフルタイムで働けるとはかぎらない。かといって，1日あたり2時間とか3時間のパートタイム労働というのも想定しにくいので，賃金労働に従事する際には最低でも1日6時間が必要であると仮定しよう（ただし現実には，6時間未満でも内職という形で賃金労働に従事することは可能であるが，ここでは捨象しておく）。つまり，1日に可能な総労働時間は12時間であるから，総家事労働時間が6時間以下である必要がある。

さらにもう1つ。これまでは，家事労働はすべて日々遂行する前提になっていた。しかし，共働きにおいてはそれはしばしば不可能である。そこで，この共働きモデルにおいては，その一部を週末に回せることにしよう。しかし，その回せる最大値は1日あたり1時間に限定しておく。週6日働くと仮定すると，1日1時間ずつ週末に回せば，週末の追加的家事労働時間は6時間になり，それがぎりぎり可能な数値であるとしよう（週末に体を休めなければ，次の週に新鮮で健康な労働力として登場することができないから）。

第1例の共働き分業モデル（1）——夫12時間労働バージョン

第1例では，1人の労働者の総労働時間12時間に対して生活手段価値がその2分の1で，家事労働時間は4時間だった。まず夫が賃金労働者として12時間労働する場合，それに必要な家事労働時間は4時間である。生活手段価値と家事労働との比率は3：2，総労働時間と家事労働時間との比率は，3：1だった。この家事労働を可能とする家事労働力を再生産するのには，すでに片働き分業モデルで明らかにしたように2時間の追加家事労働時間が必要になる。これで，家事労働者が行なう総労働時間は6時間である。

さて，ここから共働きをすることになるのだが，妻が賃金労働者になれば当然，それに合わせてその賃金労働力を再生産するのに家事労働がさらに追加的に必要になる。そして，家事労働と賃金労働との総計は12時間を超えてはならない。では，この場合，妻はいったい何時間の賃金労働を遂行することができるだろうか？　彼女が1日に行なうことのできる労働時間は，賃金労働時間と家事労働時間とを足して最大12時間であると仮定されている。この12時間の労働に対して必要な家事労働時間は4時間である。だが妻は夫のために4時

間の家事労働をすでに行なっている。したがって、合計で8時間の家事労働を妻はすることになる。残る労働時間は4時間であり、これが賃金労働時間に充当可能な時間になる。

しかし、1日に4時間しか賃金労働をしないというのは、先ほどの前提で見たように、賃金労働時間の最低水準である6時間から2時間も少なく、したがって、1日1時間ずつ家事労働を週末に回しても、6時間を確保できない。したがって、必要家事労働時間が1人あたり4時間と長いこの条件では、夫の賃金労働時間が長い場合、共働きがきわめて困難な選択肢であることがわかる。ただし、この場合、片働きでも生計を維持することは可能である（第1例の片働き分業モデルの夫12時間労働バージョン）。

第1例の共働き分業モデル（2）——夫8時間労働バージョン

次に夫が賃金労働者として12時間働くのではなく、8時間だけ労働する場合を検討しよう。その場合、夫の賃金労働力を再生産するのに必要な生活手段価値は4時間、必要家事労働時間は$4時間 \times \frac{2}{3} = 2\frac{2}{3}$時間である。妻は引き続き12時間働くとすると、この12時間全体で必要となる家事労働時間は4時間であり、すでに夫の賃金労働力のために必要な$2\frac{2}{3}$時間の家事労働時間を足すと、妻がする家事労働時間は合計で$6\frac{2}{3}$時間となる。すると、賃金労働のための時間は$5\frac{1}{3}$時間であり、日々の家事労働の一部、たとえば$\frac{2}{3}$時間ずつを週末にまとめてやることを想定すれば、賃金労働に当てられる時間は6時間となって、パートタイムの賃金労働が可能となる。しかし、この場合、夫が8時間しか労働していないのに、妻の方は合計で12時間も労働していることになる。性別分業モデルが共働きとなった場合、いかに妻の側に大きな負担を強いることになるかがこれによって明らかになる。

さて、この場合のそれぞれの賃金労働力を計算しよう。夫の賃金労働力は、4時間の必要生活手段価値と$2\frac{2}{3}$時間の必要家事労働時間の合計であるから、$6\frac{2}{3}$時間である。資本家の獲得する剰余価値は$1\frac{1}{3}$時間になる。妻の賃金労働力の価値は、6時間の賃金労働であるから、必要生活手段価値は3時間、必要家事労働時間は2時間で、合計5時間である。資本家はこの妻の賃金労働から1時間の剰余価値を獲得する。

この夫婦は合計で，$11\frac{2}{3}$時間の賃金を獲得するが，そのうち，4時間は夫の賃金労働力を再生産するのに必要な生活手段価値に費やされ，6時間は妻の賃金労働力と家事労働力を再生産するのに必要な生活手段価値に費やされる。合計10時間が生活手段価値に費やされ，残る予備価値は$1\frac{2}{3}$時間である。

第2例の共働き分業モデル（1）——夫12時間労働バージョン

第2例では生活手段価値が2分の1に下がるだけで家事労働時間は短縮していないので，労働時間上の制約は緩和されていない。あいかわらず，12時間の労働に対しては4時間の家事労働が必要である。ただ，生活手段価値が下がっていて，総剰余労働時間は増大するので，得られる賃金のうち生活手段価値に還元されない予備価値は著しく増大するだろう。

夫が12時間の賃金労働をする場合，生活手段価値は3時間，家事労働は4時間であり，夫の賃金労働力の価値は7時間である。資本家が獲得する剰余価値は5時間である。妻も12時間労働するとすると，全体で4時間の家事労働時間が必要であり，夫のための4時間の家事労働時間と合わせて8時間の総家事労働時間が必要になる。残る時間4時間を賃金労働時間にあてることができるが，先に述べたように，これでは賃金労働者化は不可能である。

第2例の共働き分業モデル（2）——夫8時間労働バージョン

そこで夫が8時間の賃金労働をする場合を考えよう。その際，夫の賃金労働力を再生産するの必要な生活手段価値は2時間，家事労働時間は$2\frac{2}{3}$時間であり，したがって夫の賃金労働力価値は，$4\frac{2}{3}$時間である。資本家がこの賃金労働から獲得する剰余価値は$3\frac{1}{3}$時間である。妻が引き続き12時間の総労働をする場合，全体で4時間の家事労働を必要とし，夫のためにすでに$2\frac{2}{3}$時間の家事労働をしているわけであるから，合計で$6\frac{2}{3}$時間の家事労働時間である。賃金労働時間は第1例の場合と同じく$5\frac{1}{3}$時間である。先ほどと同じように，$\frac{2}{3}$時間の家事労働を週末に回して，6時間の賃金労働が可能になると仮定しよう。すると，6時間の賃金労働に必要な生活手段価値は$1\frac{1}{2}$時間，家事労働時間は2時間で，合計$3\frac{1}{2}$時間が妻の賃金労働力の価値となる。したがって資本家がこの賃金労働から獲得する剰余価値は$2\frac{1}{2}$時間である。

第3章　家事労働と労働力価値との量的関係　153

　この夫婦は総計で，$8\frac{1}{6}$時間の賃金を得ているが，そのうち，2時間は夫の賃金労働力を再生産するのに必要な生活手段価値に消え，3時間は妻の賃金労働力と家事労働力を再生産するのに必要な生活手段価値に費やされる。合計で5時間の生活手段価値が費やされ，残る予備価値は$3\frac{1}{6}$時間である。

第3例の共働き分業モデル（1）——夫12時間労働バージョン

　第3例は，生活手段価値は減らず，家事労働時間だけが短縮する場合であるが，これの共働き分業モデルについて見ていこう。生活手段価値は引き続き労働時間の2分の1に相当し，家事労働時間は生活手段価値の3分の1に短縮する。

　まず夫の賃金労働者が12時間労働する場合を考えよう。この12時間労働に必要な生活手段価値は6時間であり，必要家事労働時間は2時間である。したがって，夫の賃金労働力の価値は8時間に相当する。資本家が獲得する剰余価値は4時間である。

　次に妻の方だが，夫の賃金労働力を再生産するのに2時間の家事労働をする。妻もトータルで12時間労働をすると仮定すると，この12時間に対して必要な家事労働時間は2時間である。妻はすでに夫のために2時間の家事労働をしているわけであるから，妻がしなければならない家事労働時間はトータルで4時間になり，まだ8時間の余裕がある。したがって，妻は，1日8時間のフルタイム労働者として賃金労働をすることが可能となる。

　では，妻の賃金労働力価値はどうなるだろうか？　8時間の賃金労働に必要な生活手段価値は4時間であり，それに必要な家事労働時間は2時間×$\frac{2}{3}$＝$1\frac{1}{3}$時間である。合計で$5\frac{1}{3}$時間となり，これが妻の賃金労働力の価値となる。8時間の賃金労働であるから，資本家がこの賃金労働者から獲得する剰余価値は$2\frac{2}{3}$時間となる。

　さて，この夫婦は，トータルで$13\frac{1}{3}$時間分の賃金を得ているが，そのうち，6時間は夫の生活手段価値に費やされ，6時間は妻の賃金労働力および家事労働力の再生産に費やされる。したがって，トータルで12時間が生活手段価値に消え，残る予備価値は$1\frac{1}{3}$時間となる。

第3例の共働き分業モデル（2）——夫8時間労働バージョン

次に，夫が8時間だけ賃金労働をする場合を考えよう。その際，必要な生活手段価値は4時間，必要な家事労働時間は$1\frac{1}{3}$時間，したがって夫の賃金労働力価値は$5\frac{1}{3}$時間であり，資本家が獲得する剰余価値は$2\frac{2}{3}$時間である。妻も同じフルタイムで働くと仮定すると，妻の賃金労働時間は8時間であり，合計で妻は$9\frac{1}{3}$時間労働している。この総労働を遂行するのに必要な家事労働時間をxと置くと，このxは，以下の式から解くことができる。

$$6 : 1 = 9\frac{1}{3} + x : x$$

この式を解くと$x = 1\frac{13}{15}$時間となる。妻は合計で，$11\frac{1}{5}$時間の労働をすることになる。さて，妻の賃金労働力の価値は，夫とまったく同じ，$5\frac{1}{3}$時間であり，したがって資本家がこの賃金労働力から獲得する剰余価値も同じ$2\frac{2}{3}$時間である。

この夫婦は合計で$10\frac{2}{3}$時間の賃金を得るが，そのうち，4時間は夫の賃金労働力の再生産のために必要な生活手段価値に費やされ，$5\frac{3}{5}$時間は妻の賃金労働力と家事労働力を再生産するのに必要な生活手段価値に費やされる。合計で$9\frac{3}{5}$時間が生活手段価値に費やされるので，残る予備価値は$1\frac{1}{15}$時間になる。

第4節　種々のモデルの比較検討

以上，主要な3つのモデルを見てきたが，もちろん，実際にはもっと異なった組み合わせはいくらでも考えられる。たとえば，夫婦で一定の性別分業がなされているが，夫も一部の家事労働をするパターン，あるいは，夫と妻以外の第三者（たとえば親や兄弟）が家事労働の一部ないし全部をするパターンなどである。しかし，これらの異なったパターンは，これまで検討した諸パターンの簡単な応用によって理解可能であろう。そこで，ここでは3つの主要パターンの比較検討を行ない，そこから見えてくるいくつかの論点について改めてまとめることにする。

1 第1モデルと第2モデルとの比較検討

　まず，第1モデル（非分業モデル）と第2モデル（片働き分業モデル）とを比較しよう。両者の決定的な違いは，後者の場合，賃金労働力と家事労働力とが明確に2つの異なった人格に分裂していることである。第3モデルでは再び，妻において家事労働力と賃金労働力とが融合しているため，第2モデルにおいてのみ，賃金労働力と家事労働力との明確な分離が見られる。

制約条件からの一時的解放

　この2つのモデルを比べて明らかとなる第1の論点は，労働力価値への家事労働時間の消極的反映にかかわっている。すなわち，賃金労働時間への制約要因としての家事労働時間にかかわっている。第1モデルでは，家事労働時間が長いと，それはただちに賃金労働への直接的な制約要因となり，賃金労働者としては不自由な存在にしかなりえず，12時間めいっぱい賃金労働に従事することが不可能になるにもかかわらず，性別分業モデルでは，そのような制約が存在しない。最大限の剰余価値を絶えず追求する資本は，賃金労働者の労働可能な時間をすべて賃金労働時間に転化しようとするし，しばしば，労働可能な時間さえ超えて労働者に賃金労働をさせようとするだろう。そして，熟練の解体がまだ十分進んでいないかぎり，基本的に資本にとって搾取可能な労働力は成人男性労働力でしかないのだから，資本は，この成人男性労働力をできるだけ賃金労働力に純化しようとするだろう。また，熟練の解体さえまだ十分に進んでいない段階では，もちろんのこと，既製品や家電製品の普及はまだまったく不十分であろうから，労働力を再生産するのに必要な家事労働時間は十分長いだろう。以上のことからして，賃金労働時間と家事労働時間とが理論的にのみならず，現実的にも分離して，家事労働時間が賃金労働者から押しのけられ，別の人格によって専従的に担われることをある程度必然化するだろう。

　とはいえ，このような制約条件からの解放は一時的なものである。一方では，できるだけ多くの労働者を賃金労働者にしようとする資本の傾向，他方では，家事労働の生産性の上昇などによって，やがて一定の範囲で共働き化が進行する。そうなれば，後で再度見るように，家事労働は再び賃金労働者化した女性

にとっての制約条件となるだろう。

2つの労働力の人格的分離

　第2の論点は，賃金労働力と家事労働力とが2つの人格に分離したことによって，一個の人格に融合していたときには理解しがたかった区別がはっきりと目に映るようになることである。非分業モデルでは，賃金労働力の再生産に必要な生活手段価値と家事労働力の再生産に必要な生活手段価値，あるいは，賃金労働力の再生産に必要な家事労働時間と家事労働力の再生産に必要な家事労働時間，という区別がきわめて困難であった。この区別は理論的抽象力の絶え間ない緊張によってしか維持できないものであった。常識的に考えれば，賃金労働力の再生産に必要な生活手段も家事労働力の再生産に必要な生活手段も同じ生活手段であり，同じ人格によって消費されるものであり，そこに原理的な区別を設けることに意味があるようには思えない。理論的にこの両者をあえて区別して，賃金労働力の価値に入るのは賃金労働力の再生産に必要な生活手段価値と家事労働だけであると言っても，そのような区別に現実的基盤などないように見えるし，そのような理論的区別はまったく思弁的であるように見える。

　しかしながら，この2つの労働力がまったく別の人格によって担われると，非分業モデルにおいて理論的に行なった区別の意義と重要性とがはっきりと目に見えるようになる。今では，賃金労働力を再生産するのに必要な生活手段と，家事労働力を再生産するのに必要な生活手段とは，まったく異なった存在として把握可能である。もちろん，共同生活している場合には，共同で使用できる生活手段は存在するが，それでも，両者それぞれ別個に生活手段が必要であることもまた十分に理解可能である。賃金労働力と家事労働力とが一個の人格に融合している場合には，賃金労働力が必要とする生活手段と家事労働力が必要とする生活手段とは最初から1人の人格によって「共同」使用されているのである。したがって，非分業モデルでは，賃金労働力を再生産するのに必要な生活手段価値と家事労働力を再生産するのに必要な生活手段価値とをいっしょくたにすることは実に容易なことであったが，2つの異なった人格によって賃金労働力と家事労働力とがそれぞれ排他的に担われるようになると，それぞれの人格が消費する生活手段をいっしょくたにすることは困難である。

第2章で論じたように，マルクス経済学の世界では，賃金労働者の労働力価値の中に家事労働者の生活手段価値をも「妻の扶養費」として算入するということが伝統的になされていたが，このような「算入」を批判することは，2つの人格への分離を前提にする場合には，かなり容易である。なにしろ，マルクス自身が，最初は算入せず，後から説明もなしに算入するという矛盾を犯していたからである。

　こうして，賃金労働力と家事労働力とが，あるいはまた賃金労働時間と家事労働時間とが明確に異なった2つの人格に分離して担われることによって，1つの人格のうちに潜在的に存在していた内的区別が外的区別としてはっきりと目に見える形で現われ，こうして，賃金労働力の価値に入るのはあくまでも，その賃金労働力を再生産するのに必要な生活手段価値と家事労働だけであるという労働価値論上の真理が露わとなるのである。

最低必要生活手段価値の問題
　第3の論点は，人間がまったく労働しなくても生きていくためには一定の生活手段が必要であり，この最低必要生活手段の価値との関連で生じる問題である。非分業モデルでは，たとえ家事労働時間がゼロ近くになっても，基本的な生活手段は常に，賃金労働力を販売することによって得ている。家事労働時間が短くなればそれだけ，労働時間全体も短くなるのであり，あるいは，賃金労働によって代替されるのであり，半失業状態ないし失業状態になるのでもないかぎり，平均的に得られる賃金が最低必要生活手段価値を下回ることはない。しかし，賃金労働力と家事労働力とが別人格に分離すると，家事労働時間があまりに短くなった場合には，家事労働時間を遂行するのに必要な生活手段価値が，この最低必要生活手段価値を下回る事態も生じうる。そのときには，総剰余労働時間を資本家と労働者とのあいだで分割することで生じる予備価値が独自の意味を持ってくる。非分業モデルでは，家事労働時間がゼロにならないかぎり，この予備価値は常に労働者の手元に残るだろう。しかし，片働き分業モデルでは，家事労働時間が短くなりすぎると，この予備価値の一部ないし全部を動員しないかぎり，家事労働者が生きていくためだけに必要な最低生活手段価値さえ補塡できなくなる。こうして，結局，予備価値は必要生活手段価値に

還元される。非分業モデルでは，家事労働時間がゼロにならないかぎりゼロにならなかった予備価値が，片働き分業モデルでは，それ以前に事実上ゼロになりうるのである。

　賃金がなぜ結局，生活手段価値に還元されるのか，この謎を解く1つの鍵がここにあるが，この問題については後でより詳しく論じることにして，先に進もう。この家事労働時間がさらに短くなると，今度は予備価値を動員しても，家事労働者の最低必要生活手段価値を補塡できなくなる地点がやがてやって来る。その場合，片働き分業モデルは危機に陥る。その場合，賃金労働者が長時間労働をするか，共働き化しなければならなくなる。こうして，第2モデルから第3モデルへの移行が理論的に必然化するのである。

2　第2モデルと第3モデルとの比較検討

　共働きが非分業的に行なわれる可能性は別にゼロではないし，性的平等の観点からすれば，当然そうあるべきである。しかしながら，共働きが非分業的に行なわれた場合は，基本的に第1モデルに戻るだけなので，検討すべき新たな論点は生じない。新たな論点が生じうるのは，共働きでありながらなおも性別分業が維持されているパターンである。

　具体的な論点に入る前に，第2モデルと第3モデルとを簡単な表にまとめておこう（次頁参照）。以下の表で，「総労働時間」とあるのは，この世帯において夫婦が行なった賃金労働および家事労働の合計時間であり，「総生活手段価値」とは，夫婦がそれらの労働を遂行するのに必要とした生活手段価値の総計であり，「総予備価値」とは，夫婦のどちらかないし両方が獲得した賃金のうち，必要生活手段価値に直接還元されない部分の総計であり，「総剰余価値」とは，夫婦のどちらかないし両方が賃金労働をした場合に資本家が獲得する剰余価値の総計のことである。

　表を参考にしつつ，以下具体的な論点について考察する。

表 片働き分業モデルと共働き分業モデル

			総労働時間	総生活手段価値	総予備価値	総剰余価値
片働き分業	1例	夫12時間	18時間	9時間	1時間	2時間
		夫8時間	12時間	6時間	$\frac{2}{3}$時間	$1\frac{1}{3}$時間
	2例	夫12時間	18時間	$4\frac{1}{2}$時間	$2\frac{1}{2}$時間	5時間
		夫8時間	12時間	3時間	$1\frac{2}{3}$時間	$3\frac{1}{3}$時間
	3例	夫12時間	15時間	$7\frac{1}{2}+\frac{1}{2}$時間 $=8$時間	なし	4時間
		夫8時間	$10\frac{1}{3}$時間	最低必要生活手段価値未満	なし	$2\frac{2}{3}$時間
共働き分業	1例	夫12時間	共働き不可			
		夫8時間	20時間	10時間	$1\frac{2}{3}$時間	$2\frac{1}{3}$時間
	2例	夫12時間	共働き不可			
		夫8時間	20時間	5時間	$3\frac{1}{6}$時間	$5\frac{5}{6}$時間
	3例	夫12時間	24時間	12時間	$1\frac{1}{3}$時間	$6\frac{2}{3}$時間
		夫8時間	$19\frac{1}{5}$時間	$9\frac{3}{5}$時間	$1\frac{1}{15}$時間	$5\frac{1}{3}$時間

不平等な制約条件

　この第3モデルを第2モデルと比較することで明らかになる第1の論点は，賃金労働か家事労働かというジレンマに直面することになるのがもっぱら妻の側であり，したがって共働きの場合，妻の方が総労働時間が長い場合が多いということである。彼女は常に，自分のためだけでなく夫のための家事労働をも担う。そのため，非分業モデルでは普遍的に生じていた賃金労働への制約条件としての家事労働が，妻にとってのみ制約条件となっている。賃金労働と家事労働との矛盾は，賃金労働者と家事労働者とに人格が分離することで一時的に解決されたが，この矛盾そのものはけっして解消されてはおらず，今度は，共働き化において，賃金労働のみならず家事労働をも担っている側における矛盾として作用するようになるのである。

　制約条件としての家事労働がすべての労働者に共通している場合，それ自体はけっして労働市場における男女差別の根拠にはならないだろう。しかし，妻

においてだけ家事労働が賃金労働への制約条件になるとき，それは，労働市場において彼女の賃金労働力を決定的に不利にするだろう。たとえば，彼女は資本のために長時間労働をなしえず，出世コースからはずれるだろう。あるいはそもそもフルタイムで働くことさえできず，パートタイム労働者でしかないだろう。あるいは，家事労働にかなりの程度，神経と体力を奪われているために，より効率の悪い労働者かもしれない。いずれにせよ，家事労働の負担が妻にのみ，あるいは妻により重くのしかかっているかぎり，労働市場において妻の労働力が不利な競争条件を強いられることは疑いない。これはすでに多くのフェミニストによって指摘されてきた事実である[7]。家事労働時間が長くても夫婦ともにフルタイム労働者になりうるのは，非分業モデルにおいてのみである（もちろん，性別分業モデルでも，部分的に夫が家事労働の一部を担うならば，可能になるだろう）。

賃金と生活手段価値と予備価値の総量の増大

第2の論点は，夫婦ともに賃金労働力を資本に販売していることによって，この夫婦が入手する総賃金も，共同で必要とする生活手段の総量も多いということ，また生活手段価値に還元されない予備価値も多いということである。

夫が12時間労働をするときには，共働きが不可能になる場合が出てくるので，夫8時間労働バージョンだけで比較してみよう。

まず夫婦が獲得する賃金から見ていくと，第1例の場合も第2例の場合も第3例の場合も，夫婦が獲得する総賃金は，夫だけが賃金労働者である場合よりも多い。片働きから共働きになったのだから，妻が獲得する賃金分，この世帯の獲得する総収入が増大するのは当たり前である。これはまったく当然にすぎる結論なのだが，このことは第5章で検討する「労働力の価値分割」論で重要な意味を持つ。

次に夫婦が獲得する総生活手段価値を比較すると，第1例では片働き分業モデルが6時間分の生活手段価値しか得ていないのに対し，共働き分業モデルでは10時間分の生活手段価値を得ている。第2例では，片働き分業モデルが3時間の生活手段価値しか得ていないのに，共働き分業モデルでは5時間の生活手段価値を得ている。とくに大きな差が生じているのが第3例である。第3例の

片働き分業モデルでは，予備価値を動員しても，妻の家事労働力を正常な形で再生産するのに必要な生活手段価値を賃金から保障することができなかった。それに対して，共働き分業モデルでは，$9\frac{3}{5}$時間の総生活手段価値を入手し，さらに予備価値も入手している。

次に予備価値を比較してみよう。第1例で見ると，片働き分業モデルでは$\frac{2}{3}$時間の予備価値であるのに対し，共働き分業モデルでは$1\frac{2}{3}$時間と2倍以上になっている。第2例だと，片働き分業モデルでは予備価値が$1\frac{2}{3}$時間であるのに対して，共働き分業モデルだと$3\frac{1}{6}$時間になっており，これもまた2倍近くである。とくに大きな差が生じているのはやはり第3例であり，片働き分業モデルでは，予備価値はゼロであり，それどころか，予備価値を生活手段価値に費やしても妻の家事労働力を再生産するのには不足していた。しかし，共働き分業モデルだと，$1\frac{1}{15}$時間の予備価値が確保されている。

共働き化の制約条件としての家事労働

第3の論点は，性別分業を前提とし，かつ家事労働時間が長い場合には，夫の12時間もの賃金労働が可能となるのは，片働きモデルにおいてだけであり，共働き化が不可能であるということである。第1モデルと第2モデルとの比較から，ある労働力を1日で可能な労働時間をまるまる賃金労働に充てるためには，賃金労働と家事労働力との分離が不可欠であることが明らかになった。しかし，第2モデルと第3モデルとの対比から，この分離は純粋な分離でなければならないこと，すなわち，家事労働力の担い手は家事労働に専念しなければならないことが明らかになる。なぜなら，夫が12時間労働をする場合には，家事労働が4時間必要であるかぎり（第1例と第2例），妻に残された賃金労働時間は，賃金労働時間の最低ラインである6時間を大幅に下回るからである。そして，家事労働時間が十分に短い場合のみ，共働きでも夫の12時間労働も可能となるし，あるいは夫が8時間労働に制約される場合には，夫婦ともにフルタイム労働者になることができる（だがその場合でも，妻の方が長時間働くことになる）。

夫の賃金労働時間と妻の家事労働時間が長い歴史段階でも共働き化が起こるとすれば，この制約条件を突破するような何らかの手段が講じられなければな

らないだろうし，実際に講じられるだろう。だがこの点は第5章で論じる。

　以上，賃金労働時間の長さと生活手段価値の大きさと家事労働時間の長さのさまざまな組み合わせを，非分業モデルおよび分業モデルのそれぞれの場合に応じて具体的に検討してきた。これらの数値モデルは当然にも，他のどんな数値モデルの場合とも同じく，多くの単純化，多くの前提によって初めて成り立つものであり，現実においてはここで検討した数値例通りにはならないことは言うまでもない。しかし，こうした単純化された数値モデルを通じて一定の傾向を析出することは十分可能である。

　そして，以上の結果を踏まえて，本章の冒頭で論じた，どうして賃金は結局のところ生活手段価値に還元されるのか，そしてそのことの解明を通じて，いかにして労働価値論にもとづいて労働力価値の内実を首尾一貫して説明できるのかについて，章を改めて論じよう。

1) マルクスが一方で労働力商品の価値規定は他のどの商品とも同じであるとしながら，それを結局，直接に生活手段価値に還元している問題については，すでに拙書『資本と剰余価値の理論』(作品社，2008年) の序章で指摘している (27-28頁)。この点の解明はこの著作ではできなかったが，本章で果たすことになる。
2) 同前，第1章および第2章。
3) 同前，96-97頁。
4) ここで言う「標準的」とは，拙書『資本と剰余価値の理論』で明らかにしたように，それが長期間にわたって反復継続されても労働力の生涯耐用期間を短縮しないという意味である (同前，60-61頁，121-124頁)。
5) 労働者は自分の労働力をまるごと資本家に売るわけではないというフレーズは，『資本論』研究者には馴染み深いが，ここでは，『資本論』で言われていることとまったく別のことが言われていることに注意せよ。『資本論』で言われているのは，一生分の労働力をまるごと資本家に売るのではなく，時間決めで売るという意味である。したがって，『資本論』の想定では，「1日分の労働力価値」と引き換えに，労働者は「1日分の労働力」をまるごと売っているのである。労働力本体の所有権は資本家の手に移らないが，「1日分の労働力」の所有権は資本家に移る (この点につき以下を参照。櫛田豊『サービスと労働力の生産』創風社，2003年)。だがここでは，その「1日分の労働力」でさえまるごと資本家に売るのではないことが言われているのである。
6) おそらく，どんなに家事労働の市場化・商品化や社会化が進んでも家事労働は完全にはゼロにならないだろう。それはちょうど，どんなに単純労働化が進んでも修業費

が完全にはゼロにならないのと似ている。ちなみに，1960年代の家事労働論争に参加した毛利明子氏は，『資本論』におけるマルクスの労働力価値規定を，生活手段のいっさいが「資本の生産する商品，および資本の下で働くサービス労働によって行なわれるようになること」を理論的に想定したものであるとしているが（毛利明子「『労働力の価値』と主婦労働」，『朝日ジャーナル』1961年4月9日号，上野千鶴子編『主婦論争を読む』II，勁草書房，1982年，112頁），『資本論』においてマルクス自身が家事労働の存在にたびたび言及しているように，家事労働がゼロであるという想定は別に『資本論』ではなされてはいなかった。

7）　家事労働が最初から女性に偏って負担されている場合，つまり最初から一定の性差別的状況が前提されている場合，賃金労働者としての女性が労働市場で不利となり，したがって資本によって賃金面や昇進面で差別されると論じることは非常にたやすい。なぜならそれは，差別でもって差別を説明しているからである。私が『資本主義と性差別』（青木書店，1997年）の第5章で取り組んだのは，これとは別の課題である。男女差別を最初から前提することなく，なおも資本によって性差別が生じうるかどうかを，資本の論理にのっとって明らかにすることであった。

第4章　家事労働と労働価値論

　第3章の冒頭で示したように，労働者が獲得する賃金は結局は生活手段の購入に費やされており，したがって，結果的には労働力価値が生活手段価値に還元されている。もし家事労働が労働力価値規定の中に入るのであれば，この家事労働分はまるまる生活手段価値とは別の価値部分を構成するはずであり，したがって，労働力価値の生活手段価値への還元という現象と矛盾することになるではないか，という異論が当然にも想定しうる。この問題を具体的に解決することなくしては，家事労働が労働力価値に反映しているという主張は十分説得力をもたないだろう。この問題はすでに第3章で部分的に解決されているのだが，ここでは改めてこの問題をクローズアップして，本格的に論じなおそう。そのことによって，家事労働と労働価値論との関係もまたより明確なものになるだろう。

第1節　労働力価値の生活手段価値への還元問題

　生活手段価値への労働力価値の還元という問題に正しく答えるためには，労働力の価値規定に入る家事労働を，2つの部分に分けてそれぞれ検討する必要がある。第1の部分は，家事労働を遂行する上で必要な生活手段価値に費やされる部分である。第2の部分は，家事労働のうち必要生活手段価値に直接には還元されない部分，すなわち予備価値の部分である。それぞれ順に検討しよう。

1　必要生活手段価値への還元

家事労働の遂行に必要な生活手段価値への還元

　まず，第1の部分を検討しよう。これは，その定義からして生活手段価値に還元されており，したがって，先の異論への直接的な反論になっている。多くの人が理解していないのは，家事労働は「労働」であり，これを遂行している

間は労働力を回復しているのではなく，労働力を支出しているということ，したがってその労働力支出分を回復するために追加的な生活手段が必要であるという事実である。われわれは最初に，この追加的に必要な生活手段の価値は家事労働時間に単純に比例して増大するものと仮定していた。これは計算を単純化するのに必要な仮定であった。しかし，実際には，必要生活手段価値は労働時間に単純には比例しない。住居や耐久消費財などは労働時間に比例してより多く必要になるわけではない。しかし，このことは，問題の本質をいささかも変えるものではない。追加的労働支出によってもまったく追加的な生活手段が必要にはならないという非現実的な仮定をするのでないかぎり，結局は，家事労働を遂行するには一定の追加的な生活手段が必要になるし，家事労働が労働力価値の大きさに反映しないかぎり，この部分を賃金で補填することはできない。

　したがって，賃金が結局は生活手段価値に還元されているという事実の一部は，家事労働をすることで追加的に生活手段が必要になるという事実によって説明される。このことはすでに述べたように，賃金労働力と家事労働力とが同一人格によって担われているときにはわかりにくいが，両労働力がそれぞれ別の人格によって担われた場合には，わかりやすくなる。

予備価値の必要生活手段価値への動員

　以上のことは，これまでの議論からすでに十分明らかになっていると思う。さらなる説明が必要になるのは，第2の部分，すなわち，賃金のうち直接には必要生活手段価値に還元されない予備価値の部分である。これは，定義上，直接には必要生活手段価値には還元されない部分である。にもかかわらず，それは結局は生活手段価値へと還元される。では，いかにしてか？

　まずもって，どんな商品でもそうだが，労働力商品も常に売れるとはかぎらないし，また経済状況に応じてその価格が価値を中心に上下することはいくらでもある。そうしたときに，予備価値という「余裕」がまったくなければ，一時的に労働力商品の価格が価値以下になったときに，ただちに家事労働の正常な再生産条件が破壊されてしまい，したがって賃金労働力の正常な再生産条件も侵害されてしまうだろう。家事労働力および賃金労働力の正常な再生産条件を維持するためには，賃金労働力の価値が直接に生活手段価値に還元されて

いてはならないのであり，むしろ一定の余裕が，すなわち予備価値が存在しなければならない。これは一般の商品でも同じである。もし商品の販売価格が費用価格と同一であれば，ほんの少しでも市場価格が費用価格より下がれば，たちまちその商品の再生産条件が破壊されることになるだろう。

　さらに，すでに片働き分業モデルの第3例で見たように，家事労働の労働生産性が上昇したにもかかわらず，賃金労働力が1つしか販売されない場合には，予備価値を動員しないと必要生活手段価値を満たすことはできない。こうして，予備価値は，この特殊な場合には結局，家事労働を遂行するのに必要な生活手段価値に直接還元される。この場合の予備価値は，事実上，予備価値ではなかったのであり，したがって，この部分も直接に必要生活手段価値に還元されるのである。

生活手段価値の配分の世帯内均等化のための元本

　以上のことを別にしても，予備価値は，世帯内における生活手段価値の配分を均等化するための元本として用いられるかもしれない。これはどういうことだろうか？　すでに示した一連の数値例を見ればわかるように，世帯を構成する夫婦がそれぞれ必要とする生活手段量は，それぞれが遂行する労働時間に単純に比例していた。もちろん最初にそのように仮定したからそうなったのであるが，しかし現実には，このようなそれぞれが必要とする生活手段量の不均等は世帯内で問題になるかもしれない。とくに標準労働日が成立し，世帯として標準的な生活が一定の規範となる場合には，この予備価値は，労働時間の差による必要生活手段量の差を埋め合わせることに用いられるかもしれない。

　たとえば，片働き分業モデルの夫12時間バージョンの場合，夫が必要とする生活手段価値は夫が6時間で妻が3時間，そして予備価値が1時間だった。この1時間が妻の生活手段価値に用いられれば，両者の生活手段格差は2：1から3：2になるだろう。

　だが，性差別の存在を前提すれば，この生活手段価値の配分の不均等が，男性に有利であるとき，すなわち，片働き分業モデルの場合のように，総じて男性労働者の方の総労働時間が長く，したがって，男性が必要とする生活手段価値の方が多い場合には，あまり問題とされないかもしれない。だが，共働き分

業モデルの夫8時間労働バージョンのように，実質的には女性の方が多い時間働いている場合には，理論的には女性の方がより多くの生活手段を必要とするはずだが，実際に現金を稼いでいる労働時間（すなわち賃金労働時間）だけにかぎれば，夫の方が長く働いている場合には（夫8時間の賃金労働，妻6時間の賃金労働），夫の側はより少ない生活手段量では満足せず，妻と同じ水準の生活手段価値の配分を要求するかもしれない。

たとえば，共働き分業モデルの第1例の2，すなわち，夫が8時間の賃金労働をし妻が6時間の賃金労働をするバージョンの場合，夫は総計で8時間労働し，妻は総計で12時間労働している。したがって，それぞれが必要な生活手段価値は夫が4時間で，妻が6時間である。2時間もの差がある。そこで予備価値$1\frac{2}{3}$時間がすべて夫の生活手段価値に使われたとすれば，夫は$5\frac{2}{3}$時間，妻6時間となり，ほぼ均等化する。

以上見たように，家事労働によってつくり出される価値の主要部分は，家事労働力の再生産条件を保障するための必要生活手段価値として用いられる。そして，直接には必要生活手段価値に還元されない部分も，すなわち予備価値も，一時的な状況に対応するために動員され，あるいは，片働き分業モデルにおいて家事労働時間が短い場合には家事労働力を再生産するのに最低限必要な生活手段を補塡するために用いられ，あるいは，共働き分業モデルで夫8時間バージョンの場合は，世帯で生活手段価値の配分を均等化するための元本として用いられるわけである。

2　予備価値の超過剰余価値への転化

賃金の労働力価値以下への低下

上で見たように，予備価値は，さまざまな特殊な場合に必要生活手段価値に還元され，このようにして賃金が必要生活手段価値に還元された。しかし，予備価値が労賃から削り取られることによっても，賃金を必要生活手段価値に帰着させることは可能である。本来の予備価値は，たしかに，賃金で保障されなくても，労働力の正常な再生産条件をすぐには破壊しない。したがって，労働力商品の販売条件が不利な階層の場合や，階級闘争が不利な局面においては，

この部分は賃金で保障されないかもしれない。すなわち，賃金が労働力価値以下になるだろう。この点をもう少し敷衍しよう。

　つねに賃金は労働力価値以下であるとみなす議論が，戦後日本における賃金論争の中で出されたことがある。これは，労働力価値をあくまでも直接に必要生活手段価値に還元した上で，この生活手段価値の量と質を規範的にかなり高い水準に設定し，当時における日本の低賃金を労働力価値以下とみなすものであった。これは，賃金アップをめざす階級的戦術としては十分に理解できるものであり，実践的には十分正当化可能である。しかし，この論理をそのまま経済理論に移しかえて，資本主義においては常に平均労賃が労働力価値より低いという命題を立てることは，正しくないだろう。なぜなら，その場合には，その賃金で買える生活手段の量と質は，規範的に必要とされている水準を恒常的に下回ることになるからである。だが，労働者が普遍的にこの低い水準の生活手段価値で労働力を再生産しているとすれば，その水準こそが結局は労働力価値を社会的・歴史的・文化的に規定していることになる。

　しかし，労働力価値の全体が直接には必要生活手段価値には還元されず，労働力価値の中に予備価値が存在することを想定するならば，事態は異なった様相を見せる。なぜなら，その予備価値が賃金で保障されなくても，ただちにそれによって購入できる生活手段の価値額が社会的平均値を下回る事態にはならないからであり，したがって労働力の再生産条件を侵害しないからである。

　それはちょうど，独占企業と中小零細企業とのあいだでの取引関係において，中小零細企業が供給する部品の価格が価値以下であっても，それが原価割れを起こさないかぎり（もっとも中小零細企業の資本家本人とその家族の生活費も保障されなければならないが），つまり，価値水準からのマイナス額が商品価値の中に含まれている剰余価値額を上回らないかぎり，部品の供給条件が保障されるのと同じである。この場合，取引価格が恒常的に価値以下であるという事態はありうる。

　これと同じように，賃金が労働力価値以下になっても，そのマイナス分が予備価値の大きさを上回らないかぎり，労働者の社会的・歴史的・文化的に平均的な生活手段価値の購入は保障されるので，労働力の正常な再生産条件は維持される。

家事労働の剰余価値への部分的転化

その場合，家事労働が付加する価値の一部が資本家の獲得する剰余価値に転化することになるだろう。たとえば，片働き分業モデルの第1例の夫12時間労働バージョンを例にこの点を具体的に見てみよう。

この事例では，夫の賃金労働力価値は生活手段価値6時間，家事労働時間4時間で10時間に相当する。この10時間の賃金のうち，6時間は夫の賃金労働力を再生産するのに必要な生活手段価値に費やされ，3時間は妻の家事労働力を再生産するのに必要な生活手段価値に費やされる。合計で1時間の予備価値が生じている。したがって，賃金がたとえ9時間に相当する額に下がっても，夫の賃金労働力と妻の家事労働力を再生産するのに必要な生活手段価値が保障されるので，この賃金は，その時点において社会的・平均的に正常だとされる水準の労働力を再生産するのに十分である。したがって，資本家が労働力価値どおりに賃金を支払うことで生じる本来の剰余価値は2時間だが，賃金を10時間分ではなく9時間分しか支払わないとすると，資本家は2時間の剰余価値に加えて1時間の新たな剰余価値を獲得し，こうして合計で3時間分の剰余価値を獲得する。

この3時間は実は，賃金労働力と家事労働力の両者が生み出しうる総剰余労働と一致する。すなわち，この夫婦の場合，夫が12時間の賃金労働をし，妻は合計で6時間の家事労働をするのだから，合計で18時間の労働をしている。この18時間のうち，9時間は生活手段価値分であり，6時間は家事労働時間であり，合計で15時間が総必要労働時間である。したがって，この両労働力が生み出しうる総剰余労働時間は3時間である。しかし，この夫婦は夫の労働力しか資本家に売っていないので，その労働力が生み出しうる剰余価値しか資本家の領有するところにならない。これが2時間分に相当する。残る1時間はこの夫婦が資本家に売らなかった労働力（＝家事労働力）が潜在的に生み出した剰余価値分（すなわち，われわれの言葉で言えば予備価値）である。つまり，総剰余労働時間の3時間が，賃金労働時間（12時間）と家事労働時間（6時間）との比率（2：1）で分割されたのである。しかし，労資間の不平等な力関係のせいで，この予備価値分が賃金に含められないならば，本来は労働者夫婦に帰属すべき1時間の予備価値が資本家に横取りされたことになるだろう。これは，

家事労働の一部が労資間の不等価交換を通じて「**超過剰余価値**」(労賃が労働力価値以下になることで生じる剰余価値) に転化したことを意味する。

ところで，第3章の第2節で明らかにしたように，総労働時間に占める生活手段価値の割合が低ければ低いほど，総剰余労働時間が増大し，総家事労働時間の割合が高ければ高いほど，それだけ労働者の獲得する予備価値の量も多くなる。したがって，この予備価値分が支払われない場合には，家事労働時間が長ければ長いほどむしろ賃金が低くなり，それだけ資本家が追加的に獲得する超過剰余価値も大きくなるという現象が起こるだろう。以上のことから，家事労働時間と賃金額との反比例関係という，一見するとわれわれが明らかにした家事労働時間と労働力価値との比例関係に矛盾しているかのように見える現象が起こるのである (この問題については，第5章でより具体的な文脈に即して再論する)。

家事労働が労働力価値に反映してもその分が賃金で保障されないことで資本家に剰余価値として領有されるという議論はすでにジョン・ハリソンによってなされているし[1]，家事労働が労働力価値に入らないとする論者にあっても，家事労働が労働力価値を低位に押しとどめるので，剰余価値の増大に寄与しているという議論がかなり普遍的になされている[2]。しかし，この場合，家事労働分があたかもまるまる資本家の剰余価値増に反映しているかのようにみなされているのだが，実際には，その一部だけが資本家の剰余価値増に反映しうるにすぎない。この現象は，家事労働が労働力価値規定に入らないことを示す証拠なのではなく，ただ，家事労働の一部しか賃金として保障されない場合があることを示すものにすぎない。

予備価値の不均等な不払い

このような予備価値の不払いをこうむりやすいのは，労働市場において不利な地位にある労働者層である。たとえば，労働者が相対的に若年である (ただしここでは一定の成熟に達していることが前提なので児童労働は捨象されている)，あるいは逆に老年である場合や，女性である場合であろう。

よく言われるように，労働力商品は相対的に過剰に供給されている商品であり，したがって潜在的に価値以下の支払いがなされやすい商品である。しかし，

このことから機械的に常に平均的労賃が労働力価値以下であると結論づけることは、「価格＝価値」を前提とする論理段階（剰余価値論）の理論的枠組みを無視するものであり、また階級闘争の契機をも無視するものである。しかし、階級闘争によって労働力価値どおりの労賃の支払いを平均的に実現できるとしても、その階級闘争の圧力がすべての階層やすべての年齢層において、あるいは男女双方にとって均等に働くとはかぎらない。たとえば、組織労働者自身をも支配している性差別のせいで、男性中心の労働組合は、男性の労賃を保護する上では熱心でも、女性の労賃を保護する上ではそれほど熱心ではないかもしれない。そして、家族を養うのは男の責任であるという家父長制的規範が強力である場合には（そして初期においては実際かなり強力であった）、男性労働者の賃金には家族を扶養できるだけの額を求めて、女性労働者の賃金にはそれよりも少ない額で妥協する傾向があっただろう。

とすれば、性別に不均衡な階級闘争の結果として、女性労働者の労賃からのみ予備価値分の一部ないし全部が取り上げられるかもしれない。たとえば、男女がともにフルタイム労働者として働いているパターンである共働き分業モデルの第3例を見てみよう。夫が8時間労働をするパターンで比較すると、夫の労働力価値は、生活手段価値が4時間、家事労働時間が$1\frac{1}{3}$時間で、合計$5\frac{1}{3}$時間である。妻も同じ8時間労働をするので、その労働力価値は同じ$5\frac{1}{3}$時間である。予備価値は$1\frac{1}{15}$時間であるが、この分がまるごと妻の賃金から差し引かれると仮定すると、資本家はその分の超過剰余価値を入手し、妻がもらう労賃は、$4\frac{4}{15}$時間へと下がり、男性とのあいだで25％もの賃金格差が生じることになるだろう。

同じ論理で、男性労働者であっても、家族を持たない若い単身者の場合には、賃金が十分に保障されなくても生活を支えることができるので、家族持ちの労働者より少なくても大丈夫だということになるかもしれない。この場合には、若年労働者の予備価値部分が資本家によって削り取られて、その部分が超過剰余価値に転化するだろう。

3　労働力の世代内拡大再生産のための元本

　以上見たように，これまでのところ，予備価値の処理としては次の2つのパターンが存在することが明らかになった。
　①生活手段価値の補填　賃金が労働力価値以下になる一時的な状況および賃金労働時間と家事労働時間との特殊な組み合わせの場合に，家事労働力を正常に再生産するのに必要な生活手段価値に動員される，あるいは世帯内における生活手段価値の配分を均等化するための生活手段購入に用いられる。
　②超過剰余価値への転化　労働力商品の販売条件が相対的に不利であるか階級闘争が相対的に弱い場合，あるいはそうした条件が起こりやすい不利な労働者層においては，予備価値が労賃で十分保障されず，その一部ないし全部が，資本家の獲得する超過剰余価値に転化する。
　どちらにおいても，結局，賃金全体が生活手段価値に支出される結果になっている。前者においては予備価値そのものが生活手段に用いられることによって，後者にあっては予備価値が資本家に収奪されることによって。しかし，どちらのパターンも，ある特殊な条件や特殊な状況が前提にされている。だが，「価格＝価値」という理論的前提が置かれ，労働者の平均が，したがって労働力価値の平均値だけが問題とされ，事態の正常な進行が前提されている論理段階では，このような特殊性を持ち出すのは不適切ではないかとの異論が当然生じるだろう。たしかに，『資本論』第1巻の剰余価値論においては，賃金の平均額は労働力価値と一致していることが理論的に前提されているし，そこにおいて問題になっている労働力価値ないし賃金は基本的に年齢と性別を問わない平均的労働者のそれである。とすると，平均的労働者世帯における労働力価値の平均水準においては予備価値をどう処理すればよいのだろうか？
　この問題を解くためには，一般の小生産者においてこのような予備価値部分，つまり剰余価値が生じた場合に，それが何に使われるのかを改めて思い出さなければならない。言うまでもなく，剰余価値の一部は常に収入として小生産者自身およびその家族の生活を維持するのに用いられる。では残る部分は何に使われるのか？　これは言うまでもなく拡大再生産のための追加資本に用いられるだろう。

まったく同じことが労働力についても言える。すなわち，賃金労働力の拡大再生産のための元本に使われるのである。だが，賃金労働力の世代間拡大再生産については第6章に譲るとして，ここでは，この予備価値が賃金労働力の世代内拡大再生産のための元本として用いられるパターンだけを考察しよう。

代替的生活手段と予備価値

賃金労働力の拡大再生産は必ずしも世代間においてのみ生じるわけではない。同じ現役世代内でも生じうる。より正確に言えば，すでに存在している家事労働力を賃金労働力に転化することは，現役世代内でも可能である。そのために必要なのは，家事労働時間そのものを短縮することであり，それは，予備価値を家事労働節約型の生活手段価値に追加的に費やすことによって達成することができる。

ある一定の労働をするのに必要な生活手段価値をわれわれは必要生活手段価値と呼び，その量を基本的に，家事労働時間を含む総労働時間に比例するものと規定しておいた。しかし，ここで問題になるのは，この必要生活手段価値とは反対に，労働時間に比例して増大するのではなく，それに費やすことによって家事労働時間を節約することができるような生活手段であり，こうした生活手段を「**代替的生活手段**」と呼ぼう。

だが，われわれはすでに最初の前提のところで述べたように，家事労働を節約するこのような代替的生活手段と並んで，逆に生活手段を節約するような家事労働が存在することを指摘し（これを「**代替的家事労働**」と呼んでおこう），この両者が平均的には相殺しあっている状態を前提していた。もちろん，実際には，代替的生活手段と代替的家事労働とは，けっして量的に均衡しあっているわけではないし，すでに述べたように，労働者世帯の獲得する賃金の多寡によってどちらかがより多いだろう。だが，労働者世帯の全体を平均化すれば，両者が全体として相殺しあっていると前提してもそれほど大きな問題は生じないだろう。ということは，この平均値を超えて，別途，代替的生活手段を購入するには，最初から生活手段価値に充てることが前提されている賃金部分以外のところからこの代替的生活手段用の貨幣を動員しなければならない。そこで動員されるのがこの予備価値である。労働者世帯はこの予備価値を使って外食

産業の利用や調理済み食品の消費を増やす，クリーニングなどの種々の家事サービス商品の利用を増やす，等々によって，家事労働時間を追加的に節約することができるのである。このような生活手段は，家事労働時間と比例関係にあるのではなく，むしろ反比例関係にある。

では，代替生活手段とこれによって節約される家事労働時間との量的関係はどうなるだろうか？　一般に工業的に生産される調理済み食品の価値はその高い労働生産性のおかげで，材料費＋家庭内での調理労働時間よりもはるかに少ないのは明らかだろう。この場合には，生活手段価値の総額が増える以上に家事労働時間を節約することが可能になる。他方，クリーニングなどの家事サービス商品を利用する場合には，このサービス商品の価値は，洗濯費用（洗剤など）＋家庭内洗濯労働よりも高いだろう。なぜなら，この場合には単に洗濯労働を外部から購入しているだけでなく，アイロンをあてきれいにたたむことを含めて専門的な複雑労働がなされているからだ。この場合には，家事労働時間を節約する以上に生活手段価値が増大するだろう。以上のことを総合的に勘案して，計算の単純化のために，1時間相当の代替生活手段価値は総じて同じ1時間分の家事労働時間を節約するとみなしておこう。

具体的な数値例による検討

以上の点を踏まえて，具体的な数値例を使って確認しておこう。まず，非分業モデルについて見ておこう。これは必ずしも単身者世帯モデルではないが，性別分業が一般的な現実世界においては単身者世帯に典型的にあてはまる。この第1例や第2例を見れば明らかなように，12時間の総労働に対して4時間もの家事労働を必要とするために，労働者は8時間より長く労働することができなかった。しかし，たとえば，非分業モデルの第2例において存在する予備価値$1\frac{2}{3}$時間を代替生活手段価値に費やすならば，同じ$1\frac{2}{3}$時間の家事労働を節約することができるので，この労働者は$9\frac{2}{3}$時間の賃金労働に従事することができるようになる。そうすれば，資本にとって$1\frac{2}{3}$時間の新たな賃金労働が生じ，労働者にとってもその分の賃金が新たに得られる。

上の非分業モデルでは，同一人物における賃金労働時間の拡大であったが，共働き分業モデルの場合だと，これは新たな賃金労働力そのものの創出になる。

たとえば，共働き分業モデルの第1例と第2例では，夫が12時間労働するときには共働きは不可能であった。その理由は妻の負担する家事労働時間が長すぎるために，必要な賃金労働時間を捻出することができなかったからである。そこで，共働きを可能にするためには，予備価値を，家事労働を節約するような代替的生活手段に費やして家事労働時間を短縮することが必要になる。

たとえば，第1例の場合，予備価値は夫の労働力価値から生じた部分として1時間存在する。ところで，妻が家事労働時間を入れて12時間労働をした場合には，妻のなす家事労働時間は合計で8時間になっている。残るは4時間であり，最低必要賃金労働時間である6時間に2時間も及ばない。そこで，この1時間の予備価値を代替的生活手段に費やして家事労働時間を1時間だけ短縮するとしよう。すると，妻のする家事労働時間は合計で7時間に短縮し，5時間の賃金労働時間が可能となる。まだ1時間足りないが，1日1時間ずつ家事労働時間を週末に回すことができると仮定しているので，これによって6時間の賃金労働時間が確保できる。

共働き分業モデルの第2例の場合も，夫が12時間労働をしていることによって，それを支えるのに必要な家事労働時間は4時間もの長さになったために，やはり妻の賃労働者化は不可能であった。しかし，この第2例の場合には，夫の賃金労働力価値から生じた$2\frac{1}{2}$時間もの予備価値が存在している。このうちの2時間を代替生活手段価値に費やすならば，家事労働時間を総計で2時間短縮させることができ，6時間の賃金労働時間を捻出することができるようになるだろう。

以上から明らかなのは，共働き世帯において労働力の世代内拡大再生産をする上で不足しているのは——労働力価値どおりに賃金が支払われるかぎり——費用ではなく，時間だということである。したがって，共働き世帯においては，予備価値は何よりも家事労働時間を節約するための代替生活手段価値に費やされるのである。そして，妻が追加的に賃労働者化することによってさらに新たな予備価値が生じるとすれば，それはさらなる代替的生活手段に費やされ，こうしてより時間的余裕が生じるだろう。

以上のように，この場合も結局，予備価値は生活手段の支出に使われるので，結果的に，賃金がすべて生活手段価値に還元されることになるのである。しか

しながら，以上の考察は，予備価値の処理問題としてはまだ十分なものではない。労働力の世代間拡大再生産の問題を考察する場合には，この予備価値の処理問題に一定の追加的論点が生じるからである。だがこの問題は第6章で論じられる。

第2節　労働力価値の二重の転倒

　以上で，とりあえずここで問題になっている議論の範囲内では，賃金は直接的にではなく媒介的に生活手段価値に還元することができた。この点の解明を踏まえて，この節では，家事労働と労働価値論との関係を総括的に取り上げておこう。そうすることによって，マルクスが古典派からの理論的飛躍の画期となった労働力価値論がなお古典派的制約をまぬがれていなかったことが明らかになるだろう。

1　転倒的現象としての「労働力価値＝生活手段価値」論

労働力価値の生活手段価値への還元の本質
　これまで見てきたように，結局のところ，労働力価値（より正確には本源的労働力価値）の全体は生活手段価値に——直接的ないし媒介的に——還元された。すなわち，賃金労働力の価値規定に入るところの家事労働分の価値は，一方では，その家事労働を遂行するために必要な生活手段価値に還元され，他方では，賃金労働力の世代内拡大再生産に必要な代替的生活手段価値に還元された。そして，何度も繰り返すようだが，このような還元が可能になったのは，家事労働が労働力の価値規定から排除されているからではなく，その反対に家事労働が労働力の価値規定に入っているからである。
　しかし，いったん，労働力価値が家事労働部分も含めて種々の生活手段の価値に還元されるならば，今度は，労働力価値，あるいはその貨幣表現である賃金がこれらの種々の生活手段価値に分解されるのではなく，反対に，労働力価値ないし賃金がこれらの種々の生活手段価値によって外的に構成されているように見える。どの商品とも同じく，その商品を生産し再生産するのに必要であ

った労働によって規定されているはずの労働力商品の価値が，賃金労働者家族のそれぞれが必要とする種々の生活手段の機械的総和によって構成されているように見えるのである。それはちょうど，生産手段価値を別にすると普通の商品の価値が利潤，賃金，地代に分解するのではなく，独立の要素としての利潤，賃金，地代によって構成されているように見えるのと同じである。

　マルクスは『資本論』第1巻の「労賃」編において，労働力価値が「労働の価格」ないし「労働の価値」という正反対物に転倒する必然性を明らかにした。これと同じ転倒が，今度は別の方向から生じている。労働力価値は，資本との取引（労働力の販売）においては労働者が売る商品の価格という形態をとり（W_1—G），この価格は「賃金」という社会的形態をとる。労働者は労働力の売買を通じて結果として資本家に労働を提供しているので，労働力の価格は「労働の価格」ないし「労働の価値」として現象する。この点については，『資本論』では次のように述べられている。

　　　最後に，労働者が資本家に提供する「使用価値」は，実際には彼の労働力ではなくその機能なのであり，たとえば，裁縫労働とか製靴労働とか紡績労働という一定の有用労働である。（KI, 701頁, S. 563）

1861〜63年草稿においても次のように指摘されている。

　　　労働者が現実に〔資本家に〕与えるものは一定分量の労働である。というのも，彼の労働能力の使用価値が確証されるのは，あるいはむしろ存在するのは，ただ労働の中でしかないからである。そしてこの労働分量，つまり時間によって測られた労働こそが，資本家の受け取るものであり，取引において彼の関心を引く唯一のものである。だからこそ，資本家にとっても労働者自身にとっても，労賃は労働そのものの価格として現われるのである。（草稿集4, 396頁, II/3-1, S. 2148-2149）

　この交換において目に見えるのは，賃金労働者によって提供された具体的な様態の有用労働ないしその分量と，その労働者に支払われた一定額の貨幣賃金

だけであり，したがって，この両者が等置されて，一定の有用労働の価格としての賃金という概念が成立するわけである。

しかし，他方では，労働力価値は，必要生活手段を購買するための手段としては，種々の生活手段と交換されることで賃金労働者およびその家族の生活を再生産するための元本となる。すなわち，労働者が賃金として得た収入は結果としてすべて生活手段に支出され，労働者は賃金と引き換えに生活手段を買っているので（G—W_2），労働力価値は，収入としては，単なる「生活手段の価格」ないし「生活手段の価値」として現象する。ここでもまた，目に見えるのは，労働者が購買する種々の必要生活手段と，それらに支出された一定の貨幣額だけであり，この両者が直接に等置されて，「生活手段の価値」としての賃金概念が成立することになる。これもまた，労働力価値が「労働の価格」として転倒的に現象するのと優るとも劣らない転倒である。商品としての労働力の価値が「労働の価格」に直接等値される事態を「**第1の転倒**」と呼び，収入としての賃金が生活手段価値に直接等値される事態を「**第2の転倒**」と呼ぼう。前者は，雇用者としての資本との取引において，すなわち労働力を販売する過程において生じる転倒であり，後者は，賃金として得られた収入を用いて，種々の資本家が提供する生活手段を購買する過程において生じる転倒である。

労働力商品の価値は，他のどの商品の価値とも同じく，外部の経済単位から購入される種々の財の費用と内部の経済単位で支出される直接的労働との統一物である。購入した財の費用は過去に投下された労働に還元されるので，結局，どの商品の価値とも同じく最終的には労働に還元される。しかし，この生産の最終局面では，生活手段費用と直接的労働の統一物であり，それは，一般の商品が，生産手段の価値と直接的な賃金労働との統一物であるのと同じである。しかし，「第1の転倒」においては，労働力価値は，労働者が資本のもとで支出した有用労働全体に対する対価に見え，「労働」に還元されている。といっても，この労働力商品を生産する労働にではなく，この労働力が行なう労働に，である。それによって，資本が獲得する剰余労働の存在が抹消される。他方，「第2の転倒」においては，それは労働者およびその家族が生きていくのに必要な生活手段価値に直接還元され，したがって「費用」に還元されている。それによって，家事労働の存在が抹消される。

労働力商品がこうむるこの二重の転倒によって，労働によって生産されたものとしての労働力商品はカテゴリーとして消え去り，目に見えるものとして残るのはただ，「労働の価格」（販売価格としての賃金）と「生活手段の価値」（生活元本としての賃金）だけであり，この両者が直接的に等置されて，古典派的な賃金概念が成立するのである。すなわち，「賃金」＝「労働の価格」＝「必要生活手段の価値」という三位一体の賃金論である。古典派において，賃金は「労働の価格」に直接等値され，後者は直接に種々の「生活手段の価値」に等値される。賃金とは何か？　それは労働者が資本のもとで支出した労働の価格である。だが，その「労働の価格」とは何か？　それは，その賃金で購入することのできる生活手段の価値の総和である，と。

ベイリーのリカード批判の真の意味

リカードの価値論を批判したサミュエル・ベイリーは直観的に，この二重の等置，二重の還元が，リカードの説く労働価値説と十分整合しないことを理解した。ここで初めて，ベイリーが行なったリカード批判の真の意味が明らかとなる。マルクスも繰り返し注目したベイリーによるリカード批判は，すでに第1章で引用したように次のようになっていた。

> リカード氏は，価値が生産に充用された労働の分量によって決まるという彼の学説を，一見して妨げる恐れのある1つの難点を実に巧みに回避している。もしこの原理が厳密に貫かれるとすれば，労働の価値はそれを生産するのに充用された労働の分量によるということになる——これは明らかに不合理である。したがってリカード氏は，巧みに論点を転換して，労働の価値は賃金を生産するのに必要な労働の分量による，とする。あるいは彼自身の言葉を善意に解するならば，彼はこう主張するのである——労働の価値は，賃金を生産するのに必要な労働の量によって評価されるべきだ，と。彼がこう言っているのは，労働者に与えられる貨幣ないし諸商品を生産するのに必要な労働の分量のことである。これは次のように言うのと同様である。すなわち，織物の価値はその生産に投じられた労働の分量によってではなく，織物と交換される銀の生産に投じられる労働の分量に

よって評価されるべきだ，と。(草稿集4, 71-72頁，II/3-1, S. 42)

　ベイリー自身，自分が本当は何を言おうとしているのか十分に理解していなかったので，そのリカード批判の文言自体はいささか曖昧な点があるのだが，その表面上の文言の深部の意味を読み取るならば，ベイリーのリカード批判は結局，こういうことになる。リカードは，労働者が資本家に販売している「あ・る・も・の・」を「労働」とみなしている。したがって労働価値論にもとづくなら，「労働の価値」が問題にならなければならない。しかし，労働を生産するのに必要な労働の分量を確定できないので（あるいは単なる同義反復になるので），今度はそれを，その「あるもの」を売って得た賃金と引き換えに購入されている生活手段を生産するのに必要な労働にすりかえている，と。つまり，リカードは，この「あるもの」（ベイリーがけっして発見することのなかった労働力商品）の価値を「労働の価値」に等置し，次にそれを，「生活手段の価値」に等置しているのだ，と。まさにリカードは，「織物の価値はその生産に投じられた労働の分量によってではなく，織物と交換される銀の生産に投じられる労働の分量によって評価されるべきだ」と主張していることになる。これは一種の支配労働価値説である。最も徹底して投下労働価値説を唱えていたはずのリカードは，賃労働と資本とのあいだの交換，すなわち資本主義的生産関係の核心に位置する交換に関しては，スミスと同じく，投下労働価値説を貫徹できなかったのである。こうしてベイリーは，リカードの労働価値論の根本的弱点を見事に突いたわけである。

　マルクスは，「労働」に等値されていた「あるもの」とは「労働力」に他ならず，したがって，「労働の価値」とは，「労働力の価値」に他ならないことを発見することで，この二重の等置，二重の還元のドグマを半分だけ解いた。だが，マルクスは，「第2の転倒」に関しては基本的に古典派を受け継いだ。過去の誤った理論の克服はけっして一度きりの理論的変革によって一挙的になされるものではない。過去の理論の根本的限界が克服されて新しい理論体系が切り開かれても，過去の理論の弱点が新しい理論体系に部分的に引き継がれることがしばしばある。これもその一例であり，マルクスは，労働者が資本に直接売るものが「労働」ではなく，「労働力」であること（結果的には労働を売り渡している

のだが, 直接的にはそうではない), したがって, 「労働の価値」ないし「労働の価格」が, 労働力商品という独特の商品の価値の転倒した表現であることを明らかにした。だが, 「収入としての賃金」は, 古典派の場合と同じく, 基本的に「生活手段の価値」に直接還元されていた（結果的には生活手段価値に還元されているのだが, 直接的にはそうではない）。

したがってベイリーのリカード批判の核心, すなわち「織物の価値はその生産に投じられた労働の分量によってではなく, 織物と交換される銀の生産に投じられる労働の分量によって評価され」ているのではないかという批判は, マルクスにもあてはまる。マルクスは事実上『資本論』において, 「労働力の価値はその生産に投じられた労働の分量によってではなく, 労働力と（収入としての賃金を媒介にして）交換される生活手段の生産に投じられた労働の分量によって評価されるべきだ」と言っているのだから。こうして, ベイリーのリカード批判に対して, 労働価値論の立場から全面的に回答することは, 後世に残された理論的課題となったのである。

2　理論的媒介と価値法則

理論的媒介の意義

しかし, ここで次のように言う者がいるかもしれない。結局, 労働力価値が生活手段価値に還元されるのだとすれば, このような理論的回り道はいらなかったのではないか, と。最初から, マルクスが『資本論』でやっているように, 賃金を生活手段価値に直接帰着させても同じではないのか, と。このような異論は, 理論経済学の課題をまったく無視するものであろう。同じ論理にもとづいて, 結局, 生産価格は費用価格＋平均利潤なのだから, 価値に比例しての部門間の利潤率の不均等と資本の部門間移動による平均利潤率の形成などという労働価値論上の回り道はいらなかったと言うこともできるだろう（欧米の経済学者の多くは実際にそう言っている）。同じく, 資本家は結局賃金と引き換えに労働を入手しているのだから, 賃金は結局「労働の価格」であり, 労働力と労働との区別という労働価値論上の回り道は必要なかったと言うこともできるだろう[3]。

労働価値論を堅持しつつ，いかにしてなぜ労働力価値が生活手段価値に還元されうるのかを明らかにすることこそ，理論経済学の固有の課題なのである。ただ現象だけをなぞって，それをそのまま理論へと引き写して，賃金は生活手段価値に還元されると断言するだけでは，理論経済学の役目を果たしたとは言えない。マルクスは，労働力商品の価値規定は他のどの商品とも同じだと言いながら，労働力価値を直接に生活手段価値に還元していた。この矛盾が，一方では，労働力価値規定に最初は「妻の扶養費」を入れていなかったのに，「労働力の価値分割」論ではそれを入れるという矛盾につながったのである。

労働力商品の価値規定が他のどの商品とも同じであるというマルクスの価値論および剰余価値論上の核心を維持しつつ，それが媒介的に生活手段価値に還元されることを明らかにすることこそ，これらの矛盾を解決する真に理論的な道筋である。そしてその道筋の核心に位置するものこそ，マルクスによって無造作に「消費費用」とか「自由な労働」とされていた家事労働を労働力価値規定にきちんと入れることであった。これによってすべての矛盾が解消され，労働価値論の延長上に剰余価値の発生を合法則的に解くというマルクス剰余価値論の核心が真に首尾一貫したものになるのである。

家事労働と価値法則

労働価値論には，価値規定（ある商品の価値はそれを生産するのに社会的・平均的に要した労働によって規定される）と価値法則（種々のメカニズムを通じて価格が価値に収斂し，それを通じて私的諸労働が社会的に必要な諸部面に配分される）の両面がある。両者は不可分に結びついているが，マルクスが『資本論』第1巻「資本の生産過程」で積極的に論じているのは，前者の価値規定の面である。したがって，われわれもまた，家事労働と労働価値論をめぐっては，この価値規定に集中的に取り組んできた。しかし，単に理論的に価値規定を論じるだけでは，十分な納得を得ないだろうから，家事労働と労働価値論との関係を論じるこの節の最後に，簡単ながら，価値法則の面からもこの問題にアプローチしておこう。

多くの否定論者が，家事労働の価値形成的性格を否定するのは，それが一見したところ，労働力商品の供給条件に影響を与えておらず，商品世界を支配す

る価値法則に服していない，それとは独立したものであるかのように見えるからである。

　しかし，これは，まず第1に，家事労働時間と賃金労働時間とが労働時間上対立する関係にあり，したがって家事労働時間の存在そのものが直接に賃金労働の供給条件を制約している事実を看過するものである（家事労働の労働力価値への消極的反映）。賃金労働力と家事労働力との人格的分離はこの矛盾を一時的に解決するが，よりいっそう多くの賃金労働を必要とするときには結局，家事労働者自身が賃金労働者化せざるを得ず，こうして，家事労働時間と賃金労働時間との対立関係は再現される。

　第2に，家事労働が労働力価値に反映する部分は，労働力の世代内的な単純再生産と拡大再生産とを保障する生活手段価値に支出されるのであり（家事労働の労働力価値への積極的反映），この点でも家事労働は労働力商品の供給条件を制約している。まず，家事労働が生む価値の主要部分は何よりも，家事労働を供給する家事労働力の再生産条件を保障することに用いられており，したがって，家事労働が労働力価値に反映しなければ，家事労働力の再生産条件が破壊され，したがって家事労働力の正常な存在を前提にしている賃金労働力の再生産条件も破壊される。それは，必然的に賃金労働力の供給条件を侵害し，それによって，資本に必要な賃金労働力が十分に保障されなくなる。こうした事態を避けるためには，賃金を，家事労働力の再生産条件を保障する水準まで引き上げなければならない。このように，家事労働は，労働力商品の供給条件に影響を及ぼしており，それを通じて価値法則に影響を与えている。さらに，家事労働のつくり出す価値の残る部分（予備価値）は今度は，賃金労働力の世代内拡大再生産のための元本に用いられており，この部分が労働力価値に反映されなければ，労働力の世代内拡大再生産は不可能になり，結局，労働力供給は制限され，短期的ないし長期的に労働力不足を引き起こすだろう。ここでも家事労働は，それが生産する商品の供給条件に影響を与えることを通じて価値法則に関与している。

　もちろん，以上の考察は，まったく理論的に抽象的なものであり，「観念的平均」における議論である。現実には，相対的過剰人口の存在や労働力商品の種々の特殊性ゆえに，市場メカニズムだけでは以上の過程は十分には機能しな

いので，階級闘争のメカニズムをも当然に必要とする。労働者階級は，ただその闘いを通じてのみ，自分の生命および人格と一体である労働力（賃金労働力であれ家事労働力であれ）を保全することができるし，その再生産条件を守ることができるのである。この点はいくら強調してもしすぎることはない。だが，そうした特殊性がある以外は，家事労働は，他のどの商品生産的労働とも同じく，それの生産する商品の価値に反映し，それが市場で実現されることを通じて，その商品の単純ないし拡大再生産のための諸条件を保障するのである。

第3節　セコム説の検討

本章の最後に，欧米家事労働論争の中で，家事労働が労働力価値規定の中に入るという少数説を唱えつつ，われわれが提示したのとはかなり異なる量的関係を提示した1974年のウォーリー・セコムの論文「資本主義下における主婦とその労働」を検討しておこう。

1　ウォーリー・セコムの説

1960年代の日本の家事労働論争でも1970年代の欧米の家事労働論争でも，家事労働が労働力価値規定に入ることをはっきりと公言した論者は圧倒的に少数派であった。その中でも，具体的な量的関係にまで踏み込んで自説を展開した者はなおさら少数であった。その意味で，単に家事労働が労働力価値規定に入ることを認めただけでなく，家事労働と労働力価値との量的関係にまで踏み込んで自説を展開したウォーリー・セコムの同論文は貴重であり，ここで独自に検討するに値する。

セコムは論文冒頭で，1960年代後半における女性運動の高揚に注目し，その中でもとくに資本主義下における主婦とその労働を分析しようとしたマーガレット・ベンストン，ペギー・モートン，ジュリエット・ミッチェル，セルマ・ジェームズ，マリアローザ・ダラコスタらの業績を高く評価する。彼女らの問題提起を受けた論争がこの問題の解明にとって重要な貢献をなすとともに，「主婦層が，後期資本主義において，プロレタリアートの組織と闘争の完全な

外部にとどまっている大規模な労働人口であるという事実に労働運動を直面させた」[4]と述べている。しかし，それと同時にマルクス主義者たちがこれまで，ブルジョア経済学者と同じく，主婦の行なう家事労働の経済的機能，すなわち「労働力の再生産」について十分な検討を行なってこなかったことは大きなマイナスの影響を与えたと批判的に振り返る。セコムの1974年論文はこの空白を埋めようとするものであった。同論文は，家事労働と労働力価値との質的・量的関係という論点を超えた多くの論点を有しているが（資本主義における核家族の役割や資本主義の変革における主婦の役割など），ここでは家事労働と労働力価値との関係に絞って紹介する。

セコムは，資本主義的生産様式の成立が「家事労働者の地位と機能にもたらした全般的諸特徴」をいくつかまとめているが，その中で次のように述べている。

　　賃金形態はもっぱら産業内部の労働を統括するものであり，それゆえ，この単位の内部にある労働時間の生産性のみが資本の関心事となる。したがって，生産力の発展に直接参与するのはこの単位の労働のみである。家事労働が私的なものとなり，剰余の領有の領域からはじき出される結果，家事労働は価値法則の支配を受けない。[5]

「家事労働は価値法則の支配を受けない」という命題からは普通，家事労働はいかなる意味でも価値を生産しないという結論に至るのだが，セコムの場合は，そうはならず，家事労働が非常に特殊な形で労働力価値規定に入るという説につながっている。その論点に入る前に，そもそも家事労働が労働力価値規定に入るかどうかという問題について，セコムが具体的にどのように述べているのかを確認しておこう。彼は次のように非常に明快に述べている。

　　たしかに，この「一定量の社会的労働」の一可除部分は，賃金によって購入される諸商品（住宅，食料，衣服，等々）のうちに対象化されている。しかし，これらの諸商品は歩いて世帯の中に入ってくるわけでも，家族の生活手段に自ら転化するわけでもない。賃金の価値が生活手段に転化するためには，家は掃除されなければならないし，食事は準備され，衣服は洗

濯されなければならない。要するに，賃金が購入する諸商品は，それ自体としては，購入時点では最終消費形態になっていないのである。これらの諸商品が再生された労働力へと転化するためには，追加的な労働——すなわち家事労働——が必要なのである。

　主婦が直接に賃金購入財に働きかけてその形態を変えるならば，彼女の労働は労働力に対象化されている過去労働の凝固物の一部になる。彼女がつくり出す価値は，労働力が商品として売買されるならばその労働力の価値の一部として実現される。以上は，労働価値論を労働力そのものの再生産に首尾一貫して適用しただけのことである。すなわち，すべての労働は，それが市場で他の諸商品と等価で交換される商品の一部を生産する場合には，価値を生み出すということである。6)

このようにセコムははっきりと，主婦の家事労働が労働力の再生産に必要な生活手段をその最終消費形態に変えるかぎりでは，その労働が「労働力に対象化されている過去労働の凝固物の一部になる」と述べ，「彼女がつくり出す価値は，労働力が商品として売買されるならばその労働力の価値の一部として実現される」ことを認めている。このような命題に対して当然生じるであろう反論にセコムも気づいており，あらかじめそうした批判を封じている。

　この命題を退けようとして次のように論じることができるかもしれない。家事労働は私的なものであり，社会的労働ではなく，したがって労働力の価値を実現しないし，その中にも入らないと。この議論に答えるためには，具体的労働と抽象的労働との区別を導入しなければならない。たとえば次のような例を取り上げよう。靴職人の労働と仕立て職人の労働は具体的労働としては2つのまったく異なった労働である。しかし，彼らの靴とコートとが商品として市場に出されるならば，彼らの労働は相互に等置され，靴職人の労働と仕立て職人の労働は抽象的労働として共通の尺度に還元される。この単純な組み合わせを拡張して，全体としての商品市場の現実を包含するならば，より高度な抽象化へと至るだろう。……

　さて，今ではこの市場に労働力が入り，貨幣価格を持っている。この特

殊な商品に対象化された過去労働は，したがって，賃金を通じて社会の平均的労働との関係に入る。ここでは，家事労働の具体的諸条件が私的なものであるということはまったく問題にならない。労働力が商品として市場で売られているという事実は，それを構成する労働のいずれをも，それがもともとは私的なものであったかどうかとは関係なく，抽象化するのである。7)

ここで述べられているのはまさに，第2章で論じた「交換過程的還元メカニズム」であり，家庭内での私的・具体的労働が，その産物たる労働力が市場で貨幣と交換されることによって，抽象的労働に還元されるということである。しかし，セコムは，家事労働には，このような「交換過程的還元メカニズム」は存在するが，資本との直接的な関係を持っていないため，あくまでも価値法則の外部にとどまると言う。

　　　家事労働は労働力が販売されることを通じて価値を生み出すが，それはあくまでも価値法則の作用の外部にある私的労働にとどまる。言いかえれば，それは労働力商品の形成に直接寄与するが，資本との直接的な関係を持たない。この特殊な二重性こそが，資本主義下における家事労働の性格を規定するのである。8)

家事労働のこのような「二重性」という観点こそセコム論文の独自の論点である。家事労働は労働力価値規定に入らないと主張する人々は，家事労働は価値法則の外部にあるという点だけを強調し，私のように家事労働は労働力価値規定に入ると主張する者は，他の諸商品に比べてより間接的でより弱いとしても価値法則がやはり家事労働に作用していると主張する。しかし，セコムはこのどちらでもなく，その中間的立場を主張する。労働価値論における「価値規定」(ある商品の価値はそれを生産するのに社会的・平均的に必要な労働によって規定される)と「価値法則」(市場メカニズム等を通じて価格は価値に収斂し，それを通じて私的諸労働が各部門に配分される)のうち，セコムは，家事労働に関しては前者を認め，後者を否定するのである。

ではこのような二重性は具体的に，家事労働と労働力価値とのどのような量的関係に反映するのだろうか？ セコムは，マルクスが『剰余価値学説史』の中でサービスの価値について述べた次の叙述に注目する。

> このことは，A・スミスが言うように，これらの不生産的労働者のサービスの価値が，生産的労働者のそれと同じ（あるいは類似の）仕方で規定されることを妨げるものではない。すなわち，彼らを維持ないし生産するのにかかった生産費によって。(草稿集5，182頁，II/3-2, S. 446)

ここでマルクスの記述の問題点については後で考察するとして，ともかくセコムはこのマルクスの記述にもとづいて，家事労働がつくり出す価値は，家事労働者が生きていくために必要とする生活手段価値とちょうど等しいのだ，という結論を下す。

> 賃金が2つの部分に分かれるとしよう。A部分は賃金労働者……を維持し，B部分は家事労働者……を維持する。B部分は家事労働者が生み出した価値に等しい。……家事労働者がつくり出す価値は，その家事労働者自身を維持する「生産費」に，つまり賃金のB部分に等しいのである。A＋Bは，全体としての賃金形態の内部で対照的な形で機能する。彼らは，それぞれ自分たちの労働力を再生産するのに必要な諸商品を購入する。主婦が賃金全体を処理して，それを彼らの両労働力を再生産するための消費可能な使用価値に転換するかぎりでは，彼女は，その全価値を移転するだけでなく，B部分に等しい額だけその価値を高めるのである。[9]

以上がこの問題におけるウォーリー・セコムの説である。この説にあっては，家事労働がつくり出す価値が，家事労働者の必要とする生活手段価値とちょうど等しいとされており，したがって，結果として，家事労働部分を含めて労働力価値全体が直接に必要生活手段価値に還元されている。この説は，家事労働が労働力価値に入ることを認めている点で通説と鋭い対立をなしているが，量的に見れば通説とまったく同じ労働力価値規定になる。それは結局，労働力価

値の規定に家事労働の代わりに「妻の扶養費」が入る場合とまったく同じである。

2 セコム説への批判

このセコムの説はなかなか興味深いものだが，家事労働はサービス労働というよりも家庭内でなされる物質的労働であるという点は措いたとしても，セコムの記述それ自体は，この説に対するいかなる証明にもなっていない。家事労働の「二重性」に関する曖昧な記述と，マルクスからの引用がほぼ唯一の説明である。引用されているマルクスの周知の文章におけるマルクス自身の真意は必ずしも明らかではない。セコム自身の引用には「A・スミスが言うように」という一句が抜けているが，ここでのマルクスの記述は単に，スミスの言い分を記述しただけかもしれない。というのも，この命題を文字通り受け取るならば，労働価値論と相容れない結論になるからである。

スミスは『国富論』における生産的労働論において，収入と交換される不生産的労働者のサービスのことを述べる中で，たしかに，マルクスが叙述したような趣旨のことを書いている。

> 人は多数の製造工を使用することによって富み，多数の家事使用人を維持することによって貧しくなる。ただし，後者の労働も価値を持っており，前者の労働と同じように報酬に値する。[10]

しかし，これは典型的に「労働の価値」と「労働力の価値」とを混同している箇所であり，不生産的労働者を自らの収入で雇う場合に，その不生産的労働者の生計費に相当する額を賃金として支払うということしか意味していない。

たとえば，ある富裕層が召使を雇うとき，彼は召使のサービスを事実上買っているのだが，そのサービス労働の時間分の対価を支払っているわけではなく，その召使の労働力価値分を支払っているにすぎない。召使はあくまでも賃金労働者であって，サービス商品を販売する小生産者ではない。つまりこの場合には，収入と賃金とが交換されているのであって，収入とサービスの価値とが交換されているわけではない。もし本当に，サービスそのものの価値，すなわち

サービス労働時間の対価が，そのサービス労働を行なう労働者の生活手段価値と常に同一であるとしたら，これは労働価値論のあからさまな否定になるだろう。

たとえば，サービス労働者の労働力と資本とが交換される場合，すなわち，サービス労働者が資本主義的な意味での生産的労働者として資本家に雇われた場合，いったいこの資本家はどうやって剰余価値を得るのだろうか？ 資本家はこのサービス労働者の行なうサービスを商品として消費者に売るのだが，その価値は，このサービス労働者の生活手段価値と同額なのだから，剰余価値の発生する余地がどこにもないのは明らかである。

さらに，サービスの価値とサービス労働者の生活手段価値とが同一であるという場合，いったい，何時間のサービス労働をすることを想定しているのだろうか？ マルクスが『資本論』ではっきりと述べているように，労働者を1日維持するのに必要な生活手段の価値額と，その労働者が1日に支出しうる労働量，したがってまた1日に生み出しうる価値量とは異なった2つの量である（KI, 253-254頁，S. 207-208）。労働者が1日に4時間しか労働しなくても，8時間労働しても，あるいは12時間労働しても，それが生み出す価値は，その労働者を1日維持するのに必要な生活手段価値と同一だとでも言うのだろうか？

同じことは，家事労働についても言える。労働力を再生産するのに必要な家事労働時間が6時間であっても，わずか1時間であっても，それが生み出す価値は家事労働者の必要とする生活手段価値と同一なのだろうか？ もちろん両者のあいだに一定の比例関係を設定することは可能であるし，われわれも計算の単純化のためにそうした。しかし，その比例関係はある限度までであって，どんなに家事労働時間が短くなっても，家事労働者が1日あたりに必要な生活手段価値と同一であるとみなすことは絶対に不可能であるし，ましてや，家事労働の生み出す価値と，家事労働者の必要とする生活手段価値とは――偶然的に一致する場合を除けば――けっして量的に同一ではない。

また，家事労働者のつくり出す価値（労働力商品に体現されているところのそれ）と家事労働者が自己の生活維持のために消費する生活手段価値とが原理的に同一であると想定することは，結局，この家事労働者は，賃金労働力を生産する過程で自分が消費する生活手段価値を賃金労働力の価値に移転させていることになる。これは，これまで何度も述べてきたように，労働価値論上の背

理を犯すことである。セコムはウェインライトらの批判に対する反論の中で，まさに自分の議論が事実上，生活手段価値の移転説であることを正直に認めている。

> マルクスは全家族の生活手段を賃金の中に包摂しているが，私はそれを分解し，資本に販売される労働力の再生産に対する主婦の貢献を彼女自身の生活費に対置しているのである。彼女〔主婦〕は，資本に販売される労働力に対象化された価値をつくり出すが，それは彼女自身の生活維持のために消費される価値と等しい。つまり，等式は以前と同様，釣り合いを保っている。価値は全体として新たに生まれても破壊されてもおらず，ただ移転されているだけである。[11]

こうして結局，セコムは，家事労働が生み出す価値額をアプリオリに家事労働者の生活手段価値額と同一だと想定することで，いかにして家事労働のつくり出す価値が種々の生活手段価値へと結果的に還元されていくのかを理論的に明らかにする道筋を閉ざしてしまい，労働価値論に反する仮定をせざるをえなくなった。より具体的に言えば，労働力を生産し再生産するのに必要な家事労働時間が長いか短いかによって，それは，家事労働者が直接に必要とする生活手段価値を上回る場合もあれば，家事労働者の最低必要生活手段価値を下回る場合もあるのだが，このような事態の発生は最初から想定されないことになり，したがって，家事労働のつくり出す価値が必要生活手段価値を上回る場合に生じる「予備価値」が労働者世帯においてどのように処理されるのか，逆に下回る場合には，労働者世帯はどのようにしてそれに対処するのか，という具体的な問題がまったく検討されなくなってしまうのである。

1) John Harrison, "The Political Economy of Housework", *Bulletin of the Conference of Socialist Economists*, Winter 1973〔ジョン・ハリスン「家事労働の政治経済学」，『現在』第4号，1977年〕．ハリスンの議論の欠陥は，まず第1に，夫の賃金の中に最初から妻の扶養費が入っていると前提していること，第2に，何の根拠もなしに，労賃が常に労働力価値未満であり，したがって，家事労働の生み出す価値がまるごと資本家によって剰余価値として領有されると前提していることである。

2）　たとえば，竹中恵美子氏は次のように述べている——「しかし夫による妻の扶養形態は，たんに男による女の支配の象徴としてだけとらえられるだろうか。扶養はその代償としての家事労働を要求するが，他の一面では低賃金のために，労働力の再生産＝労働者家族の生活を，特定の家族員の無償労働を通して行なわざるをえないという側面をもっている。このことは家事労働を私的な無償労働で行なうより社会的労働を購入する（商品やサービスを購入する）ことの方が高くつくこと，ちなみに家事労働のための家政婦を雇えば，たちまち家計が破産するという一例をみても明らかである。これは低賃金労働者であればあるほど，よりいっそう真理である。とすれば妻の家事労働は低賃金の補完物であり，強いられた資本の強制物としての側面をもつ」（竹中恵美子「婦人解放の今日的課題」，同編著『現代の婦人問題』創元新書，1972年，209頁）。だが，夫婦が共働きで，両者とも平均的労働者の賃金を得ているとすれば，家政婦を雇っても別に家計は破綻しない。それはアメリカの多くの中産階級共働き世帯が実際にやっていることである。また，低賃金世帯が，生活手段節約型の家事労働の支出を増やさなければならないのは，賃金が平均よりも低いからであって，家事労働時間が長いから労働力価値が低いのではない。いずれにせよ，ここで問題にすべきなのは，あくまでも平均的労働者における平均的労働力価値であって，この平均からの個別的偏倚ではない。労働力価値の平均水準において，家事労働支出が多いほど労働力価値が低くなるという命題が正当かどうかである。ちなみに，平均からの個別的偏りが，労働と価値との量的関係をしばしば転倒させることがあるのは，一般商品の場合も同じである。個別的に業績が悪化した企業は，経費を削減するために，従業員にエレベーターの使用を禁止して階段を使うよう求めるかもしれない。その場合，電気代（不変資本の一部）が節約されて，その分，労働者の支出労働量が増えるだろうが，だからといって，その企業が生産する商品の価値がその分増大するわけではなく，むしろ経費が削減されることで価格を下げることができるだろう。この事実を持ち出して，よって労働価値説は誤りであり，商品の価値の大きさと支出労働量とのあいだには比例関係はなく，むしろ両者のあいだには反比例関係があるのだと主張することができるだろうか？

　また，ジーン・ガーディナーも次のように述べている——「家事労働が剰余価値に対してなす貢献は，必要労働を，労働者階級の実際の生活レベルよりも低く保つ一手段であるということだ。たとえば，夫のために食事を用意する妻を——少なくとも部分的に——養うに十分な賃金を男性労働者に支払うことの方が，資本にとっては，定期的にレストランで食事をするに十分な賃金を支払うよりも安くつくという議論ができるだろう」（Jean Gardiner, "Women's Domestic Labour", *New Left Review*, no. 89, 1975, p. 54）。だが，ここでそもそもレストランの例を出すのは不適切である。なぜなら，レストランが提供する商品は単に食材を調理済みのものに変えるだけのサービスではなく，おしゃれで豪華な気分の味わえる場所と建物と調度品，高級な食材，笑顔と奉仕的態度で接する従業員の給仕サービスと感情労働，等々もであり，そして料理そのものが，庶民が家で食べるものとは質が異なり，長期にわたる訓練を受けた専門

労働者の複雑労働の産物である。それらのいっさいがその価格に反映しているのであって，レストランで定期的に食事をすれば出費が大幅に増大するのは別に，家事労働分をサービスとして購入しているからだけではない。その分は実際には相対的にわずかであろう。

3) まさにこのような論理を立てているのが鈴木和雄氏である（参照，鈴木和雄『労働力商品の解読』日本経済評論社，1999年）。たしかに，結果として，労働者は賃金と引き換えに資本家に労働を売り渡していることになる。それはちょうど，扇風機を消費者に売ることで，扇風機の「有用効果」である「涼しさ」を事実上消費者に売り渡しているのと同じである。だが，扇風機の価格はけっして「涼しさの価値」の貨幣表現ではない。扇風機の価値は，扇風機という商品体を生産するのに要した労働に帰着する。「涼しさ」はあくまでも購入した扇風機を使用した結果として消費者が得るものにすぎない（消費者は扇風機を買ってそれを使わないですますこともできる）。それと同じく，労働者は労働力の売買を通じて結果的に，したがって事実上，資本家に労働を売り渡しているのだが，賃金は「労働の価格」ではなく，労働力の価値の貨幣表現であり，したがって，それは労働力という商品を生産し再生産するのに要した労働に帰着するのである。

4) Wally Seccombe, "The Housewife and her labour under Capitalism", *New Left Review*, no. 83, 1974, p. 3.
5) *Ibid.*, p. 6.
6) *Ibid.*, pp. 8-9.
7) *Ibid.*, p. 9.
8) *Ibid.*
9) *Ibid.*, p. 10.
10) アダム・スミス『国富論』第2巻（岩波文庫，2000年）109頁。
11) Wally Seccombe, "Domestic Labour-reply to critics", *New Left Review*, no. 94, 1975, p. 89.

第5章　家事労働と「労働力の価値分割」

　これまでの諸章において，家事労働と労働力の価値規定をめぐる原理上の問題を基本的に解明しおえた。あらゆる点からして，家事労働が労働力価値規定に入ることが否定できないことが明らかになり，そのように仮定することではじめて，労働力価値が結果的に生活手段価値に分解されうることも理論的に説明しうるのである。そこで本章では，これまでの諸章の理論的解明を踏まえて，マルクスの「労働力の価値分割」論の是非を検討し，それによって，家事労働が労働力の価値規定に入るという命題とマルクスの剰余価値論との関係をより具体的に明らかにしよう。これによって，女性の賃労働者化によって生じる賃金低下のメカニズムと相対的剰余価値の発生メカニズムが明らかになるとともに，ひるがえって家事労働が労働力の価値規定に入るという命題の正しさもいっそう明らかになるだろう。

第1節　マルクスにおける「労働力の価値分割」論

1　相対的剰余価値論と「労働力の価値分割」論

　われわれは，『価値と剰余価値の理論』において，熟練の解体による相対的剰余価値の発生メカニズムについて明らかにした[1]。これによって，生活手段価値の全般的低下によって産出される「間接的な相対的剰余価値」と並んで，労働力価値の直接的な減価によって産出される「直接的な相対的剰余価値」の存在が確認された。

　しかしながら，マルクスは『資本論』や1861～63年草稿の各所で，直接的な相対的剰余価値が発生するパターンとして，熟練の解体と並んで，女性や子どもが賃労働者化することによるいわゆる「労働力の価値分割」を挙げている。たとえばマルクスは現行版『資本論』第1巻の「機械と大工業」章の中で次のように述べている。一部はすでに本書の第1章で引用したが，ここでは前後の文

章を含めて引用しておこう。

　　機械が筋力をなくてもよいものにするかぎりでは，機械は，筋力のない労働者，または身体の発達は未熟だが手足の柔軟性が比較的大きい労働者を充用するための手段になる。それだからこそ，女性・児童労働は機械の資本主義的充用の最初の言葉だったのだ！　こうして，労働と労働者とのこうした代用物は，たちまち，性と年齢の区別なしに労働者家族の全員を資本の直接的支配のもとに編入することによって賃労働者の数を増やすための手段となった。資本家のための強制労働は，子どもの遊びに取って代わっただけでなく，慣習的な制限内で家族自身のために家庭内で行なわれる自由な労働にも取って代わったのである。
　　労働力の価値は，個々の成年労働者の生活維持に必要な労働時間によって規定されていただけでなく，労働者家族の生活維持に必要な労働時間によっても規定されていた。機械は，労働者家族の全員を労働市場に投じることによって，成人男性の労働力価値を彼の全家族のあいだに分割する。それだから，機械は彼の労働力を減価させるのである。たとえば4つの労働力に分割された家族〔の労働力〕を買うには，おそらく，以前に1人の家長の労働力を買うのにかかった費用よりも多くの費用がかかるだろう。しかし，その代わりに1労働日が4労働日になり，その価格が下がるのに比例して，4労働日の剰余労働が1労働日の剰余労働を超過する分も大きくなる。今では1つの家族が生きるためには，4人がただ労働を提供するだけでなく，資本のための剰余労働をも提供しなければならない。こうして，機械は，はじめから人間的搾取材料，つまり資本の最も固有な搾取領域を拡張すると同時に，搾取度をも増大させるのである。(KI, 515-516頁, S. 417)

　このようにマルクスは，機械が女性労働および児童労働を動員することによって，成人男性労働者の労働力価値がすべての家族構成員に分割され，したがって労働力価値が減価し，搾取材料が拡張するだけでなく，搾取度も，すなわち剰余価値率も増大すると述べている。つまり，「労働力の価値分割」によっ

て相対的剰余価値が発生するとみなしている。

　ところで，ここでマルクスは，1労働日に代わって4労働日が登場すると書いているのだが，問題はこの「4労働日」の内訳である。さしあたり2つの可能性が考えられる。1つの可能性は，1人の成人男性労働者に代わって，この成人男性労働者とその妻と2人の子どもが就業するというパターンである。もう1つの可能性は，この成人男性労働者がすっかり失業してしまい，その代わりに，妻と3人の子どもが代わりに就業するというパターンである。マルクス自身は，「4労働日」の内訳を具体的に書いていないので，どちらの可能性も否定できないのだが，ここでは，(1)成人男性労働者の労働力価値が「全家族」に分割されるとあることから，この「全」には当然，成人男性労働者も含まれると考えられること，(2)マルクスがこの一文の中で「彼の労働力を減価させる」と書いていることから，最初のパターンを想定しておく（もう1つの可能性については第6章で検討される）。

　さて，マルクスはこの引用部分に注をつけて次のように述べている。

　　　家族の機能のあるもの，たとえば子どもの世話や授乳などは，まったくやめさせることができないから，資本に押収された家庭の母は，多かれ少なかれ代理人を雇わなければならない。家族の消費のために必要な労働，たとえば裁縫や修理などは既製品の買い入れによって補わなければならない。だから家事労働の支出の減少には，貨幣支出の増加が対応する。したがって，労働者家族の生産費は増大し，それが収入の増加分を相殺してしまうのである。そのうえ，生活手段の消費や調達に際しての節約や合目的性は不可能になる。(KI, 516頁, S. 417)

　このようにマルクスは，共働き化によって収入が増大しても，それに伴って代理人の雇用や既製品の買い入れによって貨幣支出が増大し，収入の増加を相殺してしまうと述べている。

　女性と子どもが労働市場に投げ込まれることで生じるこのような賃金低下については，『賃労働と資本』以来のマルクスの記述や各種資本論草稿に見られるものであり，たとえばすでに第2章で一部引用した1861〜63年草稿の以下の

箇所もその一例である。

> 一方では，より安価でより劣悪な生活手段がより良質な生活手段に取って代わることによって，あるいはそもそも生活手段の範囲，大きさが縮小されることによって……労働能力の価値の水準を引き下げることが可能である。しかしまた他方では，この水準——平均的な高さ——には子どもと妻の扶養が入るので，妻自身が労働することを強制され，また，発育すべき時期に子どもたちがすでに労働に向けられることによって，この水準を押し下げることが可能である。(草稿集4, 69頁, II/3-1, S. 41)

また次の箇所では，『資本論』の場合と同じく，労働力価値の直接的な減価に触れながら，女性・児童労働に言及されている。

> 資本家が機械の採用によって労賃の直接的な引き下げを目的とするのは，ただ個々の場合においてだけである。といっても，これは，彼が熟練労働を単純労働に，また成人男性の労働を女性・児童労働に置き換える場合には，いつでも生じることである。(草稿集4, 513頁, II/3-1, S. 292)。

このようにマルクスは，成人男性の労働が女性・児童労働に置き換わることによって労賃の直接的な引き下げが生じると述べている。この直接的引き下げが相対的剰余価値（直接的な相対的剰余価値）の増大をもたらすことになるのは明らかであろう。

「労働力の価値分割」論の諸問題

しかしながら，この「労働力の価値分割」論に対してはいくつかの重大な疑問が生じる。まず原理的な面から言えば，すでにこれまでの諸章で何度か指摘したように，労働力価値規定の不整合性である。最初に労働力価値を規定したときには，家族の生活費に関しては労働者階級を永続化させるための「子どもの養育費」についてしか触れていなかったのに，「労働力の価値分割」論になるとなぜか労働力価値には最初から妻を含む家族の生活維持費も入っているかの

ように述べていることである。同じく，その別面にすぎないが，労働力商品の再生産にかかわる直接的労働である家事労働が労働力価値規定から一貫して排除されていることである。つまり，一方ではマルクスは，最初の労働力価値規定にはなかった「妻の扶養費」については「労働力の価値分割」論で持ち出してくるとともに，他方では，修業費と並んで労働力価値規定の中に入ってもおかしくない家事労働については労働力価値の規定からアプリオリに排除しているのである。

　次に現象面に関して大きな疑問が生じる。まず第1に，マルクスの想定では，妻や子どもを労働市場に出せば，「労働力の価値分割」が起きて成人男性の労働力価値が劇的に下がり，結局，この共働き世帯が獲得する総賃金収入は以前と変わらないか，多少増えても，家事労働を節約するための生活手段価値の増大によって相殺されてしまうことになっている。だとすれば，いったいなぜ賃労働者世帯は家族構成員を労働市場に送り込んだりするのか？

　第2に，このマルクスの議論にもとづけば，「労働力の価値分割」によって労働力価値が全般的に下がるが，それは男女平等に下がるようだ。しかし現実には，男女の賃金格差は，この機械化による賃金引下げ期にも厳然と存在したのであり，このことがこの「労働力の価値分割」論では説明されていない。

　第3に，「労働力の価値分割」によって成人男性の労賃が全般的に以前の2分の1，3分の1に下落したとすれば，妻や子どもが働きに出ていない片働き世帯の男性の労賃も同じように下がるはずだが（一物一価の法則），もしそうなれば，いやがおうでも妻と子どもは賃労働者化しなければならないだろう。とすれば，賃労働者世帯の共働き化はごく短期間のうちにほぼ100％に達するはずである。ところが，歴史的には，そうはなっておらず，資本主義が高度に発達した歴史段階においてむしろ片働き賃労働者世帯が大量に発生している。これをどう説明するのか？

　以上の現象面での諸疑問は，原理面の問題に依存しているとはいえ，原理面の問題が解ければ自動的に明らかになる問題ではない。とはいえ，決定的な前提は原理面での解明であり，それが本書のこれまでの諸章でなされたことである。それらの章で明らかになったのは，労働力の価値規定には「妻の扶養費」は入らず，その代わり家事労働が（それが誰に担われているのであれ）入るこ

とであった。この家事労働が労働力価値に反映することではじめて家事労働力の再生産に必要な生活手段価値も保障されるのであり，それとともに，その必要生活手段価値には還元されない予備価値が存在することで，労働力の世代内拡大再生産を可能とする生活手段価値も保障されうるのである。

以上の点を踏まえた上で，成人男性労働者のみが賃労働者化していた段階から，妻と子どもが賃労働者化することでマルクスの言う「労働力の価値分割」が本当に生じるのかどうかを明らかにしなければならない。ただし，本章では引き続き，子どもの問題は捨象されるので（これについては次章で検討する），夫婦片働きから夫婦共働きになることでマルクスが言う意味での「労働力の価値分割」が生じるかどうかを明らかにしなければならない。

2 「労働力の価値分割」は本当に生じるのか？

マルクスがその「労働力の価値分割」論で想定している事態は，第3章で論じた片働き分業モデルから共働き分業モデルへの移行である。そこでまずは，具体的な数値例にもとづいて，この移行を検証してみよう。

第3章で考察した種々の分業モデルのうち，妻も8時間労働できるパターンを例にとると，家事労働時間が相対的に短い第3例の夫12時間労働バージョンが例として適当であろう。

まず第3例の片働き分業モデルから見ていくと，賃金労働者たる夫は12時間労働し，それに必要な生活手段価値は6時間であり，それに必要な家事労働時間は2時間であった。したがって，この賃金労働力の価値は8時間であり，資本家が獲得する剰余労働時間ないし剰余価値は4時間に相当する。

家事労働者たる妻は，夫の賃金労働力を再生産するのに2時間の家事労働をするが，もちろん，自分自身の家事労働力を再生産するのにも家事労働をしなければならない。その時間は$\frac{2}{5}$時間だが，これは，必要最低家事労働時間である1時間を下回るので，妻は自分の家事労働力を再生産するために，結局，1時間の家事労働をしなければならない。家事労働時間は総計で3時間になる。この家事労働に必要な生活手段価値は，$1\frac{1}{2}$時間である。しかし，最低必要生活手段価値は，賃金労働者が8時間労働した場合に必要な生活手段価値の2分

の1（この場合は2時間）であるから，結局，妻が必要とする生活手段価値は2時間である。夫は8時間相当の労働力価値を賃金として得ているが，そのうち6時間は賃金労働者のための必要生活手段価値に費やされ，2時間は家事労働者のための必要生活手段価値に費やされる。総計でちょうど8時間であり，したがって予備価値はゼロである。

　さて，この状態から共働き分業モデルへと移行させよう。妻が専任の家事労働者から賃金労働者と家事労働者との「兼業」労働者になったとしても，夫の賃金労働力を再生産するのに必要な生活手段の価値量も必要な家事労働時間も変化しないのだから，夫の賃金労働力の価値はあいかわらず8時間である。妻は総計で12時間労働をすると仮定すると，それに必要な家事労働時間は2時間であり，夫のためにする2時間の家事労働時間を加えて，合計で4時間の家事労働をする。残る8時間が賃金労働時間となる。妻の賃金労働力の価値はいくらだろうか？ 12時間労働をする労働力の価値が8時間だから，8時間労働をする妻の賃金労働力は，$8時間 \times \frac{2}{3} = 5\frac{1}{3}$時間である。

　この2つのモデルを比較すると，夫の賃金労働力の価値にはいかなる変化もなく，片働きモデルのときと同じ8時間である。いわゆる「労働力の価値分割」はまったく生じていない。それもそのはず，最初からわれわれは，成人男性の労働力価値には「妻の扶養費」など入っておらず，ただ妻が行なう家事労働分が入っていると規定していたのだから，妻が賃労働者化しても，この家事労働時間に変化が生じないかぎり，労働力価値に変化など生じようがなかったのである。したがって，マルクスが言う意味での「労働力の価値分割」は生じないと言うべきだろう。

　しかし，これはあまりにも抽象的な議論であり，最初に設定した理論的前提から必然的に生じる結論にすぎない。そこで，より歴史的具体的に考察する必要がある。そうすれば，マルクスの言う「労働力の価値分割」とはいささか異なったメカニズムでだが，妻の賃労働者化によって相対的剰余価値が発生することがわかるだろう。そこで節を改めて，この問題について詳しく論じよう。

第2節　共働き化による相対的剰余価値の生産

　家事労働を理論的に労働力価値規定に含めるのならば，当然，家事労働が全般的に短縮すれば，労働力価値が低下するという結論は自明であり，したがって相対的剰余価値がそれによって発生するというのも自明である。しかし，現実においては，それは具体的にどのような経路をたどって，労働力価値の，したがって賃金の全般的低下と相対的剰余価値の発生に結びつくのだろうか？
　ここで重要になるのが，第3章で明らかにした「家事労働の労働力価値への消極的反映」の論理である。家事労働と賃金労働との相互制約関係からして，家事労働の短縮は，単に労働力価値を低下させるだけでなく，その低下を実現する賃金労働（力）の供給増をももたらす。どんな商品でも，それを生産する経済単位における労働生産性の増大は，潜在的にはその商品の価値低下に結びつくが，それが実際に価値低下になるには，多くの経済単位で同じような労働生産性の上昇が生じて，実際により多くの商品が市場に供給されることが必要である。より多くの商品が供給されることで価格が低下し，こうして潜在的に低下した価値に価格が一致するのである。これこそ，個々の商品における価値法則の具体的な現われ方である。
　同じことは労働力商品についても言える。労働力商品の特殊性ゆえに，その供給を，一般商品のように任意に増やすことはできないし，工業的に大量生産することもできない。それはいつまでたっても，資本の直接的なコントロール下にはない労働者世帯の私的営為に依存している。これは資本主義システムが内在的に有しているきわめて重大な制限の1つである。とはいえ，労働力商品の供給が，リカードやスミスが考えたように，労働者世帯における出産数の長期的増減（労働力の世代的再生産）によって調整されるというだけではない。家事労働の短縮によって，同世代の内部において賃金労働ないし賃金労働力の供給を増やすことができるのであり，それによって，家事労働の短縮が実際に労働力商品の価値低下に結びつくのである（もちろん，これは後でも再論するが，機械的に労働力価値低下に結びつくのではない。それは階級闘争のメカニズムによって媒介される）。

この家事労働の短縮は，一般的には，家事労働そのものの全般的な労働生産性の上昇によって生じるが，特殊的には，片働きモデルから共働きモデルへと移行する過程において歴史的にも生じうる。これが，共働き化による労働力価値低下のメカニズムである。以下，具体的に見ていこう。

1　家事労働の強制的圧縮による相対的剰余価値の生産

質的側面

　第3章でさまざまな分業モデルを検討したときに見たように，夫の賃金労働時間が長く，妻の家事労働時間も長い場合には，共働き化しようとしてもきわめて困難であったし，できたとしてもせいぜい短時間の賃金労働だけであった（賃金労働時間と家事労働時間との対立）。しかし，歴史的には，夫の賃金労働時間が十分長く，また家事労働時間も十分に長い時代にも，『資本論』にあるように，機械化による女性労働の大量動員がなされており，その主要な部分は若年未婚女子労働者であったとはいえ，一部には既婚女子労働者も動員されている。そして，これらの女性労働者は男性労働者並みの長時間労働者でさえあった。このような事態はいかにして可能になったのだろうか？

　1つは，第3章で検討したように，予備価値を代替的生活手段に振り向けることによって，家事労働時間を短縮することである。しかし，これには限界があり，すでに具体的な数値例で見たように，せいぜい短時間の賃金労働しか可能にならなかった。そこで，予備価値を動員する以上に家事労働時間を短縮する手段が見出されなければならない。

　すでに述べたように，労働者が必要とする生活手段の場合と同じく，家事労働にも文化的・精神的要素が存在する。片働き分業モデルのように，夫が賃金労働力に特化し，妻が家事労働力に特化している場合には，家事労働時間はかなりたっぷり確保することができるので，そうした文化的・精神的要素にも一定の配慮をすることができる。しかしながら，共働き化が広範に生じて，賃金労働時間と家事労働時間との対立が深刻化するならば，このような文化的・精神的要素は真っ先に削減・合理化されるだろう。これは，労賃の絶対額が引き下げられたときには，生活手段価値のうち文化的・精神的要素の部分が真っ先

に節約されるのと同じである。

　この家事労働の強制的圧縮は資本家にとって一石二鳥的に作用する。まず一方では，家事労働専従者の家事労働時間を短縮することにより，賃金労働のための時間を捻出することを可能にし（絶対的剰余価値の生産），他方では，家事労働時間の短縮によって労働力価値そのものを減価させることができる（相対的剰余価値の生産）。そしてこの2つは相互に補完しあっている。というのも，すでに述べたように，家事労働時間の短縮は理論的には労働力価値の低下に結びつくが，現実においては，それが実際に労働力価値の低下に結びつくのは，複数の労働力商品が同一世帯内で生産され，それが労働市場で販売される場合のみだからである。

　なお，このような家事労働の強制的圧縮が育児労働にまで及ぶ場合には，幼い子どもを自宅で放置したり薬を用いて眠らせるという深刻な事態をしばしばもたらす。たとえば，エンゲルスは『イギリスにおける労働者階級の状態』においてそのようなネグレクト（今日の言葉で言えば）の事例を多数挙げている。これはまさに資本による強欲な搾取によって生じた社会的ネグレクトにほかならない。

量的側面

　以上の点を具体的な数値例で見ておこう。最初に賃金労働時間も家事労働時間もかなり長い状態が想定されなければならないので，ここでは，片働き分業モデルの第1例の夫12時間バージョンを例にとろう。そこでは，12時間労働に対して必要な家事労働時間は4時間，生活手段価値は6時間だった。

　そこで検討したように，夫は12時間の賃金労働をし，妻は夫の賃金労働力を再生産するために4時間の家事労働をし，自分の家事労働力を再生産するために追加で2時間の労働をし，合計で6時間の家事労働をする。夫の賃金労働力の価値は，6時間の生活手段価値と4時間の家事労働時間を加えて，10時間に相当する。夫は12時間の賃金労働をするわけであるから，資本家がこの賃金労働から得る剰余価値は2時間である。また，夫の10時間相当の賃金のうち，6時間は夫の賃金労働力を再生産するのに必要な生活手段価値に費やされ，3時間は妻の家事労働力を再生産するのに必要な生活手段価値に費やされる。残

る予備価値は1時間である。

　次にこの世帯が共働きに移行するとしよう。妻はすでに6時間の家事労働をしているわけであるから，1日に可能な総労働時間を12時間とすると，残るは6時間しかない。しかし，その分をまるまる賃金労働に充てることはできない。なぜなら，労働時間そのものが増大すれば，それに比例して追加的な家事労働時間も増大するからである。たとえば，妻が12時間めいいっぱい労働をするとすれば，最初の仮定にもとづけば4時間の家事労働を必要とする。ところが，妻はすでに夫の賃金労働力の再生産のために4時間の家事労働をしているわけであるから，合計で妻は8時間の家事労働をすることになる。したがって残る労働時間はわずか4時間である。ところが，最低必要な賃金労働時間を6時間と仮定していた。したがって，共働き非分業モデルの第1例の夫12時間バージョンでは共働きは不可能となったわけである。

　しかし，共働き化によって，家事労働のうち文化的・精神的部分のかなりの部分がそぎ落とされて，賃金労働力の再生産をぎりぎり可能とする水準にまで家事労働時間が圧縮されたとすればどうだろうか？　たとえば，その圧縮部分が総家事労働時間の2分の1を占めているとすれば，妻が12時間労働をするときに必要な総家事労働時間は今では8時間ではなく4時間になっているだろう。すると，妻は8時間の空き時間をもつことができ，その8時間を賃金労働に充てることができるだろう。

　これは結局，先ほど紹介した共働き分業モデルの第3例の夫12時間バージョンと同じである。夫の賃金労働力価値は8時間であり（6時間の生活手段価値＋2時間の家事労働），妻の賃金労働力価値は$5\frac{1}{3}$時間である（4時間の生活手段価値＋$1\frac{1}{3}$時間の家事労働）。資本家は，夫の賃金労働力から今では2時間ではなく4時間の剰余価値を得ている。すなわち，2時間分の新たな剰余価値が発生している。これは，労働力価値の減価によって生じたのであるから，この剰余価値は相対的剰余価値である。また，資本家が妻の賃金労働力から獲得する剰余価値は$2\frac{2}{3}$時間である。家事労働が圧縮する前は，妻の賃金労働力価値は——もし賃金労働が可能であったとすればだが——4時間の生活手段価値に$2\frac{2}{3}$時間の家事労働時間を足した時間，すなわち$6\frac{2}{3}$時間に相当したはずであり，したがって資本家が得ることのできた剰余価値は$1\frac{1}{3}$時間（絶対的剰余価

値)にすぎなかった。しかし、今では資本家は$2\frac{2}{3}$時間の剰余価値を獲得している。したがって、両者の差額$1\frac{1}{3}$時間はやはり相対的剰余価値である。

よって、資本家は、家事労働時間の強制的圧縮により、合計で$3\frac{1}{3}$時間の相対的剰余価値を入手し、$3\frac{1}{3}$時間の絶対的剰余価値を入手している。一方、この夫婦は、合計で$13\frac{1}{3}$時間相当の賃金を得ている。そのうち、6時間は夫の賃金労働力を再生産するのに必要な生活手段価値に消え、同じく6時間が妻の賃金労働力と家事労働力とを再生産するのに必要な生活手段価値に消えている。合計で12時間が生活手段価値に消えるので、残る予備価値は$1\frac{1}{3}$時間である。

労働力の部分的価値分割

ところで、この相対的剰余価値は「労働力の価値分割」によって生じたものであろうか？　直接的な意味ではそうではない。なぜなら、成人男性労働者の労働力価値に入っていた家事労働部分が文字通りの意味で男女の賃金労働力に分割されたわけではないからである。しかし、以下に述べる理由から、事実上「労働力の価値分割」が生じていると言える。

すでに述べたように、単身世帯が複数世帯になったからといって、単純に生活手段と家事労働の共同使用部分による節約効果がそのまま労働力価値の大きさに反映するわけではない。なぜなら、複数世帯になることによって、世帯内で共同使用される部分にも各自が使用する部分にも、新たに文化的・精神的要素としての家事労働ないし生活手段の増分が発生するからである。しかし、家事労働者が賃労働者化する場合には、真っ先にこの精神的・文化的要素が削られ、自分が賃労働を遂行するのに最低限必要なより物質的な家事労働時間へとその分を振り向けるだろう。これは実質的には、成人男性労働者の労働力価値に入っていた家事労働分が夫婦間で分割されたのと同じである。

たとえば、先の事例で見ると、男性の12時間の賃金労働に対して必要であった4時間の家事労働のうち、成人男性労働者のための精神的・文化的部分である2時間分が削減されて、その一部が成人女性労働者の12時間労働に必要な家事労働の追加分に転化されている。この場合、成人男性労働者の労働力価値が全体として分割されたのではなく、家事労働部分のみが分割されているので、これを「**労働力の部分的価値分割**」と呼ぼう。マルクスが言う意味での「労働

力の価値分割」は生じていないが，別のメカニズムにもとづいて，「労働力の部分的価値分割」が事実上生じているわけである。

家事労働短縮のもう1つのパターン

しかしながら，家事労働の短縮による相対的剰余価値の増大は，このような共働き化による家事労働の強制的圧縮・合理化によってのみ生じるわけではなく，家事労働を機械化・合理化する家電製品（家庭内で使用される機械だ）の普及，各種の既製品の普及，家事代替サービス商品の普及といった，家事の労働生産性の全般的上昇によっても生じるし，これが家事労働の短縮による相対的剰余価値の本来の発生メカニズムであるとも言えるだろう。この場合，必ずしも家事の質を落とすことなく，家事労働の量だけを減らすことができるだろう。マルクスが想定していた相対的剰余価値は，生活手段を生産するうえでの労働生産性の全般的上昇によって生活手段価値が全般的に低下することで生じるとされていたが，この労働生産性の上昇は単に生活手段価値だけを減価させるだけでなく，家事労働時間をも短縮させることにつながり，両者合わせて，労働力商品を生産するうえでの労働生産性を全般的に上昇させ，したがって労働力商品の価値を全般的に引き下げることができるのである。

しかし，歴史の発展は理論どおりには進まない。資本蓄積の急速な進展は，家事労働時間が労働生産性の全般的な上昇によって十分に短縮する以前に，女性労働力の大量動員を必要とし，したがって，資本の必要と都合によって，家事労働を強制的に圧縮させることが必要になった。この過程によって，資本の直接の支配下にない家庭内においても，資本の論理が間接的に貫徹され，家事労働の合理化と節約が進み，家事労働の「生産過程的還元メカニズム」を不十分ながら実現するのである。

家事労働と生活手段との代替関係

ところで，この共働き化による家事労働時間の強制的圧縮と，第3章で見た共働き化を可能とするために予備価値が家事労働節約型の代替的生活手段に費やされるというパターンとが結合するならば，本章の冒頭で『資本論』から引用した次のような現象の本当の意味を明らかにすることもできるだろう。

家族の消費のために必要な労働，たとえば裁縫や修理などは，既製品の
　　買い入れによって補わなければならない。だから，家庭労働の支出の減少
　　には，貨幣支出の増加が対応するのである。したがって，労働者家族の生
　　産費は増大し，それが収入の増加分を相殺してしまうのである。そのうえ，
　　生活手段の消費や調達にさいしての節約や合目的性は不可能になる。(KI,
　　516頁, S. 417)

　つまりマルクスは，妻の賃労働者化によって生計費が増加し，生活手段の節約が不可能になることを指摘している。これは，例の「家事労働と生活手段価値との代替関係」を示すものであり，これについてはすでに第4章で簡単に論じておいた。しかし，そこではごく一般的なレベルで論じたにすぎないので，ここでは，マルクス自身も想定している歴史的になお家事労働時間が長い段階で共働き化が生じた場合を想定して，より具体的に解明しておこう。

　この現象は，共働き化による家事労働の強制的圧縮と，現役世代内の労働力供給を増やすために予備価値が代替的生活手段の購入に支出されること，という2つの要因の合体によって説明される。家事労働時間の強制的圧縮によって夫婦合計で4時間の家事労働が節約されるが，他方で，その節約のためには部分的に代替的生活手段が必要になり，その購入のために予備価値が動員されるとしたら，どうなるだろうか？ 先の数値例で見ると，動員可能な予備価値は$1\frac{1}{3}$時間であった。これが生活手段の購入に追加的に動員されるとすると，夫婦の総労働力を再生産するのに費やされる生活手段価値の総量は12時間から$13\frac{1}{3}$時間に増大するだろう。

　こうして，この過程においては，家事労働時間の短縮，賃金の低下，生活手段価値への支出の増大という3つの現象が同時に成立している。この3つこそ，マルクス（およびその他の多くの論者）をして，「労働力の価値分割」が生じていると確信させたものであり，それと同時に，一般に，家事労働は労働力価値に入らないのであり，むしろ両者は反比例関係にあるとみなす根拠となったものに他ならない。しかし，この現象は，以上のように理論的に媒介して説明するならば，何ら，家事労働が労働力価値に入るというわれわれの説と矛盾しないのであって，むしろその説にもとづいてこそ首尾一貫して説明できるものな

のである。

2　家事労働と2つの相対的剰余価値

共働き化による直接的剰余価値の生産

　以上，共働き化による家事労働の強制的圧縮を通じて相対的剰余価値が発生することが明らかになった。では，この相対的剰余価値は，『価値と剰余価値の理論』で明らかにした間接的な相対的剰余価値と直接的な相対的剰余価値のいずれに分類されるべきだろうか？　この点を確認するために，まず間接的な相対的剰余価値と直接的な相対的剰余価値についてそれぞれ簡単に振り返っておく必要がある。

　間接的な相対的剰余価値，あるいはより簡潔に間接的剰余価値とは，マルクスが『資本論』で最初に相対的剰余価値の典型的な形態として叙述したものであり，労働生産性の全般的上昇によって生活手段の価値が全般的に低下し，こうした回り道を通じて労働力価値が全般的に低下することによって生じる相対的剰余価値のことである。これが「間接的」であるのは，資本の直接的な行為によって労働力価値が減価するのではなく，ただ諸個別資本が特別剰余価値を追求して労働生産性を上昇させることが全般的に普及することで生活手段が全般的に減価し，その結果として労働力価値が下がるにすぎないからである。この労働力の減価を個別資本は直接に追求することはできないし，それを直接実現することもできない。

　それに対して直接的な相対的剰余価値，あるいはより簡潔に直接的剰余価値とは，諸個別資本が分業とマニュファクチュアや機械の広範な導入によって熟練を解体し，熟練労働者を単純労働者に転化し，そのことによって労働者の全般的な知的・文化的水準を直接押し下げて，労働力を減価させることで生じるものである。相対的剰余価値の生産の基本性格上，絶対的剰余価値の生産の場合ほど直接的に追求できないという意味では，この直接的剰余価値の生産も「間接的」である。しかしながら，労働生産性の全般的上昇と生活手段の全般的価値低下という大きな回り道をする場合に比べれば，これは相対的に直接的な方法であると言える。

マルクス自身も，生活手段価値の全般的低下による相対的剰余価値生産を「間接的」と呼び，熟練の解体による相対的剰余価値生産を（われわれの想定とは異なった形でだが）「直接的」と呼んでいる（KI, 530頁, S. 428-429）。

以上のような基準に照らすならば，家事労働時間の強制的圧縮による相対的剰余価値の生産はどちらに該当するだろうか？ これは，熟練の解体による労働者の知的・文化的水準の低下による相対的剰余価値の生産と同じく，資本が女性労働者を資本の支配下に引き込むことによって家事労働の文化的・精神的要素が直接圧縮されることによって生じるものであり，直接的剰余価値の一種であると言うことができるだろう。

家事労働の短縮による間接的剰余価値の生産

では，労働生産性の全般的上昇によって家事労働が歴史的にしだいに短縮していくことによって生じる相対的剰余価値の方はどうだろうか？ これは，労働生産性の全般的上昇と生活手段価値の全般的低下によって相対的剰余価値が発生するのとほぼ同じメカニズムで発生するのであり，したがってこれは間接的剰余価値の一種とみなすことができるだろう。

なぜなら，個別資本が家電製品を一生懸命売り込んだり，既製品を大量生産し，大量販売するのは，それによって労働力価値を引き下げることが直接の目的ではないし，そもそもそのようなことは念頭に置かれていないからである。ただ，市場の競争戦に勝利するために，消費財市場で売れそうなものをより安くより大量に生産することで絶対的剰余価値ないし特別剰余価値を追求しているにすぎない。こうした諸個別資本の全般的な労働生産性上昇運動は，結果的に，家事労働時間を歴史傾向的に短縮していくのである（ただしその場合も，すでに述べたように，家庭内生産力の上昇と機械的に比例して家事労働時間が短縮するわけではない）。

以上の考察が正しいとすれば，家事労働の短縮による相対的剰余価値は，その短縮がどのようなメカニズムで生じるかによって，直接的剰余価値に入る場合と，間接的剰余価値に入る場合の両方があるということになるだろう。すなわち，その短縮が，まだ歴史的に家事労働の労働生産性が上昇していない段階で強制的な形で生じる場合には，それによって発生する相対的剰余価値は直接

的な相対的剰余価値であり，その短縮が，歴史的に長期にわたる家事労働の労働生産性の全般的上昇によって生じる場合には，その相対的剰余価値は間接的な相対的剰余価値である。

第3節　「労働力の価値分割」論の解明 I
──共働き化の経済的動機

以上によって，共働き化による相対的剰余価値の発生メカニズムが明らかになった。しかし，それだけではまだ，本章の第1節で紹介した，マルクスの「労働力の価値分割」論に対して提示した現象面での諸疑問にまだ十分答えられていない。この問題は，実際に共働き化が生じる具体的場面に即して明らかにする必要がある。われわれは第1節で3つの疑問を提起したので，それぞれ順に検討していこう。

1　共働き化の経済的動機

マルクスの想定

マルクスの「労働力の価値分割」論に対してわれわれが現象面で提起した第1の疑問は，家族構成員の賃労働者化によって全面的な「労働力の価値分割」が起こって，世帯の獲得する総収入は以前よりごくわずかだけしか増大しないとされていることである。そして，このごくわずかな増大分も，家事労働を節約するのに必要な追加的生活手段価値に消えることになっていた。もしそうだとすれば，どうして労働者家族は，資本の側の要請にこたえて，唯々諾々と成人男性以外の家族構成員を労働市場に送り込むのだろうか？　マルクスの想定ではこの点の説明が十分にはつかない。

もちろん，既婚女性が働きに出る動機は世帯の総収入を増大させることだけではない。たとえ総収入が同じでも，自分で稼いだ自分の自由になるお金を得るため，失業などのリスクを分散するため，生きがいを得るため，社会的な貢献をするため，社会的な視野や人間関係を広げるため，社会的承認欲求を満たすため，などさまざまな理由があるだろう。また，やりたい仕事が実際にある

という単純だが本質的な理由も存在する。また，夫の賃金が平均水準よりもはるかに少ない下層では，そもそも夫の賃金だけでは世帯の必要生活手段価値さえ満たせないだろうし，機械化による男性労働力の過剰人口化（失業ないし半失業）が生じた場合には，世帯内の女性労働力の賃労働者化はいずれにせよ不可避であろう。

とはいえ，平均的労働者世帯の共働き化を念頭に置くならば，賃金労働量だけが大きく増加しているのに総賃金収入が事実上同一であることは，経済的には共働き化への動機を著しく弱めるだろう。だが，このような問題は，われわれの仮説においては生じない。

総賃金収入の増大

先に挙げた例だと，成人男性労働者のみが賃労働者であったときには，この世帯の総収入は10時間であったのに対し，妻が賃労働者化した場合，この世帯の総収入は，夫の賃金の下落にもかかわらず，$13\frac{1}{3}$時間へと増大しており，トータルで$3\frac{1}{3}$時間も増大している。予備価値も1時間から$1\frac{1}{3}$時間に増大している。

このような総収入の増大の可能性は共働き化にとっての重大な動機づけになるだろう。もちろん，女性労働力が動員され始めるときには，男性労働力の社会的価値は片働き時代と同じ水準をしばらくは維持するだろうから，そのときには，妻の賃金は純粋に収入増になるだろう。

さらに，次の事情も重要である。マルクスは『資本論』において，女性労働力の大量動員が可能になるのは，機械化によって筋力の必要性がなくなるからであると見ていた。だが，むしろ，機械化によって長期にわたる熟練形成が必要でなくなり，そうした熟練形成過程から制度的に排除されていた女性も賃金労働力になることができるようになったという事情の方が大きい。すなわち，女性労働力の動員の前提は熟練の解体と単純労働化である。そして，すでに述べたように，熟練の解体と単純労働化は，労働者の全体としての知的・文化的水準を低下させることによって労働力価値を全般的に低下させる。これは当然，賃金の下落となる。この下落分を補おうとすれば，労働者はより長時間働くか，家族構成員の誰かが賃金労働者にならなければならない。このような事情もま

た，共働き化への強力な動機となるだろう。

2　全体的価値分割か部分的価値分割か

　以上のようなマルクスの想定とわれわれの想定との違いは結局，価値分割されるのが労働力価値の全体なのかその一部なのかという違いに根ざしている。もし価値分割されるのが労働力価値の全体ならば，当然，共働き化してもその総収入はほとんど変わらないだろう。「2」が「1」と「1」に分割されるのなら，その「1」と「1」を足しても元の「2」に戻るだけであるのは自明である。だがもし価値分割されるのが労働力価値の一部（家事労働分）でしかないとすれば，共働き化することによって，総収入は以前の2倍にはならないが，しかし以前と同じというわけでもないという結論が出てくる。
　賃金の本質を労働力という特殊な商品の価値と把握し，この労働力商品の価値を，それを生産し再生産するのに必要な社会的労働時間で規定するとすれば，1つの労働力を日々生産し再生産するのに必要な社会的労働時間と，2つの労働力を日々生産し再生産するのに必要な社会的労働時間とが異なった2つの大きさであるかぎり，1つの労働力の価値の大きさと，2つの労働力の価値の総計とは違った大きさでなければならない。これは労働価値論から必然的に生じる結論である。
　マルクスは，一方では，労働力商品は他のどの商品とも同じ価値規定を有しているとしながら，他方では，労働力商品の価値を事実上，価値構成説的に把握していた。すなわち，労働力商品を生産し再生産するのに必要な社会的労働時間が種々の要素に分解していくと捉えるのではなく，労働力商品の価値が種々の独立した諸要素の価値によって構成されると把握していた。もちろん，一般の商品の場合も，生産の際に消費される生産手段の価値とそれに労働者が最終的につけ加える新価値（価値生産物）とによって構成されているのであり，そのような意味での「構成」ならば労働力商品にも当然，見出せる。すなわち，労働力商品の場合は，労働者が日々消費する生活手段価値（一般商品の場合の生産手段価値に相当する）と，その生活手段を最終消費形態にするかあるいはその使用価値を日々維持ないし回復するのに投下された労働とによって構成さ

れる。問題は，この最終段階で投下された労働とそれが生み出す価値が，種々の要素に分解していくとみなすのか，それとも種々の要素が独立に存在しており，それらの価格の総計が生産手段価値に付加されるとみなすのか，である。後者が価値構成説であり，前者が労働価値説である。

とりあえず労働力の拡大再生産の問題を捨象すると，マルクスは，家庭内で，賃金労働者本人の生活に必要な生活手段価値につけ加えられた価値が扶養家族の生活に必要な生活手段価値に分解するとみなすのではなく，労働力価値が，賃金労働者の生活に必要な生活手段価値と扶養家族が生活するのに必要な生活手段価値とによって独立に構成されるとみなした。これは一種の，労働力商品の価値構成説であると言えるだろう。

このように，結局，労働力価値の全体的分割か部分的分割かという対立は，本質的に価値構成説か価値分解説かという対立から生じているのである。

第4節　「労働力の価値分割」論の解明 II
——共働き化による特別剰余価値の生産

1　共働き化の性別不均等と特別剰余価値の発生

マルクスの想定

マルクスは，「労働力の価値分割」論において，成人男性労働者の労働力価値が家族構成員の賃労働者化によってその構成員間に分割され，したがって，家族の生計費をまかなうのに，以前は1労働日を資本家に提供するだけでよかったのに，今では4労働日を提供しなければならなくなっていると述べている。この記述では，とりあえず児童労働を捨象すると，夫婦の間での賃金に差はないものとみなされているように思われる。少なくとも，労働力の価値が分割される割合に性別間格差があるかどうかについては明言されていない。同じ割合で分割されるのか，それとも夫婦で異なった割合で分割されるのかが不明である。

マルクスは，『資本論』では基本的に男女間の労働力価値差を，その年齢差とともに捨象することを方法的前提としていた。マルクスは，現行版『資本論』第1巻第5編第15章「労働力の価格と剰余価値との量的変動」の冒頭で次の

ように述べている。

　　労働力の価値は，平均労働者の習慣的に必要な生活手段の価値によって規定されている。この生活手段の形態は変動するかもしれないが，その量は，一定の社会の一定の時代には与えられており，したがって不変量として取り扱われてよい。変動するのはこの量の価値である。その他に2つの要因が労働力の価値規定に参加する。1つは，生産様式につれて変わる労働力の育成費であり，もう1つは，労働力の自然的差異，すなわち男性か女性か，成熟しているか成熟していないかという差異である。これらのさまざまに異なった労働力がどのように使用されるのかも生産様式によって制約されているのだが，この使用の仕方によって，労働者家族の再生産費と成人男性労働者の価値に大きな変化が生じる。とはいえ，この2つの要因は以下の研究でもやはり除外されている。(KI, 673頁, S. 542)

　労働力価値と剰余価値との量的関係について抽象的に考察する際には，労働者一般，ないし平均的労働者の平均的労働力価値を用いるのが妥当なので，当然，こうした方法的前提が必要であるが，そうした抽象的な量的関係を考察する場合だけでなく，『資本論』では，総じて男女の労働力価値の差については捨象されている。また，マルクスはそれを「自然的差異」であるとみなしているが，これは具体的に何を念頭に置いているのだろうか？　たとえば，女性の方が平均して身体が小さく，自己の身体を維持し再生産するのに必要な平均的カロリー摂取量は，男性の場合よりも少ない。したがって，自己の生命を生産し再生産するのに必要な生活手段価値は食事量に関して言えば平均して少なくすむだろう。このような細かい事情はたしかに，常に捨象してかまわない。しかし，労働力価値にかかわる男女差はこのような自然差だけでなく，文化差も存在するし，むしろこちらの方が重要である。資本主義社会の平均的な文化状況においては，衣服や装飾品などにかける費用は，総じて男性よりも女性の方が多い，あるいはさまざまな趣味にかける費用は男性の方が多い，等々。このような細かい自然的・文化的性差をいちいち労働力価値論に含めて考察するのは，『資本論』の対象と方法の限定性を考えれば，無意味なことであろう。し

たがって，われわれもまたこのような差異をすべて無視し，それらが基本的にすべて相殺され，男女労働者が必要とする生活手段価値は，労働時間等の外的諸条件が同じであるかぎり同一であると仮定してきた。

しかしながら，機械化による女性労働力の大量動員を考察する際には，男女間に明々白々な形で存在したし現在も存在している賃金格差については，全面的ではないにせよ，ある程度論究しておくことは，『資本論』の理論的限定性を承認したとしても必要なことだろう。

共働き化による特別剰余価値の発生

共働き化による相対的剰余価値の発生を考察した際，われわれの想定では，片働き分業モデルが共働き分業モデルに移行することによって，家事労働時間が強制的に圧縮され，それによって，労働力価値が男女ともに全般的に下がることになっていた。

しかし，現実に存在する性差（文化的であれ自然的であれ）や性的不平等や男性労働者の抵抗の存在などを考えると，このような男女ともに平等に労働力価値が下がるという想定は非現実的である。最初に，1世帯あたり1つの労働力商品が労働市場で売られるという状況が支配的であるとし，その後，1世帯あたり2つ目の労働力商品が売りに出された場合，もしこの2つ目の労働力商品と1つ目の労働力商品とが，どこからどう見ても同一にしか見えない場合，この2つの労働力商品は市場でまったく同じ値段が付けられるだろう。しかし，その理由が文化的であれ自然的であれ，性差別にもとづくのであれ，男性労働力商品と女性労働力商品とは，一見して異なったように見える商品であるし，実際にさまざまな指標の平均値が異なっている商品である。どんなうるさい消費者よりもうるさい消費者である資本は，あるいはその人格化である資本家は，これらの差異にけっして鈍感でも「ブラインド」でもない。どんなわずかな儲け口も見逃さず，どんなわずかな合理化の余地も見逃さず，商品を買い叩くどんなわずかな口実も見逃さず，できるだけ多くの剰余価値を搾り取ろうとする資本にとって，同一の世帯から供給される複数の商品の「差異」は，それがどんなにわずかなものであれ，重大である。

したがって，同一世帯から供給される2つ目の労働力商品がまだ広く普及し

ていない段階において，資本は，この2つ目の労働力商品には低い価格をつけようとするだろう。その口実はさまざまでありうるし，あらゆる「客観的」指標とともに，あらゆる偏見・社会的規範・性差別をも動員するだろう。それらの口実の最たるものはもちろん，男は家族の扶養に責任を持っているが，女はそうではない，というものである。したがって，2つ目の労働力商品をより安く買い叩こうとするだろう。

　この点を，第1例の夫8時間労働バージョンを例にとって検証しよう。家事労働の圧縮について論じたときには夫12時間労働バージョンを用いたが，ここでは男女の賃金労働時間が同じである方が男女の賃金格差を明らかにしやすいので，夫8時間労働バージョンを取り上げる。まず，片働き分業モデルから見ると，8時間の賃金労働をする夫の賃金労働力を再生産するのに必要な生活手段価値は4時間，必要家事労働時間は$2\frac{2}{3}$時間であり，したがって，この労働力価値は$6\frac{2}{3}$時間である。資本家はこの賃金労働力から$1\frac{1}{3}$時間の剰余価値を得る。この世帯の専業主婦である妻は，夫のための$2\frac{2}{3}$時間の家事労働と，自分の家事労働力を再生産するために$1\frac{1}{3}$時間の家事労働を追加的に行なうから，妻が行なう家事労働時間の総計は4時間であり，この労働に必要な生活手段価値は2時間である。したがって，この世帯は，夫の賃金として$6\frac{2}{3}$時間分の価値を獲得し，そのうち，4時間が賃金労働力のための必要生活手段価値に費やされ，2時間が家事労働力のための必要生活手段価値に費やされる。必要生活手段価値に直接費やされない予備価値は$\frac{2}{3}$時間である。

　さて，ここから共働き分業モデルに移行させよう。妻が12時間の総労働をすると仮定すると，それに必要な家事労働時間は4時間であり，すでに夫のために$2\frac{2}{3}$時間の家事労働をしているので，妻は総計で$6\frac{2}{3}$時間の家事労働をすることになる。賃金労働のために残されている時間は$5\frac{1}{3}$時間でしかない。そこで家事労働時間が強制的にそれぞれ半分に圧縮されるとしよう。すると，これは，第3例の共働き分業モデルの夫8時間労働バージョンになるので，そこの数値をそのままここで使おう。すると，妻が夫の賃金労働力を再生産するのに必要な家事労働時間は$2\frac{2}{3}$時間ではなく，$1\frac{1}{3}$時間になり，妻が8時間の賃金労働をすると，合計で妻は$9\frac{1}{3}$時間の労働をしている。この労働に対して必要な家事労働時間は，$1\frac{13}{15}$時間であり，したがって，妻は合計で$11\frac{1}{5}$時間

の労働をすることになる。この夫婦はともに8時間の賃金労働をするから，理論的には両者の労働力価値は同じ額であり，ともに$5\frac{1}{3}$時間であり，したがって夫婦合計で$10\frac{2}{3}$時間の総収入である。当初は，夫の労働力価値は$6\frac{2}{3}$時間であったのに，今では$5\frac{1}{3}$時間に減価しているわけであるから，その差額$1\frac{1}{3}$時間が相対的剰余価値になる。妻に関しても同じである。

しかし，2つ目の労働力商品が普及していない段階では，男性労働者の社会的・平均的労働力価値は引き続き$6\frac{2}{3}$時間のままであるとしよう。すると，理論的には，2つ目の労働力商品である妻の個別的労働力価値がたとえ4時間に引き下げられたとしても，夫婦合計で$10\frac{2}{3}$時間の総収入を得ているわけであるから，夫婦全体としては減価後の総労働力価値と同じだけの額が支払われていることになる。このようなことが可能なのは，労働力商品が個別的に生産されるのではなく，夫婦共同世帯が労働力商品生産の基本単位になっているからである[2]。この世帯単位論はこれまで，妻の家事労働が労働力価値に原理的に入らない理由として持ち出されたり，「妻の扶養費」なるものが成人男性労働者の労働力価値に原理的に入ることの理由として持ち出されたりしたが，すでに述べたようにそれらの議論には根拠がなかった。しかし，この世帯単位論は，女性の労働力価値の個別的低下を可能にする根拠としては十分意味がある[3]。

さて，この女性労働者は，この時点の社会的・平均的な水準の労働力価値（つまり成人男性労働者の労働力価値）である$6\frac{2}{3}$時間ではなく，4時間の個別的価値しか賃金として得ておらず，その差額である$2\frac{2}{3}$時間は，この女性労働者を雇う資本家にとっての超過剰余価値になるだろう。ところで，このような低い個別的価値をもった女性労働力を広範囲に使用できるのは，すでに機械化が進行している生産部門だけであるから，この労働力価値の個別的低下の恩恵を直接受けるのは，この生産部門の資本家だけである。したがってこれは，この特定の部門の資本家だけが入手しうる特別剰余価値となるだろう。

この特別剰余価値の性格

では，この特別剰余価値の性格はいかなるものであろうか？ 私が『価値と剰余価値の理論』で検討したように，特別剰余価値には2つのタイプが存在する。

1つ目は，マルクスが『資本論』で解明している通常の意味での特別剰余価

値である。すなわち，特定の資本が先駆的により先進的な生産様式や生産手段を採用することによって，商品の個別的価値を引き下げ，商品の社会的価値との差額を入手する特別剰余価値である。私はこれを，同部門の他の諸資本との横の関係で生じる特別剰余価値であるから，水平的特別剰余価値と呼んだ。

2つ目は，労働力価値の個別的低下によって生じる特別剰余価値である。特定の資本が機械化などによって自分の雇用する労働者に関してだけ単純労働化した場合には，その労働力の個別的価値を単純労働者の労働力価値水準にまで引き下げることができるが，その労働が生産する価値量は，社会的には複雑労働が生み出す価値量と同じ水準のものとして通用するので，その差額が特別剰余価値になる。これは，賃金労働者との縦の関係で生じる特別剰余価値であるから，私はこれを垂直的特別剰余価値と呼んだ。

以上の規定にもとづくなら，共働き化によって生じる特別剰余価値はいずれの範疇に属するだろうか？ 家事労働の圧縮による労働力価値の潜在的減価がまだ顕在化していない段階で，男性の賃金労働力の価値が引き続き同じ水準であるのに，同じ世帯から販売される2つ目の労働力商品である女性労働力の個別的価値が大幅に引き下げられることで発生する特別剰余価値なのだから，これは明らかに垂直的特別剰余価値である。

だが，これはあくまでも特別剰余価値であるから，当然，2つ目の労働力商品が広く普及するようになると，理論的には，すべての労働力商品の価値が$5\frac{1}{3}$時間に収斂することによって，特別剰余価値がすべての資本に均等化し，特別剰余価値は範疇的には消失することになるだろう。なぜならそれは，特定の資本家のみが特殊な条件下で特定の時期にかぎって入手する剰余価値という規定的性格を失うからである。だが，この場合の特別剰余価値には，他の特別剰余価値の場合には見られないある重要な特徴がある。次にそれを見てみよう。

2　共働き化による相対的剰余価値の発生

特別剰余価値の相対的剰余価値への転化の2つの形態

私が『資本と剰余価値の理論』および『価値と剰余価値の理論』で検討してきた特別剰余価値（水平的および垂直的）の場合，新しい労働生産性水準ないし

単純労働化が普及すると，それは範疇的のみならず，量的にも消えてなくなる。とはいえ，それは全体としての諸商品の価値を低下させることによって，間接的には相対的剰余価値の生産に寄与している。したがって，通常の特別剰余価値は，個々の資本家にとっては消えてなくなるかもしれないが，それは，生活諸手段の商品価値を全般的に低下させることによって，結局，回り道をして，間接的相対剰余価値へと徐々に転化していっているのである。これを，「**特別剰余価値の相対的剰余価値への間接的転化**」と呼ぶことにしよう。

それに対して，共働き化にもとづく特別剰余価値の場合は，このような回り道をした転化だけが見られるわけではない。たとえば先の節約効果の数値例で見るならば，機械化を先駆的に大規模に推し進めることのできた特定の生産部門の資本家たちは，それと同時に，低賃金女性労働者を先駆的に大量充用することができ，したがって，すでに見たように，彼女らには$6\frac{2}{3}$時間の社会的労働力価値ではなく，4時間の個別的労働力価値を支払うだけでよかった。この社会的労働力価値と個別的労働力価値との差額，$2\frac{2}{3}$時間は，この特定の資本家だけが入手することのできる（垂直的）特別剰余価値であり，それゆえ，先駆的に女性労働者を大量充用できた生産部門の資本家はきわめて急速に資本蓄積を成し遂げることができるのである。

しかし，共働きが社会的に一般化するにつれて，理論的には社会的・平均的労働力価値の水準が$5\frac{1}{3}$時間へとしだいに収斂し，このような特別剰余価値は範疇としては消失する。しかし，これまで得ていた$2\frac{2}{3}$時間の特別剰余価値は個々の資本家にとっても，普通の特別剰余価値と違って量的には単純に消えてなくなるわけではない。今では，資本家は，$5\frac{1}{3}$時間の価値を持った労働力を2つ入手している。つまり合計で，$10\frac{2}{3}$時間の支出で2つの労働力を購入している。しかし，労働力価値が減価する以前なら，2つの労働力を入手するには，$13\frac{1}{3}$時間の支出をしなければならなかった。したがって，2つ合計で$2\frac{2}{3}$時間の相対的剰余価値を入手していることになる。この大きさは，上で見た（垂直的）特別剰余価値の大きさと同じである。これが相対的剰余価値であるのは，この資本家だけが入手しているのではなく，すでに全般的に労働力価値減価が生じているので，すべての資本家が入手しているからである。つまり，家事労働の強制的圧縮による特別剰余価値は，そのまま直接的に相対的剰余価値に転

化したことになる。これを，「**特別剰余価値の相対的剰余価値への直接的転化**」と呼ぼう。

相対的剰余価値の不均等な発生

しかし，以上の議論はまだ理論的に抽象的である。なぜなら，ここでは，最終的に男女ともに平等に $5\frac{1}{3}$ 時間という均等な労働力価値に収斂することになっているからである。現実には，根深い女性差別の存在などが影響して，共働き化が一般化しても，ある程度の収斂傾向がありつつも，男女の賃金格差が残り続けるだろうし，実際に残り続けた。したがって，共働きが社会的にかなり一般化しても，男女間の賃金格差が一定残るだろう。たとえば，男女ともに $5\frac{1}{3}$ 時間になるのではなく，たとえば男性労働者は6時間に下がり，女性労働者は $4\frac{2}{3}$ 時間にとどまるという事態も想定されるであろう。では，この場合，特別剰余価値と相対的剰余価値との関係はどうなっているのだろうか？

この場合，共働きがすでに一般化しているわけであるから，特定の資本家のみが獲得するという意味での特別剰余価値は範疇としては消失している。それはすでに，資本家が全般的に獲得するものとしての相対的剰余価値に転化している。しかし，その相対的剰余価値は，男女労働者から均等に獲得されているわけではなく，性別に不均等な形で獲得されている。すなわち，先の例だと，平均すれば1人あたり $1\frac{1}{3}$ 時間の相対的剰余価値が発生しているのだが，男性賃金労働者からはそれよりも $\frac{2}{3}$ 時間だけ少ない $\frac{2}{3}$ 時間の相対的剰余価値が獲得され，女性賃金労働者からは平均よりも $\frac{2}{3}$ 時間だけ多い2時間の相対的剰余価値が獲得されている。

こうして，性差別というファクターを考慮に入れると，特別剰余価値は最終的に相対的剰余価値に転化するのだが，相対的剰余価値それ自体が性別に不均等な形で発生し，不均等な形で資本家に獲得されることになる。

ただし，誤解の余地のないように言っておくが，以上の理論的考察から，男女の賃金平等はただ，男性労働者の賃金を削ってそれを女性労働者の賃金に付け替えることによってのみ実現すると考えるのは正しくない。賃金闘争は，労働者が資本家から獲得する総賃金額を固定化した上で労働者の内部の再配分を求めるものではなく，何よりも，賃金の総額そのものを増大させることを求め

るものである。相対的剰余価値の発生を前提するのは，資本の立場であって労働者の立場ではない。総賃金額の大きさと剰余価値の量（個別的ないし集団的なそれ）そのものが階級闘争の対象である。したがって男女労働者は，もちろんのこと，男女労働者の賃金をともに6時間に，あるいはそれ以上に高めるために闘うし，闘うべきである。

第5節 「労働力の価値分割」論の解明Ⅲ
―― 共働き化の不均等な進展

1 共働き化の不均等な進展

マルクスの想定

　マルクスの「労働力の価値分割」論においては，家族構成員が賃労働者化することによって，労働力価値の全体が価値分割される。だとすれば，成人男性労働者の賃金は以前の2分の1，3分の1に低下することになる。このような低賃金が広く普及し，それが賃金の相場になるなら，家族構成員を労働市場に送り出していない労働者家族はそのような低賃金では世帯全体の生活をまったく再生産できなくなるので，いやおうなしに家族構成員をことごとく労働市場に送り出さなければならなくなるだろう。

　しかも，マルクスの想定では，成人男性労働者の賃金の中には，家族の生計費は入っているが，家事労働は入っていないので，賃金はすべて直接に家族の生活手段価値に還元されている。つまり，予備価値がまったく存在しない。したがって，平均賃金の低下はただちに労働力の平均的な再生産条件を脅かすことになる。

　つまり，マルクスの「労働力の価値分割」論にあっては，共働き化をする経済的動機が労働者世帯の側にほとんどない代わりに，いったん共働き化が進行しはじめれば，極端な賃金低下を引き起こすことによって，経済的に鉄の必然性をもって共働き化が全面的に進行することになる。そして，ほとんどすべての労働者は男女を問わず自分個人の生計費のみに還元された低賃金労働者になる。まさに「家族単位」賃金から「個人単位」賃金への全面的移行が，機械制大

工業期以降は鉄の必然性を持って貫徹されるわけである。

　ところが，現実においてはそのようには進行しなかった。それどころか，すでに述べたように，むしろ第2次世界大戦後に，発達した資本主義諸国においては，急速な資本蓄積と並んで，賃金労働者の家庭にも片働き分業モデルが広範に成立するという事態が生じた。この現実はマルクスの「労働力の価値分割」論では説明しえない。

共働き化の不均等な進展

　しかし，われわれの理論的想定では，労働者世帯の側に多少の選択の余地がある。たとえば，第1例の夫8時間バージョンでは，片働き分業モデルにおける成人男性労働者（夫）の労働力価値は$6\frac{2}{3}$時間であった。これが共働き分業モデルに移行すると夫の労働力価値は理論的には$5\frac{1}{3}$時間に短縮する。それでも片働きを維持したとしたら，その際に必要となる生活手段価値の総計は6時間であるから，$\frac{2}{3}$時間の不足になる。しかし，先に見たように，男性労働者の賃金は男女平均値の$5\frac{1}{3}$時間ではなく，6時間にしか下がらないとすれば，この賃金額はまさに男女夫婦が必要とする生活手段価値とまったく同額であり，したがって，労働者世帯の再生産は可能である。

　したがって，共働き化の進行によって賃金がしだいに下がり始めても，だからといって，他のすべての世帯が無条件に家族構成員を労働市場に送り込まないかぎり世帯の生活がまったく再生産できないほどの極端な低水準に落ちるわけではなく，ぎりぎり再生産可能なのである。このように，われわれの理論的想定では，一定の選択の余地が労働者世帯に存在するので，共働き化は，鉄の必然性をもって全世帯で不可逆的に進行するのではなく，世帯間でかなりの不均衡を伴って進行しうるだろう。

　ところで，共働き化による「労働力の部分的価値分割」によって賃金低下が進行しながらも片働き世帯がその片働きを維持した場合，すでに見たように，賃金収入額と支出される必要生活手段価値とが完全に同額になった。これは，いわば，従来の賃金水準であったならば存在した予備価値分（$\frac{2}{3}$時間）がまるごと消失した事態であるとみなせる。これまでの章ですでに検討したように，予備価値はさまざまな用途に用いられ，全体として必要生活手段価値か代替生

活手段価値に還元された。ここでは，そのいずれでもなく，共働き化による賃金低下に対する緩衝的役割を果たしていることになる。予備価値が一定の緩衝的役割を果たしうることは，以前の諸章ですでにごく抽象的には検討しておいたが，ここでは，「労働力の部分的価値分割」という具体的メカニズムによって生じる賃金低下に対する緩衝的役割を果たしており，したがって資本の蓄積運動に対して労働者世帯の側の異なった戦術的対応を可能としているのである。

2　資本の蓄積運動と階級妥協

労働者の抵抗と再片働き化

しかし，以上の想定でもまだ理論的に抽象的である。なぜなら，資本が「労働力の部分的価値分割」を通じて賃金を引き下げるさいに，世帯全体として減価した労働力価値より下には引き下げないということが前提されているからであり，また，妻を賃金労働に動員するさいも，1日12時間という総労働時間制限が踏み越えられない範囲で働かせることが前提になっているからである。しかし，労働者の生活の再生産条件などいっさい顧みることなく，たとえ短期間でも1人あたりの労働者から最大限の剰余価値を搾り取ろうとする資本の衝動は，このような理論的に想定される制限をあっさりと踏み越えるだろう。とりわけ，相対的過剰人口圧力の大きい単純労働部門においてはそうである。そして，何よりも女性労働力が大量動員されるのはこの部門なのである。

したがって，共働き化の進行による賃金低下は理論値を超えて進行するだろうし，いったん賃労働者化した女性の賃金労働時間は，必要な家事・育児労働時間など無視して延長されるだろう。圧縮可能な家事労働時間分さえ凌駕して賃金労働時間が延長された場合，当然，労働力は正常な水準で再生産されなくなるだろう。

こうして，資本の現実の運動に即して考えれば，労働者側からの抵抗と反撃がないかぎり，結局，労働力の正常な再生産条件が破壊されるのである。これは産業革命期において，労働日の野放図な延長が労働力の正常な生涯平均耐用期間を大幅に縮めたのと同じである。資本というのは，外的に制約されないかぎり，自己自身が立脚する社会的生産条件をも破壊する存在なのである。

もし市場メカニズムだけに頼るならば，このような再生産条件の破壊によって労働力が大量死するか衰退し，それが外部から労働力を調達するスピードをも超えて進行し，それによって大規模な労働力不足が起こって，資本蓄積をも危機に陥れる事態にまで至らないかぎり，この資本の運動はやまないだろう。だが，そんな事態になるまで労働者は待つことはできない。労働者は，市場メカニズムだけに頼っていることはできないのであって，もう1つのメカニズムを発動させなければならない。すなわち，階級闘争のメカニズムを。
　では，資本の野放図な資本蓄積運動に対抗して労働者はどうするだろうか？　階級意識が十分高く，女性労働者も平等に組織化されているのならば，労働者の運動は当然，労働時間の大幅制限，男女平等で相対的に高い水準での労賃の維持などを目指すだろう。だが，男女労働者の階級意識がともに低く，その反対に性差別意識がなお強く，男女間に組合組織率に大きな差がある場合，男性主導の労働組合にとっては，女性の労働供給を減らすことによって男性賃金を防衛するという選択肢が有力なものになるだろう。その際，「家族賃金」というイデオロギーは，正当な労働力価値水準を超えて低落する賃金を防衛するための手段になったと考えられる。
　これは，男性労働者にとって一石二鳥に作用する。なぜなら，一方では，それは男性労働者の賃金を防衛するだけでなく，自分にとって文化的・精神的に必要な家事労働時間をも保障するからである。なぜなら，家事労働の「文化的・精神的要素」とは，性差別が支配的な社会状況においては，しばしば男性に対する奉仕的要素も含まれるからである。それゆえ，資本の支配下でこうむる屈辱と労苦は，家庭内での支配的地位によって多少とも報われるだろう。
　しかし，男性労働者にとってこの戦略に有利な面があるにしても，資本家にとってはどうなのか？　もし女性労働の供給量を減らして男性の賃金を防衛するという道がもっぱら資本の利益に反するものであるのなら，その実現はきわめて困難だろう。したがって，ここでは何らかの階級妥協が必要になるだろう。それは，一方では，資本が一定水準の賃金（家族賃金）を成人男性労働者に保障する代わりに，成人男性労働者がより熱心でより勤勉でより忠実な賃金労働者として働くこと，すなわち，男性労働者が資本の欲する賃労働材料として自己をより純化することである。そして，男性の身体性は，妊娠・出産・授乳な

どによって賃金労働が一定期間困難化する可能性の高い女性の身体性よりも，賃労働に純化する上でより資本の要請に適合的なものであった[4]。他方では，男性賃金を脅かさない範囲で女性が賃労働者化するときには，彼女らを「家計補助的」労働者として低賃金水準に縛りつけることを受け入れることである。こうして女性労働者を家庭に追いやること（水平的排除），あるいは女性を補助的ないし周辺的な下層労働者としてのみ受け入れること（垂直的排除）を伴いつつ，男性労働者と資本家とのあいだに一種の階級妥協が成立するだろう。こうすることで，労働力の再生産に必要な家事・育児労働は，賃金労働の全面遂行を妨げることなく専任家事労働者ないし家計補助的賃金労働者の手で遂行されることになり，労働力の維持のみならず労働力の世代的再生産にも必要な体制が保障されることだろう。これは長期的に資本の利益にもかなう。

ただし，こうした階級妥協は多少なりとも熟練ないし技能が残されている部門ではより容易だろうし（労働者側に男性の賃金水準を維持するだけの力量が残っている），そうでない部門においてはより困難だろう（すなわち，男女ともに低賃金労働者に転落しやすい）。

家族賃金イデオロギーの二面性

この階級妥協はこのように一種の二面性を持っている。一方ではそれは，男女を含めた労働者全体の階級的自己保存のために必要なものであり，労働者階級の維持と再生産とを可能にするものであった。他方ではそれは，男性労働者の熱心な資本主義的賃労働への同意と女性労働者の排除と下層化とを伴い，労働者内部に性別による分断を持ち込んだ。より正確に言えば性別のラインを引き直し，それを再強化した。また，労働者世帯の再生産費用が成人男性労働者の賃金のみに（あるいは主としてそれに）依存するため，家庭内での妻の経済的従属をもたらすとともに，失業によるリスクを高めることになった。唯一の生計費を稼ぐ男性は，「家族のために」働く企業戦士となり，妻は夫が稼ぐ賃金に依存する「銃後の妻」となった。

このような二面性は，家族賃金イデオロギーそのものの二面性と結びついている。「家族賃金」は，質的に見れば，妻を働かせなくても食っていける賃金という性差別的概念として構成されており，最初から妻の賃労働者化を排除な

いし限定するものであった。女性は結婚ないし出産するまでは賃労働者でありえても、結婚ないし出産したら夫の扶養に入り、家事労働に専念すべきであるという性別分業イデオロギー（それは近代以前から存在する中上層階級の文化的規範を受け入れるものでもあった）をそれは体現していた。

しかし他方で家族賃金は、量的に見れば、労働力価値以下にまで下がった賃金、したがって、家事労働力の再生産さえ脅かすような低賃金に対抗し、賃金を事実上、家事・育児労働分も含めた本来の労働力価値水準（育児労働については次章で論じる）にまで引き上げるためのイデオロギー的手段となった。家事労働が労働力価値の中に入るなどという認識をとうてい持ちえなかった当時の労働者にとって、家事労働によってつくり出された価値部分を含んだ労働力価値の水準を獲得するには、この価値部分が事実上分解していく生活手段価値、すなわち「妻の扶養費」を最初から賃金の中に含めることが必要であった。これが「家族賃金」イデオロギーであり、マルクスもまたその労働力価値論において無批判に取り入れた仮定であった。

家族賃金イデオロギーを批判するときには、この両面を見る必要がある。それは、質的には性差別的なものであったが、量的には別に2人分の賃金を不当に得ようとするものではなく、無意識的とはいえ、家事労働分を正当に賃金に反映させるためのものでもあったのである。

資本蓄積と再共働き化

こうして、資本と男性労働者とのあいだに一定の階級妥協が成立した。しかし、この階級妥協はいつまでも続かない。基本的に、低賃金単純労働者層のあいだでは最初からこのような妥協は困難であったし、また資本蓄積の不可避的な進展は、男性労働者がどんなに忠実に賃金労働材料として振る舞おうとも、やがて労働力不足を引き起こし、結局、既婚女性を含む女性労働者の大量動員を不可避にし、こうして再共働き化を必然化させるからである（潜在的過剰人口の動員）。また、すでに述べたように、女性の賃金は「家計補助」的なものとして男性よりも低い水準しか支払われていないので、その面からも女性労働力の動員がなされる経済的動機が資本の側に存在するだろう。

しかし、それと同時に、その間におよびそれ以降も、しだいに家事労働の労

働生産性は上昇し，家事労働の強制的圧縮ではなく，労働生産性の上昇による家事労働の本来の短縮がかなりの程度実現されるだろう。こうして，世帯内における労働力の再生産条件を侵害することなく，再共働き化を可能とする客観的条件がしだいに形成されていくことになる。

だが，世帯内における労働力の再生産条件が実際に保障されるかどうかは，賃金労働時間そのものの長さと強度，家事労働の性別分担度，家事・育児労働に対する公的支援・サービスの量と質，等々などの諸条件に左右されるだろう。これらの諸条件は，日本では最初から労働者および女性にとって相対的に不利なものであり，それゆえ，資本の矛盾するこの2つの傾向，すなわち，女性労働力を排除して男性労働力をより馴化した賃労働材料として徹底利用する傾向と，女性労働者を含めてできるだけ多くの労働力を賃金労働力として搾取しようとする傾向とは，通時的には，すなわち女性のライフサイクルに即しては，いわゆるM字型雇用として実現され[5]，共時的には，すなわち労働市場の内的構造としては，周辺部分ないし非正規部門での女性労働者の大量雇用という形で実現されることになった。

以上見たように，資本主義における共働き化の進行は単純な過程ではない。資本の蓄積運動，労働者の組織性と抵抗力，性差別の程度，国家の福祉水準，労働者の文化や習慣，等々のさまざまな諸条件に規定されて，一定の部分的片働き化をともないつつ，全体として共働き化を実現していくのである。

新自由主義と「資本主義の限界」

では現在はどうなっているだろうか。現在の新自由主義の時代においては，戦後日本で実現されたような，性差別的とはいえ安定した雇用構造も破壊されつつある。ますます労働者全体および女性労働者を取り巻く状況は過酷なものになり，賃金の圧縮圧力はますます激しさを増している。資本蓄積運動に対するあらゆる規制を撤廃し，その自由な追求を体制的に保障することを核心とする新自由主義は，女性労働者のみならず，男性労働者のかなりの部分をも非正規労働者の群れの中に投げ込み，正規労働者として残った部分にはいっそう過酷な労働を強いている。正規労働者といえども，いつ非正規労働者に転落するかわからない不安と恐怖の中で，以前にも増して過酷な労働に駆り立てられて

いる。それでいながら，その実質賃金は減少傾向をたどり，その下層においては非正規労働者と変わらない惨めな収入しか得ていない。一部のエリート女性は男性エリート並みに出世するかもしれないが（それもたいていは体力が続くあいだだけだが），圧倒的多数の女性労働者は以前より長時間で以前より不安定な低賃金労働者となっている。

　こうして，新自由主義化した資本主義は，真の男女平等を可能とするための諸条件を次々と破壊・後退させることによって，再び労働力の再生産条件との先鋭な対立関係に入っている。だが，資本蓄積のグローバル化によって世界的規模で安価な労働力が大量に調達できるならば，この対立は資本蓄積危機をすぐには引き起こさないだろう。結局，労働者は自分たちの生命の正常な再生産条件を守るためには，再び階級闘争に頼るしかない。しかも，資本蓄積運動がグローバルなものになっているだけに，グローバルな階級闘争に頼るしかない。新自由主義の現実は，真の男女平等も，真の労働者保護も，資本主義の下では不可能であることを証明した。資本主義は，新自由主義を通じて自己自身の歴史的限界を顕示しつつある。新自由主義との闘争を通じて，資本主義そのものを克服することが，21世紀における男女労働者の世界史的課題である。

1）　拙著『価値と剰余価値の理論』（作品社，2009年）第3章，参照。
2）　夫婦共同世帯を1つの単位として労働力が再生産されると言っても，それは社会的・平均的なレベルでの話であって，女性の単身世帯の場合には，女性の賃金の個別的低下は労働力の再生産条件に対する重大な侵害要因となるだろう。本文で見たように，女性の賃金が4時間に下がった場合，女性単身世帯はどうなるだろうか？　これは非分業モデルの第3例の2に該当する。すなわち，賃金労働時間が8時間で，家事労働時間が$1\frac{3}{5}$時間であり，必要生活手段価値は$4\frac{4}{5}$時間である。ところが，女性は4時間分の賃金しか得ていないので，$\frac{4}{5}$時間足りなくなる。したがって，この場合，必要生活手段価値さえ補塡できず，質的・量的によりわずかな生活手段で満足するしかないだろう。
3）　同じことは若年労働者の場合にもあてはまるだろう。親と同居している場合には，賃金が労働力価値以下でも，世帯全体として労働力価値水準を獲得している場合には，労働力の再生産条件は侵害されないだろう。そのことを社会的前提として，単身世帯を構成している若年者の賃金も，予備価値分を超えてさらに低い額に設定された場合には，やはりその労働者は社会的平均よりも水準の低い生活手段価値しか受け取れないだろう。

4) この点については，拙著『資本主義と性差別』(青木書店，1997年) の第5章を参照せよ。ここで，同書に対する二宮厚美氏の批判 (二宮厚美『ジェンダー平等の経済学』新日本出版社，2006年) に簡単に答えておく。二宮氏は，資本の論理は性や年齢などの属性には中立的であるという大前提 (資本のジェンダー中立説) にもとづいて，拙書に対して主として次の2点の批判を加えている。①結局，森田の著作は，男性と女性の身体性の差を問題にしているので，生物学還元主義である。②森田の著作は，もっぱら片働き化の必然性だけを説いており，資本の蓄積運動が本質的に共働き化を引き起こす点を見ていない。

まず①について。どんな社会も自然の根本的制約を受けて存在している。資本主義も同じである。資本主義だけが自然の制約を超えることができるわけではない。このことは，今日のエコロジー危機やエネルギー危機がはっきりと物語っている。これは社会を科学的に理解する上での物質的基礎でもある。人間の労働だけが価値を生むのであって，家畜は動物なので価値を生まないが，このことを認めるのは生物学還元主義だろうか？ 人間は飲まず食わず寝ずに労働することはできない。もしそうすることができれば，資本の蓄積運動はほとんど無限に進行するだろう。だが，人間は生物であり，生物としての根本的制約を有している。だから，1日に働ける時間には制限があり，生きていくためには一定の生活時間を必要とする。マルクスはその労働日論においてこの点を強調しているが，これはマルクスの生物学還元主義を証明するものだろうか？ 金や銀が歴史的に貨幣の地位についてきたのは，その金や銀の特殊な物理的・化学的性質 (腐らない，錆びない，物質的に希少である，容易に分割し再結合することができる，等々) のおかげである。このことを認めるのは，物理学還元主義や化学還元主義だろうか？ 資本が使用価値的にも価値的にも人間労働力に依拠しているかぎり，その身体性は資本にとっての重大な制約条件であり続ける。労働力を新たに産出するためには，女性が一定の頻度で妊娠・出産しなければならないことも，重大な制約条件である。もし工場でパソコンを生産するように労働力を生産することができれば，資本にとっての制約条件は著しく減少することだろう。しかし，そうはいかない。資本は自然を超越することはできない。労働力の単純再生産のためであっても一定の妊娠・出産・授乳を必要とし，したがってそれによって賃金労働を制約される女性の身体性もまた資本にとっての制約条件である。資本はもちろん，しばしばこの制約条件を無視して女性の身体を無制限に使用しようとするだろう。これは，男女労働者をともにその生物学的制約を無視して長時間労働に使用しようとするのと同じである。だが，この事実は，生物学的身体性が制約条件として働かないことの証明にはならない。もしそうなら，資本は1日24時間労働者を働かせようとする傾向があるから，労働者は1日24時間働くことができるだろう，という奇妙な命題を提出することが可能になってしまう。他のすべての条件が同一で，男女労働者のどちらを賃労働材料として選択しなければならないとしたら，資本がどちらを選択するのかは明らかである。このことを認めるのは，生物学還元主義だろうか？

次に②について。この第2の批判点もまったく言いがかりにすぎない。私は拙書に

おいて，資本それ自身が相対立する2つの傾向（賃労働からの女性の排除と賃労働への女性の動員）をもっていることについて論じている。資本が女性労働力を大量動員する傾向に関しては，すでにマルクスが『資本論』で詳しく述べており，改めて詳しく論じる必要のない自明のことであった。それゆえ，私は拙書で簡単にのみ触れておいた（簡単といっても，誤解の余地のない形ではっきりと述べられている。拙書の177頁以降を見よ）。問題は，資本の利益がもっぱら女性労働力を動員することだけであるのなら，その傾向が一直線で進むはずであるにもかかわらず，マルクスの予想に反して，広範な片働き世帯が戦後の先進資本主義諸国において広範に成立したのはなぜなのか，である。そこでマルクス主義フェミニズムの陣営（その一部）から出されたのが，資本主義と家父長制との二元論であり，男性労働者が家父長制的利益にもとづいて（あるいは世帯主制における女性の生殖上の身体支配にもとづいて），資本に対して女性労働者の労働市場からの撤退と専任家事労働者化をもたらしたのだ，という仮説である。しかし，この説明は根本的な難点を持っている。もしそうだとしたら，家父長制は資本の根本的利益にさえ反して自己の利益を資本に押しつけることができるくらい強力であると仮定することになる。そのような強力な家父長制の物質的基盤はいったい何なのか？ 個々の家庭内で「搾取」されるわずかな量の家事労働か？ あるいは家庭内で夫によって支配される女性の生殖能力か？ このような仮説は説得力をもたない。そこで私は，資本それ自身のうちに，女性労働力を搾取材料として動員する傾向とともに，それとは対立する傾向，すなわち，女性労働力を排除して男性労働力をより賃労働材料に適合したものとして選択する傾向があるという仮説を提出したのである。そして，その傾向を純粋に析出するために，性差別が存在しない状態を理論的前提にした。もちろん，性差別を前提にすればこのことはもっと簡単に証明できる。たとえば，家事・育児労働の負担が女性に不均等に重くのしかかっている状態を前提するならば，女性が賃労働分野から排除されるか周辺化される傾向を証明するのは非常に簡単である。なぜならそれは，性差別によって性差別を証明することだからである。それゆえ，私は経済的な意味でも文化的な意味でも男女平等状態を理論的に前提したわけである。こうした状態を前提した上で資本がどのように性差別的に作用するかを説明することが拙書の課題であった。このことの証明はかなり困難であるので，拙書ではそれに多くの頁を割くことになった。それに成功しているかどうかはともかく，私が，資本による女性労働力の排除，したがって片働き化の傾向しか論じていないというのは，まったくの言いがかりなのである。問題は2つの相対立する傾向の存在を確認することであり，この2つの矛盾した傾向が具体的な諸条件のもとでどのように実際に作用するのかを明らかにすることである。

　なお，二宮氏の著作に対する簡潔で的確な批判的論評として以下を参照せよ。中川スミ「資本は性に中立（ニュートラル）か──二宮厚美『ジェンダー平等の経済学』（新日本出版社）を読んで」（『経済科学通信』第113号，2007年）。この優れた論文は残念ながら，中川氏の死後に編集された彼女の論文集『資本主義と女性労働』（桜井書店，2014年）には収められなかった。編者の1人である青柳和身氏がこの論文を「氏

の研究にとって画期をなすもの」(前掲『資本主義と女性労働』, 211頁) ときわめて高く評価しているだけに, なおさら残念である。

5) 資本のこの2つの傾向が独特の形で交差した形態の典型がM字型雇用(すなわち, 若年期と中年期において女性労働力率が顕著に高く, そのあいだに挟まれた出産・育児期に女性労働力率が落ち込む形態) であるとはいえ, U字型ないし台形型雇用(そのような中間的落ち込みが少なく, 若年期から中高年期まで一貫して女性労働力率が高い形態) が男女平等型であるとはかぎらない。それは単に, アメリカのように極端な階層分化を表現しているだけかもしれない。すなわち, 高度専門職や大企業エリート層においては, 夫婦が, 家事・育児を低賃金の女性労働者(多くは移民労働者か有色労働者) に委ねることによって一貫した共働きを実現し, これらの低賃金女性労働者(ベビーシッター, メイド, 掃除婦) は, 自分および家族に必要な家事・育児を極端に圧縮して, 他人の家事と育児を担っているだけかもしれない。この場合には, 女性の高所得層も低所得層もともに持続的に雇用労働力化しているが, それを男女平等の現われと見るのはナイーブにすぎるだろう。性差別がM字型雇用をとるのは, 国内にそれほど大きな賃金格差がなく, 労働力の調達が基本的に国内でまかなわれているという非帝国主義的雇用環境を前提としている。国内に極端な賃金格差が生み出され, 安い外国人労働者を大量に用いることができるならば, 性差別を温存ないし国際的に再生産しつつ, 台形型雇用に移行することも可能だろう。

第6章 「労働力の世代的再生産」と剰余価値論

　これまで，家事労働と労働価値論および剰余価値論との関係，そして労働者世帯の共働き化による「労働力の価値分割」の問題について，多くのページを割いて説明してきた。それによって問題の本質は十分に明らかになったと思う。そして私はすでに『価値と剰余価値の理論』において複雑労働におけるいわゆる修業費（より正確には技能価値）の問題を解明した。したがって，労働力価値の内実をめぐる問題で残っているのは，「子どもの養育費」，あるいは労働力の世代的再生産にかかる費用と労働の問題である。しかし，この問題は，家事労働の問題が原理的に解明されているので，基本的にその応用として解くことができる。

第1節　マルクスにおける「労働力の世代的再生産」論

　労働者の賃金の中に，次世代の労働者を生み育てるための費用が入っていなければならないことは，マルクス以前の経済学者たちにとってさえ自明のことであり，このことを理解するのにいささかの理論的洞察も必要ない。労働者が世代的に再生産されずに一代だけで終わったならば，それは単に資本の存続を不可能とするだけでなく，そもそも社会の存在そのものを不可能にするだろう。したがって，問題は，この単純な事実を単に繰り返すことではなく，このことを労働価値論にもとづいて首尾一貫して説明することができるかどうかである。そこでまず，マルクスがこの問題についてどのように論じていたかを簡単に確認しておこう。

1　『資本論』における叙述

　すでに述べたように，「妻の扶養費」に関して『資本論』の記述には重大な不整合が見られた。すなわち「貨幣の資本への転化」章において最初に労働力価

値について規定した際には「妻の扶養費」について何も書かれていないのに，「機械と大工業」章で「労働力の価値分割」について論じるさいにはあたかも最初から成人男性労働者の労働力価値には「妻の扶養費」が入っているかのように記述されていることである。これとまったく同じというわけではないが，実を言うと，「子どもの養育費」に関しても『資本論』には，それと類似した理論的不整合が見られる。

労働力の価値規定における「養育費」

まず，「貨幣の資本への転化」章において最初に労働力価値について規定したさい，マルクスは次のように述べて労働力価値の中に「子どもの養育費」を入れることを是認している。

> 労働力の所有者は死を免れない。だから，……彼が市場に現われることが持続的であるためには，労働力の売り手は，「どの生きている個体も生殖によって永続化されるように」，やはり生殖によって永続化されなければならない。消耗と死とによって市場から引きあげられる労働力は，少なくとも同じ数の新たな労働力によって絶えず補充されなければならない。だから，労働力の生産に必要な生活手段の総量には，補充人員すなわち労働者の子どもの生活手段が含まれているのであり，こうしてこの独特の商品所持者の種族が商品市場で永続化されるのである。(KI, 224-225頁, S. 185-186)

ここでは，賃金の中に「子どもの養育費」が入ることは，労働者種族を永続化させるという理由で正当化されており，したがってその子どもの数は「消耗と死によって市場から引きあげられる労働力」と「同じ数」でしかない。ではその人数は何人なのか？　成人労働者が男女ともに賃金労働者になっている社会を前提するならば，それは自分自身の労働力分だけとなるだろうから，その数は1名であろう。しかし，片働き分業モデルが一般的である場合には，その数は2人ということになる。したがって，労働力の永続化という理由によって正当化できる子どもの数は最大2名である。

それ以降の記述

　ところが，「機械と大工業」の章における「労働力の価値分割」論の場面になると，機械の普及によって女性・児童労働が動員され，成人労働者1人の1労働日の代わりに4労働日が資本によって搾取されるという例の記述がなされている。ここで改めてその核心部分を引用しておこう。

　　機械は，労働者家族の全員を労働市場に投じることによって，成人男性の労働力価値を彼の全家族のあいだに分割する。それだから，機械は彼の労働力を減価させるのである。たとえば4つの労働力に分割された家族〔の労働力〕を買うには，おそらく，以前に1人の家長の労働力を買うのにかかった費用よりも多くの費用がかかるだろう。しかし，その代わりに1労働日が4労働日になり，その価格が下がるのに比例して，4労働日の剰余労働が1労働日の剰余労働を超過する分も大きくなる。(KI, 515-516頁, S. 417)

　ここで問題なのは，この「4労働日」とは誰と誰の労働日のことを言っているのかである。残念ながら『資本論』では明示されていない。それゆえ，すでに第5章で見たように，ここで言う「4労働日」が，成人男性とその妻と2人の子どもの合計4労働日のことなのか，それとも，成人男性はそもそも労働市場から排除されて，妻と3人の子どもの合計4労働日のことなのか曖昧である。第5章では前者の場合を仮定して議論をした。しかし，後者の可能性も完全に排除できるわけではない。たとえば，『賃労働と資本』では次のようにはっきりと後者のパターンが例示されている。

　　しかし，機械によって解雇された1人の男性に代わって，工場はおそらく3人の子どもと1人の女性を雇うだろう！　だが，この1人の男性の賃金はかつては3人の子どもと1人の女性を養うのに十分ではなかったのか？　賃金の最低限は労働者種族を維持し繁殖させるのに十分ではなかったのか？　だとすると，ブルジョアが好んで用いる先の決まり文句は何を意味するのか？　それは，1つの労働者家族分の賃金を得るためには，今では

以前の4倍も多くの労働者の生命が使用されなければならないということ以外の何ものでもない。(『賃労働と資本／賃金・価格・利潤』, 62頁)

　このように, ここでは, 労働力の価値分割によって雇用される4労働日というのは, 妻と3人の子どものことだとされている(同じような記述は, 後述するように, 『資本論』初版出版のわずか2年前になされた講演である『賃金・価格・利潤』にも見出せる)。したがって, 『資本論』においても後者のパターンを仮定するなら, 子どもの数は3人だということになる。この労働力価値分割論では必ずしも明確ではなかったが, 蓄積論においては, マルクスははっきりと, 労働者の受け取る「普通の賃金」は労働者の単なる維持だけではなくその増殖をも保障するものだと述べている。

　　次にこれらの成分を実際に資本として機能させるためには, 資本家階級は労働の追加を必要とする。すでに使用されている労働者の搾取が外延的にも内包的にも増大しないとすれば, 追加労働力を買い入れなければならない。資本主義的生産の機構はそれにすぐ対応できるようになっている。というのは, この機構は労働者階級を労賃に依存する階級として再生産し, この階級の普通の賃金は, この階級の維持だけでなくその増殖(Vermehrung)をも保障するに足りるからである。(KI, 757頁, S. 607)

　だが, マルクスは『資本論』の労働力価値論においては, 「この階級の普通の賃金」が「この階級の維持だけでなくその増殖をも保障するに足りる」ことを何ら説明していなかった。ここでも, 「妻の扶養費」と同じで, まったく説明されていないことがあたかもすでに説明済みであるかのようにみなされている。
　もちろん, 次のような反論がただちになされるだろう。労働力価値について最初に規定されたときにはあくまでも「少なくとも同じ数」とされているだけで, 「同じ数」でなければならないとされているわけではない。そして, 労働者の絶対数が増えなければ資本の長期的増殖も不可能なのだから, 「労働者種族の永続化」ということのうちには, 基本的には消耗と死によって労働市場から退場する労働力を上回る数の子どもが養育されるということがある程度前提

されている。それゆえ，賃金に入る養育費の対象となる子どもの数は，「2人ないし3人」という程度に理解しておくことで十分なのだ，と。

なるほど，こうした異論には一理ある。実際，労働者の絶対数がまったく変わらないとすれば，いくら相対的過剰人口を創出したとしても，いずれ長期的には労働力の絶対的不足という事態に逢着するだろう。したがって，労働者の絶対数が緩やかでも増大することは，資本蓄積が可能となるための前提条件の1つである。したがって，労働力の価値規定に入る子どもの人数は「2人ないし3人」という程度の漠然とした数で十分と言えるだろう。だが，もしそうだとしたら，まず第1に，なぜマルクスは最初の時点でそのように明確にことわっておかなかったのか？　第2に，労働力価値のうちに2人ないし3人の子どもの養育費を算入することを労働価値説にもとづいてどのように整合的に説明するのか？　いやそもそも，どのような論理にもとづいて，成人労働者の労働力価値の規定に次世代の子どもの養育費を算入することが正当化されるのか，その子どもが賃金労働者になるとはかぎらないのに？

労働力価値論において想定されている子どもの数と，蓄積論において想定されている子どもの数とが異なるのは，この問題でのマルクスの柔軟性を示すというよりも，そもそも労働価値論にもとづいて労働力価値規定に子どもの養育費を入れることを説明できていないことの現われであると言うべきだろう。だが，この核心的問題に入る前に，「子どもの養育費」に関して『資本論』以前のマルクスがどのように述べていたかについて簡単に振り返っておこう。

2　『資本論』以前における叙述

初期マルクス

まず最初に，マルクスが経済学の問題について最初にまとまって書き記したものである「経済学・哲学草稿」における叙述を見てみよう。まずマルクスは，基本的にアダム・スミスにもとづいて次のように書いている。

　　賃金の最低にして唯一必然的な水準は，労働期間中の労働者の生活維持と，さらに加えて労働者が家族を養えて，労働者種族が絶滅することのな

い程度のものである。(全集40, 300頁, MEW Erg. 1, S. 471)

これはいわゆる「第一草稿」の冒頭に近い部分にある一文だが、いわゆる「第二草稿」にも次のような一文がある。

> 国民経済学にとって、労働者の必要とするところのものは、ただ労働者を労働期間中に養う必要のことであり、しかも労働者種族が死滅しない程度の必要にすぎない。……したがって、賃金は資本と資本家にとってやむをえぬ出費でしかないのであって、この必要な額を超えてはならないのである。(全集40, 444頁, MEW Erg. 1, S. 524)

以上の引用から明らかなように、この最初の経済学草稿においてマルクスは、基本的に古典派経済学の議論にもとづきながら、賃金をその最低水準で規定しており(このような賃金論は後に克服される)、したがってその中には、労働期間中の労働者を養う分と労働者種族が死滅しない分しか入れていない。つまり、労働者が増殖する分が賃金の中に入っていないのである。

しかし、この時点でのマルクスはまだ経済学を研究し始めたばかりであり、その最初の時点での単なる草稿における記述をあまり重視する必要はないだろう。したがって、マルクスの本来の見解はもう少し後の文献で確認する必要がある。

前期マルクス

そこで、マルクスの最初期の経済学的作品である『哲学の貧困』(1847年) を見てみると、そこでは、最初に労働 (力) の価値規定をするときにすでに労働人口の増大が前提になっている。

> 労働は、それ自体が商品である以上、そのようなものとしては、商品たる労働を生産するのに必要な労働時間によって計られる。では、商品たる労働を生産するには何が必要なのか？ 労働を絶えることなく維持するために、言い換えれば、労働者が生活できて労働者種族を増やすことができ

るようにしておくのに必要不可欠な諸物を生産するだけの労働時間が必要なのである。(全集4, 80-81頁, MEW 4, S. 83)

このように，『哲学の貧困』では，最初に労働（力）の価値を規定するときに，労働者がその種族を増やすことのできるだけの諸物の価値が賃金に入ることが前提されている。「経済学・哲学草稿」でも『哲学の貧困』でも，労働者の賃金はその最低限で規定されているという点では同じなのだが，その内実には多少の変化が見られるわけである。この点の変化は，マルクスにおける経済学説の発展を考察する上でそれなりに重要な変化であると思われるが，ここではこの点は問題にしない。ここで問題になるのは，労働者の増殖分の生活手段価値を賃金に原理的に入れることがどのように労働価値説的に正当化しうるのかである。

たとえば，1メートルの綿布の価値には，その綿布の生産を増大させるのに必要な原材料の価値があらかじめ入っているなどと言ったとすれば，それがいかに奇妙な言説かは明らかだろう。1メートルの綿布の価値は，その綿布を生産するのに必要だった労働によって規定されているのであって，いくら資本家にとってはその綿布の生産を拡大することが必要だったとしても，その拡大分の原材料価値を綿布の価値にあらかじめ算入しておくことができるわけではない。それが可能となるのはあくまでも，綿布の価値に含まれている剰余価値が追加資本に転化される場合だけであり，もし綿布の価値に剰余価値が含まれていなかったら（たとえば賃金が高い，労働時間が短いなどの理由で），綿布の拡大再生産は不可能であろう。

『哲学の貧困』に続く重要な経済学的文献である『賃労働と資本』(1849年) の場合も，賃金には最初から労働者が増殖する分の費用が「繁殖費」として含まれているのだが，その理由づけはなかなか興味深い。

　　工場主がその生産費を計算し，それにもとづいて生産物の価格を計算するさい，労働用具の磨耗をも考慮に入れる。たとえば機械が1000フランかかるとして，この機械が10年で使い果たされるとすると，工場主は毎年100フランを商品の価格につけ加えるのであり，そうすれば10年後には，この使い果たされた機械を新しい機械に置き換えることができる。同じよ

うにして，単純な労働の生産費にも繁殖費が計算に入らなければならない。それによって，労働者種族は増殖する (vermehren) ことができるのであり，使い果たされた労働者を新しい労働者に置き換えることができるのである。よって，労働者の損耗分が機械の損耗分と同じように計算の中に入るだろう。(『賃労働と資本／賃金・価格・利潤』，30-31頁)

マルクスはここで「機械の更新」を例にとって，労働者の賃金には労働者が増殖しうるだけの費用が入らなければならないとしている（この機械のアナロジーは，後で見るように，『賃金・価格・利潤』でも繰り返されている）。根拠もなしに労働者の増殖分を入れていた『哲学の貧困』と違って，ここでは，機械の事例を出すことで，多少なりともその根拠が提出されている。だが，この根拠は二重に問題である。

まず第1に，機械の損耗分がそれによって生産される生産物の価値に移転することでその損耗分が補塡されるという論理を，労働力価値にもあてはめるのならば，労働力そのものを生産するのにかかった労働と費用とが労働力の本体価値を形成し，それが労働者に支払われる賃金によって毎年少しずつ補塡されるとみなさざるをえない。そして，実際，私は後で，まさにそのような論理を提出するつもりなのだが，マルクス自身はそのようには語っていない。マルクス自身は，労働力の価値に子ども（次世代の労働者）の養育費が入るという論理を採用しており，この論理は「機械の更新」というアナロジーとまったく一致していない。

第2に，たとえこのアナロジーを認めたとしても，「機械の更新」論によって正当化されるのはただ，消耗と死とによって労働市場から退場する労働者と同じ数の労働者だけである。どうして労働者の増殖分の費用が正当化されるのか？

結局，マルクスは，労働力の価値の中に子どもの養育費が入るということを労働価値論的に説明することに失敗しており，したがってまた消耗と死とによって労働市場から離脱する以上の子どもを養育する費用が賃金に入ることを理論的に正当化することにも失敗している。

「経済学批判要綱」と1861〜63年草稿

次により本格的な経済学研究の結果である「経済学批判要綱」と1861〜63年草稿ではどうなっているかを確認しておこう。

「経済学批判要綱」では，この「子どもの養育費」に関してはほとんど論じられていない。まず，最初に労働能力の価値が規定されている場面では，そもそもこの部分は捨象されている。

> では労働者の価値はどのようにして決められるのだろうか？ 彼の商品の中に含まれている対象化された労働によってである。この商品は彼の生命力のうちに存在している。この生命力を今日から明日まで維持するためには——労働者階級については，つまり彼らが階級として自己を維持していけるための消耗分の補充については，われわれはまだ問題にしない。というのは，ここでは労働者は労働者として，したがって前提された多年生的主体として資本に対立しているのであって，まだ労働者種族のうちのはかない個体として資本に対立しているのではないからである——，彼は一定量の生活手段を消費し，使い果たされた血液の補充などをしなければならない。（草稿集1，395頁，II/1-1, S. 339）

もっともマルクスは，その後，相対的剰余価値や利潤や蓄積について論じている場面では，労働者人口の絶対的増大を前提しているのだが，その増大が可能となるメカニズムについては具体的にほとんど何も述べていない。たとえば，相対的剰余価値について論じた場面でマルクスは次のように述べている。

> 賃金は，労働者だけでなく，労働者の再生産をも含んでいる。だから，労働者階級のこの見本が死ねば，他の見本がそれに取って代わるし，50人の労働者が死ねば，それを埋め合わせるために新たな50人が登場してくる。50人の労働者自身——生きた労働能力としてのそれ——は，自分自身を生産する費用を表わすだけでなく，50人の新たな個人のかたちで自分たちが補充されるために，個人としての賃金分以上に，彼らの両親が支払わなければならなかった費用をも表わしている。だからこそ，賃金の

引き上げがなくとも，人口は増進していくのである。(草稿集1, 445頁, II/1-1, S. 265-266)

この文章は最後の1行を除けば，基本的に『資本論』で最初に労働力価値について論じられているものと同じで，死によって市場から退場するのと同じ数の労働者が再生産されなければならず，したがってその分の費用が賃金の中に含まれているということだけである。ところが，マルクスはそれを受けて，「だからこそ，賃金の引き上げがなくとも，人口は増進していくのである」と，何ゆえか，いきなり労働者人口の世代的な拡大再生産を結論づけている。これは非論理的な飛躍であると言わざるをえない。

次に1861～63年草稿について見てみよう。そこでは，最初に「労働能力の価値」について論じている場面において，『賃労働と資本』と同じく，最初から労働者人口の増大を可能とする繁殖費が労働能力の価値に入っている。

> ……資本は絶えず市場で，流通の内部で，自らの労働能力を販売する売り手たちを見出さなければならない以上，労働者はいずれ死ぬものであるから，労働者は自分自身の生活手段の他に，労働者種族を繁殖させ増殖させ(vermehren)，あるいは少なくともそれを所与の水準に維持するに足るだけの生活手段を入手することが必要なのであり，これによって労働不能または死によって市場から取り去られた労働能力が新鮮な労働能力によって補充されるのである。言いかえれば，子どもたち自身が労働者として生きていくことができるようになるまでの期間，彼らを養うのに足るだけの生活手段を入手しなければならない。(草稿集4, 62頁, II/3-1, S. 37-38)

しかし，ここでも先と同じく，資本が常に労働市場で労働力を見出さなければならないという事情，そして労働者はいずれ死ぬからその分を補充する労働者が必要であるという事情は，それ自体としては，労働能力の価値に子どもの養育費が入る理由にはならないし，ましてや消耗と死によって労働市場から退場する以上の労働者数を保障する分が賃金に入る理由にもならない。

ちなみに，1861～63年草稿では，蓄積論以前に同時的労働日論のところで

すでに労働人口の絶対的増大が資本の増大の前提であることが述べられている。

> 平均労賃の高さが，労働者人口が維持されるばかりでなく，どんな割合においてであれ，たえず増大する (wachsen) のに十分であると仮定すれば，はじめから，増大する労働者人口が増大する資本にとって与えられており，同時に他方では，剰余労働の増大，したがって増大する人口による資本の増加も与えられている。もともと資本主義的生産にあっては，この仮定が出発点とされなければならない。というのは，資本主義的生産は剰余価値の，すなわち資本の不断の増加を含んでいるからである。資本主義的生産そのものがどのようにして人口の増加の一因となるのかについては，ここではまだ研究することはできない。(草稿集4, 294頁, II/3-1, S. 166)

この引用文の末尾で，「資本主義的生産そのものがどのようにして人口の増加の一因となるのかについては，ここではまだ研究することはできない」とあるが，この研究はその後も十分にはなされなかったように思われる。いずれにせよ，労働価値論にもとづく説明はなされていない。

『賃金・価格・利潤』

ここまではすべて，労働者の賃金には，あるいは労働能力の価値には，最初から労働者の増殖分が入っていた。しかし，この点はその後修正される。たとえば，1865年になされた講演である『賃金・価格・利潤』では，『資本論』と同じく，最初に労働力価値規定を行なうさいには，労働者人口の増大分については一言も言われていない。

> 人間は機械と同じく使い古されるのであり，他の人間と置き換えられなければならない。労働者が自分自身を維持するのに要する一定量の必需品に加えて，労働市場においていずれ自分と交代して労働者種族を永続化させるべき一定数の子どもを育てるのにも，一定量の必需品を必要とする。
> (『賃労働と資本／賃金・価格・利潤』, 203頁)

『賃労働と資本』と同じく，ここでも労働者の世代的再生産は「機械の更新」というアナロジーで説明されているのだが，『賃労働と資本』とは違って，労働者の増殖や増大については何も言われていない。ただ「労働者種族の永続化」が言われているだけである。これは理論的にはより正当であろう。機械の更新というアナロジーによって説明できるのは，消耗と死によって労働市場から退場する労働者と同じ数の労働者の補充だけだからである。

さらに『賃金・価格・利潤』では労働力価値の構成要素について説明した後に，最後に労働力の価値について次のように総括されている。

> これまで述べてきたことからわかるように，労働力の価値は，この労働力を生産し，発達させ，維持し，永続させるのに必要な必需品の価値によって決定される。(『賃労働と資本／賃金・価格・利潤』, 205頁)

ここでも労働者の増殖や労働人口の増大については言われておらず，ただ「この労働力を生産し，発達させ，維持し，永続させるのに必要な必需品の価値」としか言われていない。しかし，『資本論』の場合と同じく，労働力価値の分割が問題になる場面では，次のように子どもの数は，労働者数の単純再生産を超える数が理由もなく想定されている。

> 中産階級〔ブルジョア階級〕の統計家たちはたとえば諸君にこう言うだろう。ランカシャーにおける工場労働者の家族の平均賃金は上がったと。だが彼らが看過しているのは，その家族の長たる1人の成人男性の代わりに，今では彼の妻とおそらくは彼の3人ないし4人の子どもが資本というジャガナートの車輪の下に投げ込まれており，総賃金の引き上げがその家族から絞り取られる総剰余労働の増大におよそ見合っていないということである。(『賃労働と資本／賃金・価格・利潤』, 230-231頁)

このようにここでは，『賃労働と資本』とは違って，子どもの数は「3人」ではなく，「3人ないし4人」とされ，いっそう増大している。当時の労働者家族の多くが実際にこれだけの数の子どもを抱えていたという現実をこの文章は反

映しているわけだが，そのことに関する理論的説明はいっさいされておらず，あたかも最初からその数の子どもが想定されていたかのようである。

以上見てきたように，労働力価値の中に労働人口の増大分が入るのかどうかについて，『賃労働と資本』から『資本論』にかけて一定の変化が見られた。まず第1に，労働者の増殖を最初からアプリオリに前提していた立場から，それを最初の時点では前提しない立場へと変化している。これはすでに述べたように，理論的にはより正当である。しかし第2に，にもかかわらず，「労働力の価値分割」論あるいは資本蓄積論になると突然，結局，2人を越える数の子どもの存在があたかも最初から前提されているかのような記述になっている。この矛盾と不整合は結局のところ，「妻の扶養費」の場合と同じく「子どもの養育費」をきちんと労働価値論にもとづいて労働力価値のうちに位置づけることができていないことの現われである。

第2節 「労働力の世代的再生産」と労働力価値

さて，以上のマルクスの叙述を踏まえて，いよいよ本題に入ろう。ここではまず，労働力の世代的再生産にかかわるもののうち，通説においても労働力価値の中に算入されているもの，すなわち子どもによって消費される生活手段価値について論じ，その次に労働力の世代的再生産に必要な直接的労働の問題を取り上げよう。

1 「子どもの養育費」と労働力価値

まず最初は，「子どもの養育費ないし扶養費」として概念化されている部分，すなわち労働力の世代的（単純）再生産に必要な子どもの生活手段価値についてである。

機械の更新と労働力の更新

最初の手がかりとなるのは，マルクスが労働者向けにわかりやすく説明しようとして『賃労働と資本』および『賃金・価格・利潤』において用いた「機械の

更新」とのアナロジーである。ここで機械が労働力の比喩として用いられているのは、どちらも生産過程において資本の支配下で生産的に機能するからであろう。たしかに、その機能の仕方は、使用価値の視点から見ればほぼ同じであるが、価値の視点から見るとまったく異なる。死んだ客体である機械はその価値をただ生産物に移転させるだけである。しかし、生きた主体である人間労働力はその本源的価値を生産物に移転させるのではなく、新たに価値を創造するのである。

　だが、相違はこの点だけにあるのではない。もう一つ重要な相違がある。機械の損耗とその価値移転として考えられているのは、機械本体の価値である。すなわち、機械そのものが本源的に生産されるときに費やされた過去の労働と費用の総額である。だが機械はそれを日常的に使用するためには、その本源的な労働と費用だけですむわけではない。それは、日常的なメンテナンスや運転費用が必要になる。たとえば、機械に油をさしたり微調整をしたりする労働やそれにかかる補助材料費、あるいは機械が電気で動くとすれば、その電気代、あるいはまた、機械を一定期間使用すれば修繕したり部品を交換したりする必要も出てくる。これらのランニングコストもまた、生産物の価値の中に移転しなければならない。

　では、労働力はどうか？　奇妙なことに、マルクスはしばしば労働力と機械とをアナロジーさせているにもかかわらず、その際に労働力価値として念頭に置かれているのは基本的に、機械の場合とは違って、労働力の本体そのものが生産されるときに費やされた過去の労働と費用ではなく、それを日々再生産するのに必要な生活手段価値なのである。つまり、機械の比喩で言うと、労働力本体の価値ではなく、そのランニングコストなのである。だが、機械本体の価値と比較するべきなのは、労働力のランニングコストではなく、労働力そのものを本源的に生産するのに過去に費やされた労働と費用でなければならない。

労働力の本源的費用と労働力価値

　では、労働力そのものが本源的に生産するのに費やされた労働と費用とは何であろうか？　とりあえず、費用の問題に話を限定するなら、労働力の本体を本源的に生産するのに必要な費用とは言うまでもなく、ある労働者が生まれて

から一人前の労働力として機能することが可能になるまでのあいだにその労働者自身によって消費された総生活手段価値，および子育てに必要なかぎりで支出される種々の費用の総額であるのは明らかである。これこそが，労働力の本源的費用である。そして，労働力はこの本源的費用なしにはそもそも労働力として存在しないのだから，この費用分が労働力の生涯価値の中に入るのは，労働価値論からして当然であろう。そしてこの総費用は，労働力が販売されるときに一度に支払われるのではなく（もしそうだとすればあまりにも莫大すぎるだろうし，その資本家のもとで一生働くことになるだろう），この労働力が実際に生産過程で機能する生涯労働年数の中で，少しずつ賃金によって補塡されていくのである。

　たとえば，労働力が一人前になるまでの期間が平均的に15年間だとして（もちろん今日ではもっと長いが，かつてはこれくらいであった），その間，子どもの養育にかかる生活手段価値が平均して成人の生活手段価値の約半分であると仮定しよう。成人男性の必要生活手段価値が年に240万円だとすると，子どもには毎年平均して120万円ずつ費やす必要があり（この年間費用そのものは子どもの年齢によって変わるが，平均値だけがここでは問題になる），15年間の総計で1800万円になる。これが平均的な労働力の本源的費用であり，これが労働力の生涯価値の中に含まれるわけである。しかしそれは一度に支払われるのではない。この労働力が平均的に60歳まで，すなわち45年間機能するとすれば，この1800万円という総額は45年間という生涯労働年数のあいだに支払われる賃金によって少しずつ補塡されるのである。すなわち，1800万円÷45＝40万円が年々の賃金に入ることになる。これこそが，生産手段で使用される機械の磨耗分の価値と比較されるべき部分であろう。

　そしてこの部分は通常，労働者が子どもをつくる場合には，この子どもの養育費に充てられるだろう。こうして，消耗や死によって労働市場から退場する労働力の世代的補充が可能になり，労働力の存在を永続化させることができるのである。つまり，労働力価値のうち，「子どもの養育費」として漠然と算入されていた価値部分は実際には，労働力本体の生産にかかわる費用なのであり，それが次世代の労働力の養育費に転用されるのである。

　このように，労働力本体を本源的に生産するのに費やされた費用が生涯労働

期間中に補塡されるならば，そして，この補塡部分が次世代の子どもの養育に必要な生活手段の購入に転用されるならば，労働力の世代的再生産は可能になる。これこそがとりあえず，労働力の世代的再生産を可能にする価値論上のメカニズムである。

世代の異なる世帯間の価値移転

しかし，ここで次のような疑問がただちに浮かぶ。子どもが一人前になるのに必要な期間は15年間である。だが，生涯労働年数は45年間である。15年間に費やされた総費用が45年かけてようやく補塡されるのだとしたら，働き始めてから，生まれた子どもが一人前になるまでの期間に得られる補塡分ではとうていこの15年間に必要になる費用をまかなうことはできないだろう。

たとえば，働きはじめて5年後に子どもをつくるとすると，そこからの15年間で補塡される本源的費用は，先ほどの数字を用いるならば，20年×40万円＝800万円であり，本来必要な本源的費用の総額（1800万円）の半分以下でしかない。この不足はどのようにして調達されるのだろうか？　それは現実にはさまざまなパターンが想定される。たとえば，労働者世帯が文化的要求のための支出を一時的に低く抑えることによってか，あるいは子育てを終えて家計に余裕のある自分の親の世帯からの援助によってか，さまざまな節約をすることによって生活手段への支出を切り詰めることによってか，あるいは国家による公的福祉（たとえば児童手当や子ども手当として）や企業による追加手当によってか，あるいは一定年齢に達した子どもが部分的に賃労働者化することによって（いわゆるアルバイト），である。個々の世帯はそれぞれが置かれた具体的な諸状況に応じて，これらさまざまな手段をさまざまな割合で組み合わせることで，この不足分を補うだろう。

ここでは一例として，この不足分が，世代の異なる世帯間で価値移転が行なわれることでまかなわれるパターンを具体的に考察しておこう。実際，福祉が貧困である資本主義の初期段階においては，また労働者世帯による生活手段消費が平均化されている抽象的な理論レベルでは，このようなパターンが最も有力なものであろう。たとえば，先の数字を使うと，15年間の子育てに必要な総価値1800万円のうち，その子育て世帯自身がまかなえるのは800万円だけで

ある。しかし，この世帯は子育てが終わった後にも，本体価値がその賃金を通じて支払われ続けるわけだから，その分（1000万円）はすべて貯金になるだろう。子どもが結婚して子育てをする年代になれば，この貯金をその費用に充てることで，労働力の世代的再生産が可能となるのである。つまり，特別の資産を持たない労働者階級は，国家による福祉がない場合には，複数の世代をまたいだ世帯間価値移転があってはじめて労働力の世代的再生産が可能となるわけである。

とはいえ，個々の世帯は必ずしも自分の親の世帯をあてにできるわけではないので，実際にはさまざまな手段が動員されなければならないし，何よりも，個々の世帯の置かれた偶然的状況に左右されない公的福祉という普遍主義的手段が保障されなければ，結局のところは労働力の世代的再生産は保障されないのである。

ここでは子どもが労働者になるまでの期間を15年と想定したが，今日ではこれがあまりにも短すぎるのは明らかである。たとえば，これを20年と想定してみよう。すると，労働者の本体価値は20年間の生活手段価値によって構成されることになり，先ほどの数値例を用いるなら，1年間に平均的に必要な生活手段価値は120万円であるから，20年間で総計2400万円必要になる。この本体価値が，今度は20歳から60歳までの40年間の生涯労働期間で補塡されるのだから，1年あたりの補塡額は60万円になる。先ほどの数値例よりも20万円も多くなっている。

もちろん，同じ歴史的時期であっても，労働者によって，15年で賃労働者になる場合（中卒労働者），18年で賃労働者になる場合（高卒労働者），20年で賃労働者になる場合（短大卒ないし専門学校卒の労働者），22年で賃労働者になる場合（大卒労働者）など，さまざまなパターンがあるだろう。そして，個々の労働者の労働力価値が考察される場合には，これらの差はもちろんのことそれぞれの生涯賃金の差に反映させなければならないが，一般的に論じる場合にはこれらすべての平均だけが問題になる。

マルクスのある文言

ところで，マルクスは言うまでもなく『資本論』では基本的に労働力のこの

本源的費用について何も述べていないのだが，『賃金・価格・利潤』では，労働力の価値について論じる中で，さりげなく次のような一文が存在する。

　　労働者が成長し自己の生命を維持するためには (to grow up and maintain his life)，一定量の必需品を消費しなければならない。(『賃労働と資本／賃金・価格・利潤』，203頁)。

　これを文字通りに取るならば，労働力の価値には，「自己の生命を維持する」だけでなく，そもそもそれ以前に，「労働者が成長」するために——つまり労働者が生まれてから一人前の労働者に成長するまでに——消費する生活手段の価値も入っているということになる。だとすれば，マルクスはまさに私と同じ主張をここでしていることになる。しかし，マルクスは，この文章に続いて，本文ですでに引用したように，いずれ自分に取って代わる子どもを育てるために必要な生活手段価値が，労働力価値に入ることを明言している。これはどういうことだろうか？ 労働力価値には，その本源的費用と子どもの養育費とがそれぞれ別個に入っているということだろうか？ もちろん，そんなことはありえない。ここで「成長」という言葉が入ったのは，偶然的なものであろう。マルクスは他のどこでもそれについて述べていないし，この『賃金・価格・利潤』においてもそれ以上何の説明もしていない。

　それにもかかわらず，この一句が入っていることは重要である。マルクスは，この『賃金・価格・利潤』でも繰り返し，労働力の価値が他のどの商品の価値とも同じく，その生産に必要な労働量によって規定されていると明言しており，その主張に整合的であるためには当然にも，労働者が成長するためにその労働者自身によって子ども時代に消費された生活手段の価値も労働力価値に入らなければならないはずだからである。したがって，この偶然的に入った「成長する」という一句は，マルクスの労働力価値論をマルクス自身の本来の企図（労働価値論にもとづくその理論的解明）に沿って発展させるための重大な手がかりを与えるものであるのだ。

　しかし，これで問題は片づかない。先に見たように，労働力の本源的費用が労働力価値に反映することによってまかなうことができるのは，その労働者の

分の本源的費用だけであり，したがって，それを次世代の労働者の養育費に用いるとすれば，1人分の子どもの養育費だけである。共働き世帯であればそれで十分である。しかし，もし成人男性世帯主だけが賃金労働者として働いている片働き分業モデルを前提するならば，少なくとも2人分の子どもの養育費がこの成人男性労働者の労働力価値の中に入っているのでなければ，労働力の世代的単純再生産は不可能になるだろう。いったい，この2人分の子どもの養育費を労働力価値に入れることは，労働価値論からしてどのように正当化されるのだろうか？　それが次のテーマとなる。

2　育児労働と労働力の価値規定

　これまでの家事労働論における分析からすでに読者のみなさんは察しがついていると思うが，ここでも問題を解く鍵は，労働力を再生産するのに必要な直接的労働の存在である。労働力の日常的再生産に必要な直接的労働は家事労働であるが，労働力の世代的再生産に必要な直接的労働は育児労働と教育労働である。ここでは，その大部分が公教育として提供される教育労働を捨象して，主として家庭内で提供されている育児労働だけを取り上げよう。幼稚園や保育園等による育児労働の社会的代替や，子どもが複数いるときには，より年長の子どもがより年少の子どもの世話をすることによる生じる家庭内の部分的代替についても捨象して，単純に育児労働は親から提供されるとみなしておこう。労働力を世代的に再生産するには，子どもが家庭ないし学校などで消費するさまざまな生活手段価値だけで足りないのであって，とりわけ，子どもが幼いときには，家事労働以上に，子どもの世話にかかる直接的労働が決定的に重要になる。それなしには，子どもはそもそも生きていることさえできないだろう。この育児労働の問題を無視して，労働力の価値規定にかかわる問題を解決することはできない。

　この育児にかかわる労働もまた時間と価値という両方の観点から見ることができる。すなわち，賃金労働時間を制約する消極的要因として，および労働力価値の大きさに積極的に反映する要因として，である。まずは前者から見ていこう。

賃金労働時間の制約要因としての育児労働

たとえば，育児労働時間が，子どもの全年齢に均等に平均すると1日に2時間かかるとしよう。必要家事労働時間について詳細にその量的関係を考察した第3章においては，賃金労働時間と家事労働時間との総計の最大値は1日あたり12時間であった。ここに，この2時間が加わるなら，実際には労働者は1日あたり最大14時間の労働をすることになる。

第3章で労働時間の最大値として最初に仮定した時間は14時間だったが，賃金労働と家事労働との量的関係を実際の数値例で詳細に考察した際には，それよりも2時間少ない12時間を1日あたりの労働時間の最大値として計算しておいた。それは，育児労働時間分の隙間をつくっておくためであった。それゆえ，ここで2時間の育児労働時間が追加されても，第3章で検討した賃金労働時間と家事労働時間との相互関係を修正する必要はないことになる。

しかし，その時間の長さが年齢によって大きくは変わらない家事労働と違って，育児労働時間の長さは，子どもの年齢によって大きく変化する。子どもが小さければ小さいほど，育児労働時間はほとんど24時間に近い水準であるが，しだいにその時間は短くなっていく。子どもを育てるための費用はそれとは逆に，子どもが幼ければ幼いほど少なくてすむが，大きくなればなるほど増大する。食事量が増える，衣服がより大きくより多様なものが必要になる，さまざまな生活欲求が広がり増大する，さまざまな教育関連の費用が追加的に必要になる，等々の理由からである。したがって，ごく単純化して言えば，子どもが小さければ小さいほど必要なのは時間であり，大きくなればなるほど必要なのは費用であるという関係が存在することになる。

そして，子どもが小さいときに必要とされる膨大な育児労働時間の存在は，それが一方の親にもっぱらないし主としてかかっているかぎり（性差別社会においてはそれは基本的に母親である），その育児労働担当者の賃労働者化を根本的に制約するだろう。この場合，育児労働担当者が賃労働者化しうるには，育児労働を代替する措置が絶対に必要になる。自分の親や兄弟による援助，公的ないし営利的な保育所や託児所，あるいはベビーシッターなどが必要であろう。営利的な保育所や託児所やベビーシッターの場合には莫大な費用支出を必要とするので，この場合，賃金労働時間を捻出するために代替生活手段価値へ

の大幅な支出増が必要になる。

育児労働の労働力価値への積極的反映

そして，育児労働が家庭内で調達されるか，外部から有料で調達される場合には，この育児労働はけっして無償ではなく，労働という形態でか費用という形態で支出されているのであり，したがってそれは家事労働と同じく有償なのであり，この分も労働力価値に反映しなければならない。それはちょうど，機械の本体価値の中に，機械を生産するのに必要だった種々の原材料や使用された労働手段の磨耗分が入るだけでなく，原材料を機械に加工するために投下された直接的労働も入るのと同じである。

そして，この場合も，計算に入るのはあくまでも平均値だけである。先ほども述べたように，子どもが小さければ小さいほど育児時間が長くて費用は少ない（育児労働を代替するために追加的にかかる費用を捨象するならば）。逆に子どもが大きくなればなるほど育児時間が少なくて費用は大きくなる。両者が相殺しあって，子どもが生まれてから一人前になるまでの15年間に年々かかる両者の合計額がほぼ同じ大きさであると仮定しよう。さらに，この直接的労働分を費用に換算した額が，子どもの成長にかかる生活手段価値と同じ大きさであると仮定しよう。すると，先ほど例に出した本源的費用の数値例を用いるならば，毎年120万円ではなく，倍の240万円分に相当する価値が費やされていることになる。したがって，15年間で総計で3600万円かかることになる。これこそが，労働力の本源的な本体価値であり，この分が労働力の生涯価値の中に加算されるのである。

この本体価値の総額が，労働者が一人前になってから引退するまでの45年間の生涯労働年数のあいだに支払われる賃金によって少しずつ補填されるのであるから，1年あたりの補填額は80万円である（3600万円÷45年）。労働者は，日々の生活を維持するのに必要な賃金額とは別に年80万円の貨幣額が残っていなければ，自分の労働力価値が本体部分も含めてきちんと支払われたことにはならないであろう（なお，20歳まで扶養される場合も想定しておくと，その場合，1年間に必要になる補填価値は120万円になる）。

労働力の本体価値と「労働力の世代的再生産」

さて，ここまで来れば，どのように労働力が世代的に再生産されるのか，それがいかにして労働価値論的に説明しうるのかは，もはや明らかであろう。上の数値例で示したように，労働力の本体価値の総額は，2人分の子どもの生活手段価値と同額であり，したがって，本体価値部分も賃金によって支払われるかぎり，この部分を次世代の子ども2人分の養育費に充てることができ，したがって，たとえ片働き分業モデルを前提にしても，労働者階級の世代的な単純再生産が，したがってその階級的永続化が可能となるのである。もちろん，実際には本体価値の総額と2人分の子どもの養育費とがぴったり同額になるわけではないが，この点はあまり重要ではない。たとえ，育児労働分の価値が生活手段価値よりも少なかったり多かったりする場合でも，その総額の範囲内で生活手段価値への支出が微調整されるだけの話である。いずれにせよ，2人目の子どもが一人前になるまでに必要となる生活手段価値は，労働力の本体価値のうち育児労働が反映している部分なしにはまかなうことはできないのである。

だが，ここでは，家事労働について論じたときに考慮したある問題が捨象されている。つまり，労働時間そのものが増大するのに応じてその労働を行なう労働者の消費する必要生活手段価値も増大するという問題である。したがって，実際には，育児労働時間が総労働時間に追加される場合には，その長さに応じて育児労働者が必要とする生活手段価値も追加的に増大しなければならず，したがって，育児労働時間がそのまま労働力の本体価値に反映したとしても，その部分を丸ごと2人目の子どもの生活手段価値に充当することはできないはずである。その一部は，本来，育児労働を担う親の追加的な必要生活手段価値に充当されなければならない。

しかし，この問題はすでに家事労働について論じたときに原理的に解明済みであり，詳細な数値例でもって具体的に説明するのは無駄であるし，読者にただ負担をかけるだけであろう。また，子どもが2人になったからといって，必ずしも子育てに必要な生活手段価値が単純に2倍になるわけではない。最初の子どものために買った種々の追加的な生活手段（衣服やベビーベッドやおもちゃなど）は，いわゆる「お下がり」として2番目の子どもにも使用可能だからである。したがって，子どもが2人になっても，追加的に必要になる生活手段価

値の大きさは2倍ではなくたとえば1.5倍程度かもしれない。その差額は，育児労働時間が追加されたために親が追加的に消費する生活手段価値に転用することが可能だろう。

いずれにしても，このような細かい条件設定にもとづいた量的関係をここで詳細に論じるには及ばない。それゆえここでは，家事労働について論じたときと違って，労働時間そのものは長くなったときに生じる追加的な生活手段価値の問題を捨象し，かつ，子どもの生活手段の「共同使用」による節約についても捨象したのである。

以上，なぜ1人分の成人労働者の賃金でもって2人分の子どもの生活手段価値をまかなうことが可能なのかを労働価値論的に説明した。家事労働の場合と同じく，この場合も，結果的には，直接的労働（この場合は育児労働）が反映した部分も結局は生活手段価値（この場合は2人目の子どもの生活手段価値）に費やされている。しかし，今では，妻や子どもの生活手段価値は労働価値論によって媒介されており，理論的に説明されている。アプリオリに妻と子ども2人分の生活手段価値を成人男性の労働力価値に含めるのではなく，成人男性の労働力を日常的および本源的に生産し再生産するのに必要な過去および日々の労働と費用とが労働力価値に反映され，その分が妻や子ども2人分の生活手段価値に転用されることで，労働力の日常的および世代的再生産が可能になることが明らかにされている。これこそが，労働価値論を労働力という特殊な商品にも適用することであり，マルクスの立場を理論的に首尾一貫させることなのである。

3 「労働力の世代的拡大再生産」を可能とする元本

しかし，まだ解決されていない問題が残っている。それは，単に労働力が世代的に単純再生産されるだけでなく，何ゆえ拡大再生産されうるのか，そのことをどのようにして労働価値論的に説明するのか，である。

まず最も簡単に思いつく解決策は，親が子どもの世話に投じる育児労働の価値が，1人分の子どもの生活手段価値を大きく上回っている場合を想定することである。先ほどの仮定では，育児労働分は1人分の子どもの生活手段価値と

同額であることが想定されていた。それゆえ，この分が成人になってからの労働力価値に反映することによって，1人分の成人労働者の賃金でもって2人分の子どもの養育費を捻出することができたのである。しかし，育児労働によって生み出される価値の大きさと子ども1人分の必要生活手段価値とが同じであるとアプリオリに前提する根拠は何もない。それゆえ，育児労働によって潜在的につくり出される価値の大きさが2人分の子どもの必要生活手段価値と等しいと前提すれば，成人男性労働者1人の平均的賃金のうちに最初から3人の子どもを養育することを可能とする価値が入っているとみなすことができるだろう。しかし，そう前提する根拠もない。とはいえ，育児労働によって潜在的に生み出される価値の大きさが，1人分の子どもの必要生活手段価値と同額であるとする根拠もないので，前者が後者を多少とも上回っている場合には，それが3人目の子どもの必要生活手段価値に部分的に動員可能であるという非常に条件的な命題が成立するだろう。しかしこれだけでは不十分であるのは明らかである。

そこで別の源泉にも目を向ける必要がある。この問題は実は，資本家によって搾取されることなく労働者世帯に残されている「自己剰余労働」部分を議論に再び導入することである程度説明可能になる。この「自己剰余労働」部分は，まず第1に，熟練労働者の場合には，『価値と剰余価値の理論』で示したように，修業期間中に自己の特殊な技能を形成するのに投じられた修業労働と育成労働からその間に消費される生活手段価値を差し引いた残りの部分からなっている。この部分は，直接的には固定された支出先をもっていないのであり，したがって，労働者の世代的拡大再生産のための元本として用いることができるだろう。

第2に，熟練労働者を含むすべての労働者の場合には，第3章で登場した予備価値がそれにあたる。第3章で示した一覧表から明らかなように，基本的に片働き分業モデルの第3例を除いて，常に一定の予備価値が世帯内には存在している。この予備価値こそが，労働者階級を単に維持するだけでなく，その増殖を保障するのにも動員することができるだろう（以上のことから明らかなように，熟練労働者の場合はこの2つの源泉をどちらも有しているのに対して，単純労働者の場合は第2の源泉しかないことがわかる。したがって，熟練労働者のほうが3人目の子どもに動員する元本はより大きいのであり，したがって，

労働力の世代的拡大再生産にとってより有利なのである)。

　しかし,この「自己剰余労働」のうち,第1の源泉は,機械化によって熟練が解体され,労働がしだいに単純化していくにつれて消失していく。労働者が自己の世帯のうちに残すことのできた「自己剰余労働」は資本家のための剰余労働に転化していく。では第2の源泉はどうだろうか？　この予備価値の大きさは世帯がどのようなモデルをとっているかで大きく異なっていた。短いものだとわずか$\frac{2}{3}$時間であり,おおむね1時間から2時間のあいだであった。しかもこの予備価値は,すでに論じたように,それ以外のさまざまな用途にも動員されなければならなかった。また,育児労働を議論の中に持ち込んだ場合には,それを担う労働者はそれに応じて総労働時間が増大するのだから,それに必要になる生活手段価値も増えることになる。さらに,予備価値が相対的に大きいのは共働きモデルの場合であるが,その場合はたしかに家計的には可能になるかもしれないが,3人の子どもの育児に費やされる膨大な育児労働時間は——よっぽど子ども向け社会福祉や社会サービスが充実していないかぎり——たとえ夫婦で育児労働が分担されていたとしても,共働きを非常に困難にするだろう。

　以上のことから,労働力の世代的な単純再生産に用いられる部分とは異なって,世代的な拡大再生産に動員される価値部分(すなわち3人目以上の子どもの養育に費やされる部分)は世帯の構成や賃金水準によってきわめて多様で不安定であることがわかるだろう。それゆえ,労働価値論にもとづくかぎり,3人目の子どもの養育費の捻出が平均的な労働力価値の範囲内で十分に可能であるという一般的結論はとうてい生じず,ただ部分的,条件的にのみ可能であるという結論しか出てこない。それゆえ,労働人口の絶対的増大は一般的には少しずつしか進まないだろうし(資本主義の発展初期における歴史的多産化や戦時における多産奨励は例外として),また資本主義の発展とともに,たとえ労働力の価値通りに賃金が支払われていたとしても——子どもの養育向け社会福祉や社会的サービスが十分に充実していないかぎり——少子化が進むことも,ある程度必然的であると言えるのである。この点については後で再論しよう。

　ところで,この矛盾を資本にとって最も有利な形で解決する一つの方策は,児童の賃労働者化なのであり,この児童労働の問題がまさに次節の主要テーマ

をなす。

第3節　児童労働と相対的剰余価値の生産

すでに何度も見たように，マルクスの「労働力の価値分割」論において，成人男性労働者の労働力価値は，妻と複数の子どもたちの労働力価値に分割されることになっていた。したがって，扶養している子どもが賃労働者化することによって，成人労働者の労働力が価値分割され，そのことによって，直接的な形で相対的剰余価値が発生するというのが，マルクスの議論であった。そこで，扶養されている子どもの賃労働者化によって相対的剰余価値がどのように発生するのかをこの節で具体的に見ていこう。

1　児童労働による絶対的剰余価値の生産

しかし，児童労働の蔓延による相対的剰余価値の生産について論じる前に，児童労働そのものから抽出される剰余価値について簡単に見ておきたいと思う。

児童の賃労働者化
すでに述べたように，労働力という特殊な商品の価値の大きさを労働価値論にもとづいて分析した場合，3人目の（あるいはそれ以上の）子どもの養育費を十分には根拠づけることができず，不安定で条件的にしか可能でなかった。したがって，社会的な福祉や子育て支援の仕組みや公的な教育支援（義務教育の無償化はもちろん高等教育への支援）が充実していないかぎり，あるいは3人目の養育を十分に可能とするほどの高賃金が保障されていないかぎり，その子どもが長く「扶養家族」の地位にとどまればとどまるほど，その家族は貧困に追いやられるだろう。

児童の賃労働者化は，この扶養年数を強制的に短縮することによって，この問題を少なくとも一時的に解決する手段になる。「一時的」というのは，後で見るように，児童労働の蔓延は労働者の賃金水準そのものを引き下げることになるので，結局は，労働者自身の首を絞めることになるからであり，あるいは，

十分な教育を受ける以前に工場労働者化することは、その児童自身の文化的・社会的発達を阻害し、また、その労働者を低賃金労働部門に縛りつけることになって、結局、生涯の総賃金額を低くしてしまうからである。

 とはいえ、一時的には、児童労働は家族の貧困化に対する一定の緩和剤となり、歴史的に労働者の地位が著しく低く、社会福祉や公教育がほとんど、ないしまったく充実していない時代には、この児童労働が広く蔓延したのである。そして、児童の賃労働者化は、彼らが低賃金労働者であるということは別にしても、資本にとって従順な労働力を大量に保障したのであり、それによって資本蓄積の拡大と絶対的剰余価値のさらなる生産が可能となったのである。

児童労働の実態とそれが児童に与える影響

 児童労働者が置かれた環境のむごさは、当時から多くの観察者や批判者たちによって記録され、告発されてきた。ここでは、若きエンゲルスによる告発を紹介しておこう。エンゲルスがまだ24歳のときに執筆・出版したその『イギリスにおける労働者階級の状態』の中で、児童労働の実態とそれが子ども自身や家族に与える影響についてかなり詳しく紹介している。

　　子どもは9歳になると工場にやられ、毎日6時間半（以前は8時間、もっと前は12時間ないし14時間、それどころか16時間も）も13歳になるまで働き、13歳から18歳までは12時間働く。身体を衰弱させる諸原因は作用し続けているし、そのうえになお労働が加わるのである。……息苦しく、湿気の多い、しばしば蒸し暑い工場の環境の中にずっといることは、けっして子どもの健康のためになるものではない。だがどんな事情があろうとも、子どもの肉体的および精神的発達に費やされるべき子どもの時間を、情け知らずのブルジョアジーの貪欲の犠牲に供し、工場主たちの利益のために搾取する目的で、子どもたちから学校と戸外の空気を奪い取ることは、とうてい許しがたいことである。……
　　〔1833年の工場委員会〕報告によれば、工場主は、子どもを、まれには5歳から、しばしば6歳から、かなり頻繁になるのは7歳から、たいていは8歳ないし9歳から使い始めるということ、また毎日の労働時間はしばしば

14時間ないし16時間（食事のための休み時間を除く）に及んでいること，また工場主は，監督が子どもを殴ったり虐待しているのを許しているどころか，しばしば自分でも実際に手を下していたことが語られている。(全集2, 383-384頁, MEW 2, S. 374-375)

このようにエンゲルスは，自らの観察だけでなく，工場委員会の報告書という公式の記録を用いつつ（この手法は後にマルクスによって『資本論』でより系統的に用いられている），多くの子どもたちが，きわめて劣悪な環境のもとで，場合によっては5歳とか6歳という年齢から過酷な工場労働に長時間勤務させられていることを記録している。さらにエンゲルスは，このような長時間の児童労働が子ども自身の健康や寿命にどのような影響を及ぼすのかについて，委員会を構成するさまざまな委員や医師による証言を詳細に紹介している。その中の一つを紹介しておこう。

　　子どもが馬鹿々々しいほど，かつむごたらしいほど長時間働かなければならず，また大人でさえ耐えられそうにないような量の労働を引き受けなければならなかったということは，十分明白に証明されたと思う。その結果，多くの者が早死にし，他の者は生涯にわたって損なわれた体質を背負わされる。(全集2, 391頁, MEW 2, S. 381)

その結果，本来なら60歳まで元気に働けるような労働者がわずか40歳で働けなくなるような事態が頻繁に生じていたのであり，『資本論』の「労働日」章でマルクスが告発しているように，労働力価値の等価交換原則さえ踏みにじられて，労働者の生命力が略奪されているのである。これはまさに，デヴィッド・ハーヴェイが「略奪による蓄積」と呼ぶ事態そのものであり，資本主義はその本源的蓄積期においてだけでなく，産業資本主義の台頭期においてもこのような略奪的蓄積によって肥え太り，成長したのである。まさにこのような児童労働の大規模で強欲な搾取こそ，産業資本主義の台頭期において資本家たちの強蓄積を可能にした秘密の1つであり，その原罪を形成している。

そして，今日でも，先進資本主義国以外ではそうした児童労働がかなり普遍

的になされているし，先進資本主義国でさえつい最近までそうした児童労働が存在していたのである。それを考えると，ハーヴェイが言うように，資本主義は「略奪による蓄積」を常にその蓄積様式の1つとしていることがわかる。

児童労働の労働力価値

しかし，子どもの労働は成人の労働と比べると技術が低く，安定性にかけ，また体力や筋力も相対的に弱いがゆえに，単位時間あたりの価値生産量は相対的に少ないだろう。しかし，資本家はそれを十分補うだけ児童の賃金を低く設定するのであり，したがって十分に資本家に剰余価値を保障するのである。

児童労働者の労働力価値の構成要素そのものは，基本的には成人労働者の場合と変わりはしない。ただそれぞれの要素の価値量がより少ないだけである。労働力価値を構成する第1の要素は生活手段価値だが，この大きさは，児童労働者の場合，食事などの物質的な必要物の消費量が成人と比べて絶対的に少ないこと，加えてその文化的欲求もまだ小さいことからして，成人労働者と比べてはるかに少ないだろう。さらに，子どものころから機械に従属する単純労働に従事させられることで，その知的・文化的水準や欲求が著しく低く固定化されることになり，このことはいっそうこの生活手段価値部分を引き下げるだろう。その点に関しては，すでに引用したエンゲルスの『イギリスにおける労働者階級の状態』における種々の証言がはっきりと示しているとおりである。

また，児童労働者の場合，その世帯は基本的に親と同一なので，その必要生活手段価値は，自活する成人労働者が必要とするものよりもはるかに少なくてすむだろう。たとえば，生計費の中で最も高い割合を占める家賃は，成人1人分の家賃を追加的に支払う必要がない。たとえ家賃の一部を負担することになったとしても，単身世帯の成人の場合よりもはるかに少なくてすむだろう。これは，生活手段の共同使用による節約に他ならない。成人同士が結婚していっしょに暮らす場合は，生活手段の共同使用による節約だけでなく，新たな文化的必要性が生じることで追加的な生活手段支出が存在することが想定されうるので，必ずしも共同使用による節約効果だけを考慮することはできないが，児童労働者の場合には，この共同使用による節約分はそのまま必要生活手段価値の低下につながるだろう。

次に、生活手段価値に付随する家事労働だが、この大きさは、児童が消費する生活手段の量の少なさにある程度比例して下がると考えることができるし、また生活手段価値と同じく家事労働の共同享受による節約効果がそのまま労働力価値に占める家事労働分の低下につながるだろう。

労働力価値を構成する技能価値に関しては、工場などで児童労働者に委ねられるのはほとんどが最も単純な労働、あるいは単なる補助労働であるので、この技能価値はほぼゼロであるとみなすことができるだろう。

最後に、労働力本体の本源的生産にかかわる価値部分であるが、これが、就労時期の低年齢化によって直接的に低下するのは明らかである。児童労働が蔓延するまでは、労働者が一人前の労働者として働きに出るのに少なくとも15年の扶養期間を必要とし、したがってその分に消費される生活手段価値と育児・教育労働分が労働力の本体価値を構成するが、たとえば10歳から賃労働者になるとしたら、もはや10年分の必要生活手段価値と育児・教育労働分しか労働力の本体価値を構成しない。

しかも、その総額を年々補塡する生涯労働年数そのものが長くなるので、年あたりの労働力価値は二重に下がるだろう。たとえば先ほどの数値例を用いて説明すると、まず子どもの扶養に毎年平均して240万円ずつかかっていると仮定されているので、15年経ってから賃労働者になる場合は、その本体価値は総額で3600万円になるが、10歳から賃労働者になれば、その本体価値はわずか2400万円である（240万×10年）。つまり、労働力の本体価値が1200万円も下がっている。さらにその総額を補塡する生涯労働年数が増大している（早死しないと仮定しての話だが）。すなわち、15歳から賃労働者になっていた場合には、45年間でその本体価値を補塡していくのだが、10歳から賃労働者になった場合には、50年間の生涯労働年数で本体価値を補塡することになる。したがって、2400万円の本体価値が50年間で補塡されるから、年間の補塡額はわずか48万円である。15歳から賃労働者になった場合は、3600万円の本体価値を45年間で補塡するから、年あたりの補塡額は80万円であったから、年あたり32万円も労働力価値が減価している。すなわち半分近くに減価している。

以上すべての結果から、児童労働者の労働力価値は成人労働者よりも著しく安い。さらに資本家は、児童労働者の抵抗力のなさ、従順さ、立場の弱さなど

につけこんで，原理的に想定されうる労働力価値よりもさらにいっそう低い賃金額を設定するだろう。こうして，児童労働者の労働力価値は——最低賃金制度がないもとでは——成人労働者の労働力価値の半分以下，しばしば3分の1や4分の1に抑えられるだろう。したがって，たとえ児童労働者の生み出す価値量が，単位時間あたりに成人労働者よりも低かったとしても，それを十分つぐなってあまりあるだけ児童労働者の賃金を低くすることができ，その差額が絶対的剰余価値として資本家によって搾取されるのである。

2　児童労働による相対的剰余価値と特別剰余価値の生産

児童労働の蔓延による本体価値の低下

しかし，児童労働が資本家にとって持つ利点は，その児童労働者から剰余価値を搾取できるという点にあるだけでなく，児童労働の蔓延が成人労働者を含む労働者階級全体の労働力価値を全般的に引き下げることに寄与して，資本家に相対的剰余価値を保障する点にもある。そして，児童労働の普及は，労働供給量の絶対的増大をも意味するから，価値法則にもとづいて，実際に労働力の価格をより低い水準へと引き下げるだろう。

具体的に見ていくと，児童労働が普及していけば，一人前の労働者になる社会的平均年齢がたとえば，15歳からしだいに10歳へと移行していくようになるだろう。そうなると，現実には15歳をすぎてから労働者になった成人労働者の場合でも，その賃金には，本体価値のうち10歳から15歳までの分がしだいに入らなくなっていくだろう。労働力を含めてあらゆる商品の価値は，それが実際に生産された時点で社会的に必要だった労働時間によって規定されるのではなく，その商品を常に最新の時点で生産するのに，したがって再生産するのに社会的に必要な労働時間によって規定される。したがって，先ほどの数値例で見たように，児童労働者のみならず，どの成人労働者にあっても，年々の賃金に入る本体価値の補塡分は，以前の80万円からしだいに48万円へと下がることになるだろう。

この相対的剰余価値の性格

　以上の考察によって，児童労働の大量創出によってどのようにして成人労働者の労働力価値が下がり，したがって相対的剰余価値が発生するのかが明らかになった。では，この事態は，マルクスが言う意味での「労働力の価値分割」とどのような関係にあるのだろうか？

　まずもって，マルクスが言う意味での「労働力の価値分割」にあっては，成人労働者の労働力価値には最初から子ども（次世代の労働者）の扶養費が入っているので，児童が賃金労働者になれば，その分の扶養費がまるまる成人労働者の労働力価値から差し引かれ，それがそのままその児童労働者の必要生活手段価値になることで，労働力の価値分割が起こるのであった。

　しかし，すでに述べたように，成人労働者の労働力価値には直接的な形では，子どもの扶養費が入っているわけではないので，その子どもが賃労働者になったからといってマルクスが言う意味での「労働力の価値分割」は生じない。

　しかしながら，私が分析した相対的剰余価値発生のメカニズムをよく見てみると，家事労働の強制的圧縮の場合と同じく，「労働力の部分的価値分割」が生じていると言える。平均的な成人労働者の平均的な生涯労働力価値には，その労働者が平均的な就労開始年齢に達して賃労働者として働き始めるまでのあいだの生活手段価値と育児労働分とが入っており，それが労働力の本体価値を構成していた。そして，その就労開始年齢がより早期になれば，一方では，成人労働者の本体価値がその分少なくなり，他方では，その分が児童労働者の生活手段価値を構成することになる。したがって，これは，直接的にではないにせよ，結果的には，労働力価値のうち本体価値部分が成人労働者と児童労働者とのあいだで分割されたのと同じである。

　この点をもう少し詳しく見てみよう。まずもって，児童労働が普及することで，成人労働者の本体価値は，今では15年分の費用と労働とを体現するものではなく，わずか10年分の費用と労働とを体現するものにすぎなくなる。1年あたりの費用と労働を240万円と仮定しているので，差し引き5年分，すなわち1200万円分が本体価値から差し引かれている。この差し引かれた分は，今では，児童労働者の日々の労働力の再生産に必要な費用と労働（生活手段価値と家事労働）に転化している。つまり，成人労働者の本体価値部分が，成人労

働者の少なくなった本体価値と児童労働者の日々の労働力価値とに分割されているわけである。

　したがって，これも「労働力の部分的価値分割」の一種であるとみなすことができるだろう。マルクスにあっては，成人男性労働者の労働力価値の全体が，直接に妻の労働力価値と子ども（単数ないし複数）の労働力価値へと分割されているのだが，実際には，妻の場合は，労働力価値のうち家事労働部分だけが分割され，子どもの場合は，労働力価値のうち本体価値部分だけが分割されるのである。そして，この相対的剰余価値はもちろんのこと，「家事労働の強制的圧縮」の場合と同じく，直接的な相対的剰余価値の一種である。

児童労働による特別剰余価値の生産

　以上で，就労年齢の早期化と児童労働の利用による剰余価値の生産について明らかにした。それは二重のものであった。すなわち，まず第1に，児童労働者自身の労働力価値は成人労働者に比べて著しく低く，したがって，児童労働者の生産する（単位時間あたりの）価値量がたとえ成人よりも少なかったとしても，児童労働を用いる資本家に十分な剰余価値（絶対的剰余価値）を保障する。第2に，この児童労働が社会的に蔓延するようになれば，成人労働者の労働力の本体価値もそれに応じて小さく見積もられるようになり，したがってその分，成人労働者の労働力価値も下がることになり，その分が資本家全体が獲得する剰余価値（相対剰余価値）になる。

　しかし，「家事労働の強制的圧縮」の場合と同じく，この児童労働の場合にも特別剰余価値の発生を想定することができる。この児童労働が出現しはじめた最初の時期においては，成人労働者の平均的な労働力価値にはまだ15歳になるまでに必要な生活手段価値と育児労働分とが入っている。したがって，その分を児童労働者の賃金から差し引いても，この児童労働者の生活を再生産することは可能である。たとえば，ある時代，ある地域において15歳以上で労働者になるのが社会的平均だとしよう。その場合，成人労働者が得る平均的な生涯賃金には，本人が15歳になるまでの生活手段価値と育児労働分が入っていることになる。そして，その子どもが15歳からではなく10歳から働き始めるようになれば，親の賃金にはまだ10歳から15歳までの子どもの生活手段価

値分が均等割りで入っているので,その間,児童労働者は,その分の生活手段価値が賃金にそのまま反映していなくても生活できるだろう。

先の数字を用いると,児童が生活するのに本来必要な生活手段価値は1年あたり120万円であり,親世代の労働者が1年あたりに子どもの生活手段価値に充てることのできる額は40万円である(単純化のため,育児労働分は捨象しておく)。したがって,資本家は,生活手段の価値分としてこの120万円をまるまる児童労働者に支払うのではなく,40万円を差し引いた額しか支払わないだろう。

したがって,児童労働が出現しはじめた最初の時期に児童労働を率先して用いる資本家は,この40万円を特別剰余価値として入手することができることになる。これは,労働力価値の個別的減価にもとづいて発生する特別剰余価値であるから,垂直的な特別剰余価値である。

そして,この特別剰余価値はもちろんのこと,児童労働が普及し一般化して,成人労働者の労働力価値そのものが下がることによって消失する。より正確には,家事労働の場合と同じく,この特別剰余価値は,資本家全体によって取得される相対的剰余価値へと直接に転化していく。

しかし他方では,児童労働が普及していって一般的なものになっていくなら,もはや15歳までは子どもの扶養は親が面倒を見るということが社会的に平均的な条件ではなくなるのだから,親の賃金によっては児童労働者の生活手段費用をまかなうことはできなくなり,児童労働者の賃金には,その児童労働者の分の生活手段価値が入らなければならない。したがって児童労働者の賃金はそれに見合って上昇することになるだろう。つまり,一方では,児童労働の普及によって,成人労働者の労働力価値が全般的に下がるだけでなく,児童労働者自身の労働力価値はそれに応じて上昇するのである。

ただし,理論的にはそうなのだが,現実においては,この2つの過程は同時に進行するわけではないだろう。後者の過程は構造的に遅れるだろう。なぜなら,まず第1に,そもそもの最初から存在する資本と賃労働との決定的な権力格差ゆえに,一般に下がるときより上がるときの方が抵抗と障害が大きいからである。第2に,児童労働が増大することで生じる労働市場の供給過剰が力関係をいっそう児童労働者の側に不利にするからである。第3に,児童労働者の

場合には，自己の賃金を引き上げさせるような力や意思が成人の場合よりもはるかに小さいか，ほとんどゼロであるからである。それゆえ，成人労働者の賃下げが進む一方で，児童労働者の賃金はなかなか上がらないという事態が生じるだろう。その場合，それによって，資本はますます多くの相対的剰余価値を確保することができるだろう。

児童労働の制限と禁止

さて，このような状況下で，労働者階級が自分たちの労働力価値と生活とを全体として守るために用いることのできる手段は，基本的に2つ存在する。1つ目は，公的な最低賃金制度を創設して，それよりも下げることのできない最低水準を法的に保障することである。2つ目は，世論に訴えて児童労働を厳しく制限するか，そもそも禁止することである。実際，初期の工場法の多くは児童労働（および女性労働の一部）を制限することを主たる目的としたものであった。しかしマルクス自身は，児童労働者の長時間労働や深夜労働には明確に反対の立場だったが，児童労働そのものを禁止することには賛成ではなく，むしろ，労働者の人間的発達のためには教育と生産的労働との適度な結合が必要であると考え，労働時間を厳格に制限した上で，児童労働を積極的に認める立場だった。たとえば，マルクスは，1866年に国際労働者協会の暫定中央評議員への「指針」の中で，次のように述べている。

　　　われわれは，近代産業が両性の児童および未成年者を社会的生産の大規模労働の中で協力させる傾向があることを，進歩的で健全で正当な傾向であるとみなす。だが，資本〔主義〕のもとでは，それは醜悪なものに歪められている。社会の合理的状態にあっては，9歳以上のあらゆる児童は生産的労働者になるべきであろう。……

　　　生理上の理由から両性の児童と年少者を3つの年齢階層に分け，それぞれ異なった扱いを受けるべきであると考える。9歳から12歳までの第1階層，13歳から15歳までの第2階層，16歳と17歳によって構成される第3階層。われわれは，第1階層の仕事はいかなる作業場ないし家内労働であれ法的に2時間に制限されるべきであり，第2階層は4時間，第3階層は6

時間に制限されるべきであると提案する。第3階層に関しては，食事ないし休息のために最低でも1時間の休憩時間が保障されなければならない。
(『賃労働と資本／賃金・価格・利潤』，260-261頁)

しかし，資本の本性を考えるのなら，このような「改良」案は非現実的であった。児童労働が許されているかぎり，マルクスが望むような厳格な制限のもとで教育と生産的労働とを結合することは不可能なのである。マルクスは，この児童労働問題に関して，「ゴータ綱領批判」においても，児童労働の禁止を求めたラサール派の主張に反対して次のように述べている。

　　児童労働の全般的禁止は大工業の存在と両立できない。だからそれは空疎でかなわぬ望みである。それを実施することは――よしんばできるとしても――反動的であろう。なぜなら，さまざまな年齢の段階に応じて労働時間を厳格に規制し，またその他の児童保護の予防手段を講じさえすれば，少年時代から生産的労働と教育とを結合することは，今日の社会を変革する最も有力な手段の1つだからである。(全集19, 32頁, MEW 19, S. 31-32)

ここでマルクスは，「児童労働の全般的禁止は大工業の存在と両立できない。だからそれは空疎でかなわぬ望みである」と述べているが，これがまったく事実に反する判断であったのはその後の先進資本主義諸国の歴史からして明らかである。児童労働の禁止と大工業の存在とが両立しないなどという主張は，あたかも成人労働者の労働時間を制限すれば大工業が滅ぶと絶叫したブルジョアジーの言い分を彷彿とさせるものでさえある。マルクスともあろう人が，このような馬鹿げた発言をしているのはまったく驚くべきことである。

マルクスが『資本論』で述べているように，資本主義の発展とともにますます多くの過剰人口が創出されるとすれば，児童労働を禁止したからといって大工業が存在できなくなるような事態にならないのは明らかではないだろうか。それどころか，過剰人口を多少とも制限するためだけであっても，児童労働を禁止することは必要だろう。実際，資本主義の歴史は労働者自身の闘いの中でこの方向に向けて発展していったのであり，その結果がけっして反動的なもの

ではなかったのは明らかである。

　たとえ教育と生産的労働とを結合することが必要だとしても，どうしてそれは資本が専制的に支配する私的工場でなされなければならないのだろうか？公的で教育的な監督が可能な何らかの生産的場を教育現場かその近くにつくることによって，この結合を実現してもいいはずである。いずれにせよ，この時代におけるマルクスの提言の限界は時代そのものの限界と言えるだろう。あまりにも広く児童労働が蔓延していた時代においては，マルクスでさえ児童労働の存在しない産業資本主義を想像することができなかったのである。

3　新自由主義と労働力の世代的再生産の危機

　歴史的に労働者階級は，最低賃金制の確立と児童労働の禁止ないし厳格な制限を通じて，資本によるあまりに過剰な相対的剰余価値生産の衝動を制限してきたし，少なくともそれは先進資本主義国においては一定の成果を挙げてきた。これによって，労働者の労働力価値を維持しただけでなく，逆に就労年齢を平均的に引き上げることによって，労働力価値を高めることさえできた。すでに述べたように，就労平均年齢がたとえば15歳から20歳に上昇すれば，その分，本体価値部分は増大するのであり，したがって賃金によって年々補塡される額も大きくなるのである。

　しかし，それと同時に，生活手段価値そのものを減価させる生産力の全般的な上昇はもちろんのこと，労働者が一人前になるまでの生活手段価値も引き下げるから，この本体価値部分も下がるだろう。これは，間接的な相対的剰余価値の源泉になりうる。

　しかしながら，資本が社会全体を支配している場合には，このような間接的手段によるだけでなく，より直接的に賃金を圧縮して相対的剰余価値を大規模に生み出そうとする資本の衝動をいつまでも阻止し続けることはできない。1970年代後半以降にしだいに世界的に支配的な潮流となっていった新自由主義は，資本の無限の搾取衝動に対して労働組合と福祉国家が課してきた種々の制限をしだいに破壊し，解体していき，より直接的に賃金を圧縮して相対的剰余価値を大規模に生み出すことを可能にした。

とりわけ，この日本では，ただでさえ弱い労働組合の力と脆弱な福祉国家のもとで，新自由主義はその猛威を振るい，1990年代後半以降の平成大不況期において，労働者の平均賃金は大幅に低下し，非正規労働者が急速に増大した。とくに今日では女性の雇用労働者の半分以上が非正規労働者である。非正規労働者が獲得している賃金は明らかに日々の労働力を維持するのにぎりぎりの水準でしかない。すなわち，労働力価値のうちのランニングコスト分だけしか支払われておらず（しかも，時にはその分さえ不十分にしか支払われていない），労働力の本体価値部分は基本的にまったく支払われていない。とりあえず労働者を生かして働かせるためには，このランニングコストのぎりぎりの水準だけを支払っておけばいいからである。労働力価値は自動的にその全額が保障されるわけではない。それは労働者による闘争や国家による社会的規制がなければ，いつでもそのぎりぎりの最低限に切り縮められる。

これによって大規模に相対的剰余価値が発生しているだけではない。労働力価値のうち本体価値部分は，次世代の労働力の再生産に回されるのであるから，この部分が支払われていないということは必然的に，労働力の世代的再生産を危機に陥れることになるだろう。すでに述べたように，労働力の世代的再生産を基本的に不安定な賃金に依拠している資本主義においては，子育てや教育を公的に支援する制度がよほど充実していないかぎり，資本主義の発展とともに少子化の傾向が存在するのだが，新自由主義下における福祉や教育の切り捨てや労働力価値の大規模な切り下げ，子育て世代の長時間労働，等々は，この傾向をいっそう推し進めることになるだろう。

そして実際このことはこの日本できわめて大規模に生じていることである。最新の調査で言うと，2014年5月4日に総務省が発表したデータによれば，15歳未満の子どもの推計人口は前年比16万人減の1633万人となり，これで33年連続の減少となった。また出生率も下がり続けており（2005年以降の一時的回復を別にすれば），現役の生産労働人口が絶対的に減少し始めている。しかし，日本政府はこうした状態に対して何らまともな対策を立てることなく，低福祉体制や女性差別，長時間・低賃金体制をそのままに放置し，それどころかますますもって子育て支援の予算や教育関連の予算を削減しつつ，「婚活」や出会いの場を支援するというような実に笑止千万な「対策」（それがそもそも「対

策」と呼べるならば）でお茶を濁している。

　このまま少子化が進行すれば，やがて経済や日常生活の維持さえ困難に陥るだろう。とくに地方においてはすでに社会的インフラの崩壊が進んでいる。工業製品ならば輸入は可能であるが，日々の暮らしを支える社会的サービスはその場その場で供給されなければならない。教育，医療，介護，子育て，交通，飲食，物流，その他あらゆる社会的サービスが供給不足に陥るだろう。その一部は移民によってまかなわれるだろうが，言語的・文化的障壁が大きい日本においては，十分なものになりえないだろう。これはまさに社会的再生産の危機を意味する事態であるが，日本の個々の資本家も，大資本家の連合体である財界も，総資本を政治的に代表している自民党政府も，まったくまともに対処するつもりはない。それどころか，日本の政府・財界は少子化を口実に，いっそうの福祉削減，自治体リストラ，消費税の増税などを推進しようとしている。彼らにとっては，新自由主義による災厄に対する回答は常により徹底した新自由主義なのである。彼らは社会的再生産の危機に対処するよりも，資本が獲得する利潤にしか興味がない。一般にブルジョアジーは，社会的に強制されないかぎり，自分たちの長期的な階級的利益にさえ配慮することのできない社会集団であるが，日本のブルジョアジーとブルジョア政府はその点でとくに際立っている。

　もちろん，実際に社会的再生産の危機が訪れたときに，真っ先に（そして最大の）不利益をこうむるのは貧困層であり庶民層である。金持ちと多国籍企業はさっさと海外に避難するか，あるいは低賃金の移民労働者をこき使うことで十分な労働力と社会的サービスとを獲得しつづけるだろう。「わが亡き後に洪水は来たれ」は，マルクスが言うように，すべての資本家と資本主義国家のモットーであるが，実際に洪水が来る以前から彼らは豪華な方舟に乗っているのであり，原発事故のときと同様，実際に洪水がやって来たときにその被害を最もこうむるのは，貧困層と庶民層なのである。

第4節　標準労働年数と剰余価値論

　以上，就労年齢の早期化と児童労働の利用による絶対的剰余価値，相対的剰

余価値，特別剰余価値の生産について見てきた。本書が設定した「労働力の価値分割」をめぐる問題群は，以上で基本的に解明されたことになり，したがって，本書の課題はこれで果たされたことになる。しかし，少子化とは反対に高齢化が年々進行している今日，マルクスがまったく考察対象としていなかった年齢階層である高齢層の生活費と労働力価値との関係，したがってそれと剰余価値との関係という問題について何も議論しないのは，画竜点睛を欠くことになろう。そこで，就業前の児童とは正反対の年齢層である退職後の高齢層についても，剰余価値論の観点から簡単に考察しておく必要がある。すなわち，退職年齢の延長ないし晩期化（退職時期が単純に延長される場合，あるいは，いったん定年退職してから再就職する場合）によって新たに剰余価値（とくに相対的剰余価値）が生産されるのかどうか，という問題である。

1　退職後の生活費と労働力価値

　この問題を解明するためには，まずもって，賃労働者が仕事をリタイアした後の生活費（介護サービスを受ける場合にはその費用も含む）ははたして現役労働者の時期に獲得する賃金によってまかなわれるのか，もしそうだとしたら，それはいかなる論理によってか，という問題を明らかにしておかなければならない（問題を単純化するためにここでは家事労働の問題は捨象する）。

　すでに明らかにしたように，労働力の養育期において消費される生活手段価値は労働力の本体価値を構成し，それは労働者がその生涯労働年数の間に獲得する労働力の生涯価値＝総賃金によって補填される。では，賃労働をリタイアしてから死ぬまでの間に消費される生活手段価値を，労働者はどのようにまかなうのだろうか？　もしそれが賃金にいっさい入っていないとしたら，したがってまた労働力の生涯価値の中に入らないとしたら，労働者はいったいどうやってリタイア後の生活費用をまかなうのだろうか？　それは公的年金によってだ，という回答がすぐに返ってきそうだが，この公的年金の元本は結局，賃労働者の獲得する賃金か資本家の利潤（あるいはそれが分割していくさまざまな派生形態——利子，地代，経営者報酬，配当，など）からの控除でしかないのだから，結局は，労働者が生み出した価値から補填されなければならないは

ずである。

馬場宏二氏の考察

　労働者のリタイア後の生活保障という問題は，社会政策論や福祉論，財政学などの諸領域では以前から重要なテーマとなっているが，いわゆる経済原論においては必ずしもそうではなかった。この問題は『資本論』研究ではほとんど議論されていないし，何よりマルクス自身が何も語っていない。しかしながら，すべての労働者が過労死するのでもないかぎり，必ず賃労働を引退した後の生活が存在するのであり，この期間における生活費が社会的に何らかの形で保障されないかぎり，現役世代を含む労働力の再生産のメカニズムが本当の意味で保障されているとは言えないだろう。それゆえ，経済原論的な関心からこの問題にアプローチする論者が出てくるのも当然である。ここでは，その一人として，馬場宏二氏の議論を簡単に紹介しておこう。

　馬場氏は，「世代間移転の経済学」という論文の中で，世代間の負担の移転問題を論じた後に，最後に「五」として，「労働力の価値と引退者の生活費」と題してこの問題を取り扱っている。「ここでの問題は，引退者の生活費は労働力の価値に含まれるか否かである」として，「労働力の価値に含まるという議論も含まれないという議論も，それぞれに根拠がある」が「同時に難点もある」と述べて，それぞれの根拠と難点について論じている[1]。まず，「含まれる」説については次のように述べている。

　　ライフサイクル的に，あるいは年齢構成的に考えれば，引退者の生活費は労働力の価値の中に入ると言い得る。労働力の価値によって労働者階級が全体として再生産されるとすれば，そこには現役の労働者の世代だけでなく，就労能力のない児童や老人の生活費も含まれる。引退後の老人や再起不能の傷病者であっても，社会の中に或る割合では生存する。その生活は差し当たり現役世代の賃金稼得によって賄われると考えておくしかない。[2]

　馬場氏は次にこの議論の難点について次のように説明している。

引退者の生活費が労働力の価値に入るという考え方の難点は，引退者がもはや労働力たり得ないことである。引退者や再起不能の傷病者は，この点で児童や失業者と異なり，いわば定義上追加労働力たり得ない。[3]

ついで馬場氏は，「含まれない」説を検討する。この説の根拠は言うまでもなく，「含まれる」説における難点と同じ性質のものである。

　引退者の生計費が労働力の価値に入らないという考え方は，右の点を根拠とする。最大限利潤の獲得，最大限の蓄積を至上命令とする資本が，資本主義社会の主体である。資本は無駄を嫌う。現に労働力でなく，将来も労働力たり得ない層の生計費は，資本にとって無駄である。賃銀にこの無駄を追加する必要はない。それを省いたからといって労働力の供給が減るわけでもないからである。[4]

ではこの「含まれない」説の「難点」は何か？　それは当然のことながら，「含まれる」説の根拠と同じ性質のもである。

　この考え方には資本主義社会の本質に適うところがあるのだが，その難点は，それでも社会には必ず引退者層が存在するという事実である。……この層は生産しないまま消費する。労働力の価値から消費するのでなければ剰余価値から消費する。それは蓄積を抑制する。労働力の価値に含まれるとすれば，その分だけ賃銀を押し上げて剰余価値を削減していたことになる。実体的にいえば，最大限蓄積にとって障害となる点では同じである。[5]

つまりここで馬場氏が言いたいのは，たとえ原理的に引退者の生活費を労働力価値から省いても，結局は引退者は生活しなければならないのだから，賃金でまかなわれないとすれば剰余価値でまかなうしかなく，結局，資本蓄積に対する障害になるのは同じではないか，ということである。しかし，引退者の生計費が労働力価値に含まれないとした場合には，彼らの生計費が剰余価値から

の分配でまかなわれなければならないことになるが，そのようなメカニズムは原理論の中には存在しないと馬場氏は続けている。以上の議論にもとづいて，馬場氏は最終的に次のように結論づけている。

> 引退者の生計費が労働力の価値に含まれるにしろそうでないにしろ，蓄積の障害になる点では地主の消費と同じである。ただ，地代のメカニズムは原理論に不可欠に存在するが，引退者の生計費の分配メカニズムは明示的には存在し得ない。概念的には労働力の価値に含めないほうが良いように思えるが，含めるとした方が分配のメカニズムは考えやすいのである。6)

この結論部分からして，馬場氏は，原理論的には引退者の生活費は労働力価値には含まれないが，しかしそうすると，引退者が一定の割合で必ず存在する以上，その生計費は剰余価値からの分配によってまかなうとせざるをえない，しかしそのメカニズムは経済原論の中にはないので困る，それゆえ含めるとした方が説明しやすい，ということであろう。大雑把に言うと，経済原論的には，すなわち理論的には含まれないが，現実的には含まれる，というところであろうか。

標準労働年数と退職者の生活費

馬場氏がここで挙げている「含まれる」説の根拠もその難点も，また「含まれない」説の根拠もその難点も，いずれもそれなりに説得力のある議論である。ではどう考えるべきなのか？　私は，現実的のみならず理論的にも，すなわち経済原論的にも，退職者の生活費は基本的に労働力価値の中に含められると主張したい。ここでキーワードとなるのは，「標準労働日」と，それに類する概念である「標準労働年数」という概念である。

まず標準労働日についておさらいしておこう。標準労働日とは何か？　それはさしあたり，法的に定められた基準となる1日あたりの労働時間の長さのことであるが，経済理論的により詳しく規定するなら，それは，最大標準労働日の範囲内で，「1日分の労働力価値」＝「1日分の賃金」と引き換えに労働者が行

なうべき「1日分の労働時間」として社会的に承認された労働時間のことである。「1日分の労働時間」と言うとき，それは文字通りの意味の24時間ではないのは明らかだが，睡眠や食事などの生理的に最小限の時間を差し引いただけの労働時間でもない。労働者は1日にいったい何時間労働をすれば，「1日分の労働力価値」＝「1日分の賃金」を手に入れる権利を得るのかという社会的な基準がここで重要になる。もしその労働時間が8時間だとすると，基本的に労働者は1日に8時間働けば，「1日分の賃金」を得ることができるのであり，したがって，その賃金額によって，勤務時間外の生活も保障されなければならない。つまり，労働していない時間帯の生活費も「1日分の賃金」の中に原理的に入るのである。

　ここではまだ「1日分の賃金」だけが問題になっているが，この論理は当然，「1週間分の労働力価値」＝「1週間分の賃金」にも適用される。「1週間分の賃金」とは，まるまる7日間働いてようやく得られる賃金額のことではない。賃金が保障する「1週間」のうちには，少なくとも1日休める日曜日が，あるいは週休2日制の場合には日曜日と土曜日が含まれるのであり，それらの日に必要な生活手段価値も「1週間分の賃金」の中に含まれていなければならない。つまり，「1週間分の賃金」を得ることができれば，それでもって会社や工場で勤務している平日の生活費がまかなえるだけでなく，資本家のために働いていない（あるいは部分的にしか働いていない）土曜日曜に必要な生活費もまかなえるのではなくてはならない。同じく，「1月分の賃金」には，1ヵ月のうちの日曜や祝日に必要な生活手段価値が入っているし，「1年分の賃金」には，日曜日のみならず年休や長期休暇中に必要な生活手段価値も入っているのであり，「1年間の労働日数」はけっして365日を意味するものではない。労働者は，年間の標準労働日数（たとえば250日）だけ働けば，まる1年間生活できるだけの賃金を稼ぐことができなければならないのであり，それが「1年分の賃金」の意味するところなのである[7]。

　この論理をこうやってしだいに拡張していくならば，最終的には，「一生分の労働力価値」＝「一生分の賃金」という概念は，老いて死ぬぎりぎりまで働いてようやく得られる総賃金額のことではなく，標準的な労働年数だけ働いて得られる総賃金額のことであり，この総賃金額の中には，賃労働をリタイアして

第6章 「労働力の世代的再生産」と剰余価値論　277

からの老後の生活費も入らなければならない，ということになる。ここで言う「一生」が前提にしている労働期間は文字通り「労働者が一人前になってから死ぬまでの全期間」のことを意味していないのであり，それは，「1日分の賃金」が前提している「1日の労働時間」が24時間を意味しておらず，「1週間分の賃金」が前提している「1週間の労働日数」が7日間を意味していないのと同じであり，あるいはまた「1年分の賃金」が前提している「1年分の労働日数」が365日を意味していないのと同じである。それらと同じで，労働者は，標準的な労働年数だけ働けば，リタイア後の生活費をまかなえるだけの総賃金を獲得しなければならないのである。

　たとえば，この標準労働年数を40年間とし，労働者の平均寿命を80歳としよう。労働者が一人前の労働者として働き始める平均年齢を20歳とすると，労働者は20歳から60歳まで40年間働いて，その年齢でリタイアし，20年間，非労働者として生活するとしよう。リタイア後の生活費としては賃金労働時間がない分，必要生活手段価値が相対的に少なくてすむであろうし，主要な生活手段は現役労働者の時期に（あるいは退職金を得たときに）すでに購入済みである場合も多いだろうから（たとえば自宅の購入など），1年間に必要な必要生活手段価値は現役時代よりも少なくてすむだろう（重い病気にかからないとして）。その額がたとえば年180万円だとすると，20年間で少なくとも3600万円は必要になる。この総額は，40年間に支払われる総賃金によって補填されなければならない。すると，それは年間にして90万円になる。すなわち現役労働者は，日々の生計費（＋家事労働分）および次世代労働者の養育費とは別に，年々，平均して90万円の貯金が可能とならなければならない。

　この総額は，ここでは単純化のために，資本によって直接支払われる総賃金によって補填されると仮定したが，実際には主として，①老齢年金（労働者自身による年金保険ないし年金税への支払い分と企業・国家の負担分との合計を元本とする），②現役時代における貯金，③退職金制度がある場合には退職金[8]，という3つの異なった元本の総額によってまかなわれるだろう。たとえば，正規労働者の退職金が平均して2000万円だとすれば，これを40年で割ると年に50万円になる。また，年金の企業負担分が平均して年に30万円になるとすると，個々の労働者がリタイア後の生活費として貯金するべき額は年に

10万円でよいことになる。

　逆に，非正規労働者の場合は，そもそも退職金がほとんどないしまったく存在しない。それでいて彼らの大部分は低賃金労働者なので，ほとんど老後のための貯金はできない。したがって，彼らの総賃金には明らかに退職後の生活費の分はいっさい含まれていないのであり，労働力価値未満の賃金であることは明らかである。

　退職後の生活を保障する公的な仕組み（老人医療や老人介護にかかわる福祉を含む）が弱ければ弱いほど，あるいは期待される退職金が少なければ少ないほど，労働者は自分の老後の生活のための資金を自分の賃金から一生懸命捻出しようとするだろうし，そのことは一方では，長時間労働や生涯労働年数の延長（後述する）をもたらすだろうし，他方では，出産数を制限することで子育てのための出費を節約しようとするだろう。この両者があいまって，現役労働者の労働供給が一時的に増大する一方で，少子化を通じて世代的な労働供給は長期的に減少することになるだろう。

ありうる異論の検討

　しかし，ここでただちに馬場氏と同じく，「引退者」は「もはや労働力たり得ない」のだから，引退後の労働者の生活費を，現役労働者における休日の生活費などと同等に扱うことはできないのではないかという疑問が生じるだろう。たしかに，「1日分の賃金」や「1週間分の賃金」あるいは「1年分の賃金」等々には，資本家のために働いていない期間に必要な生活手段価値も入っているが，しかしそれはあくまでも，現役の労働力の再生産と不可分だからである。たとえ，休日や長期休暇中は，直接的には資本家のために働いていなくても，その期間にも労働力が健全に再生産されているからこそ，その期間が過ぎれば再び労働力として資本家のために機能しうるのである。しかし，「一生分の賃金」の場合は話は違う。いったん賃労働者をリタイアすれば，それはすでに労働力ではなく，再び労働力として機能する予定でもないかぎり，その間の生活が正常に再生産されていなくても資本家にとって困ることはないのではないか，と。

　しかしまず第1に，この問題は本質的なものではない。標準労働日の成立後に，「1日分の賃金」ないし「1週間分の賃金」等々に，直接的には資本家のため

に働いていない時間や期間の生活費も含められるのは、その間も労働力が健全に再生産されていないと、その期間の後に労働力として使用できないからではない。「直接的には資本家のために働いていない時間や期間の生活費も含められるのは、その間も労働力が健全に再生産されていないと、その期間の後に労働力として使用できないからだ」という論理は、標準労働日が成立していなくても、それでも賃金の中に、事実上、非労働期間の生活費も含まれなければならないことを説明する論理であって、標準労働日の成立を前提とした理論次元での論理ではない。標準労働日の論理は、非労働期間の後に労働力が実際に資本によって使用されるかどうかにかかわりなく、すでに働いた時間ないし日数に対する賃金の中にすでに、非労働期間の生活費分も含まれているということである。

　第2に、実際、たとえば「1週間分の賃金」でもって労働者を週単位で雇い、その1週間が終わった時点で資本家がその労働者を解雇することもありうるし、労働者自身が辞めることもありうるだろう。その場合、非労働期間の終了後にその労働者が同じ資本家によって労働力として利用されるわけではないのだから、非労働期間中に労働力が健全に再生産されている必要もないことになる。それにもかかわらず、すでに働いた6日間ないし5日間の賃金にすでに7日間分の生活費が含まれているのである。

　第3に、リタイア後も賃労働者の労働力が賃金労働力として再利用されないわけではない。それこそまさに、後で論じる退職期間の延長による剰余価値の生産の問題である。

　しかし、もう一つ別の異論も生じるだろう。それは、馬場氏が挙げている「含まれない」説の根拠となっているものである。すなわち、最大限の蓄積を目的とする資本は無駄を嫌うのであり、将来労働力になるわけではない層の生活費まで賃金に含めるようなことはしないのではないか、と。しかし、最大限の蓄積を目的とする資本はどうして、1日に労働可能な最大限の労働日ではなく、8時間というかなり短い時間を1日あたりの標準労働時間として受け入れているのだろうか？　同じく、資本家は労働者を1年365日働かせるのではなく、日曜日や年休を認めているのか？　ワタミの元会長のような「資本の権化（人格化）」が言うように、彼らの本音は、労働者に「1日24時間、1年365日、死ぬ

まで」働かせることであるにもかかわらず，である。ここでは，資本の蓄積衝動だけでなく，賃労働者の側の階級闘争や政治闘争，また社会全体の文化水準や人権水準，等々もまたかかわっているのである。

　資本の利益からすれば，1日8時間の標準労働日は蓄積の障害でしかないのと同じく，リタイア後の労働者の生活費をも賃金の中に含めるのも蓄積にとっての障害である。しかし，賃労働者の闘争を通じて，そして，社会全体の文化水準や人権水準，あるいはまた国際的な人権水準の高まりを通じて，1日の標準的な労働時間は8時間へと圧縮され，さらにそれ以上の圧縮が求められているのであり，同じく，1年の労働期間は文字通りの365日ではなく250日程度であり，したがってまた，「一生」の労働期間とは，文字通り老いて死ぬまでの期間ではなく，せいぜい60歳か65歳までの期間にすぎないわけである。

2　標準労働年数の延長と剰余価値の生産

　しかしながら，馬場氏が指摘している資本蓄積の論理は，当然にも，標準労働日が成立したからといってなくなるのではなく，それは絶えず作用し続ける。したがって，資本は，標準労働日を撤廃しようとするだけでなく，できるだけ生涯労働年数を長くすることによって，より多くの剰余価値を抽出しようとするだろう。それゆえ，ここで剰余価値論の考察の最後として，生涯労働年数の延長による剰余価値の生産について見ていこう。

生涯労働年数の延長による絶対的剰余価値の生産

　賃労働開始年齢の早期化と同じく，賃労働終了年齢の晩期化もまた，まずもって搾取可能な労働力の絶対的増大を意味しており，したがって絶対的剰余価値を抽出する手段である。平均労働年数がたとえば40年から45年に増大したとすれば，その延長された5年分は，労働者そのものが増えた場合と同じく労働供給の増大を意味するし，その延長された5年間は資本家に絶対的剰余価値を生み出し続ける。

　もちろん，年齢が高くなればなるほど，体力や安定性が衰えていくであろうから，単位時間あたりの支出労働量は少なくなるだろうし，またその効率や技

術も低くなるだろうから，単位時間あたりに形成される価値量も相対的に小さいだろう。しかし，高齢者の賃金はその分低く見積もられるがゆえに（この点は児童労働と同じ），資本家はけっして損はしないのである。

だが，資本にとっては，単に形式的に生涯労働年数を延ばすという手段以外にも絶対的剰余価値を抽出する方法がある。1日ないし1年あたりの労働時間を長くすることと単位時間あたりの労働支出量を増やすことであり，これらは，形式的に生涯労働年数を増やすことなしに，実質的に労働年数を増やすことを可能とする。すなわち，1日ないし1年あたりの労働時間をできるだけ延長したり，単位時間あたりの労働支出量をできるだけ増大させることによって，労働者の生涯労働年数が同じままでも，あるいは場合によっては形式的に短くなっても，労働者の生涯総労働支出量を増やすことができるのであり，したがってまた労働者の生涯総生産価値量を増やすことができるのである。

とくに労働者が若くて無理がきく時期にできるだけ長くできるだけ過密に働かせることで，労働者をその生物学的年齢よりもずっと早くふけさせる場合には，生涯労働年数を形式的に短縮させながら，実質的にそれを維持ないし増大させることにさえなるだろう。先に引用したエンゲルスの『イギリスにおける労働者階級の状態』には，工場労働者の早老現象が広範に生じている実態が克明に報告されている。

生涯労働年数の延長による相対的剰余価値の生産

さらに，賃労働開始年齢が早期化する場合と同じく，生涯労働年数が延長される場合も，労働者階級全体の賃金引き下げにつながるがゆえに，それは相対的剰余価値を生産するための手段にもなりうる。

すでに述べたように，労働力価値の生涯の総価値額は標準労働年数を基準にしている。平均寿命をたとえば80歳とし，平均的な就労年齢が20歳だとすると，その差である60年のうちどれだけが実労働年数であるかによって，年あたりの労働力価値の大きさは変わってくるだろう。たとえば，60歳が平均的な退職年齢であるとすると，40年間の賃労働期間でリタイア後の20年間の生活費を稼ぐことになる。先ほどの数値例をそのままここでも使うと，その場合，その総額は3600万円であり，これを40年間の賃金で補塡するのだから，この

補填額は1年あたり90万円となる。しかし，もし65歳が平均的な退職年齢になるとすると，45年間の賃金労働期間で15年間のリタイア後の生活費をまかなうことになる。1年間の生計費は180万円と仮定されていたから，15年間の総額は2700万円になり，900万円も少なくなっている。この2700万円を45年間の賃労働期間で稼ぎ出すわけだから。1年あたりの補填額は60万円であり，年間で30万円も少なくなっている。この分はもちろん資本にとっての直接的な相対的剰余価値になる。

　以上の例は生涯労働年数が形式的に長くなる場合だが，先に述べたようにそれが実質的に延びる場合もあるのであり，その場合は，労働者がより早く老いて，退職後の生存期間が短くなることのうちにそれは表現されるだろう。たとえば，一定の適切な労働時間や労働強度のもとでなら80歳まで平均的に生きられる労働者が，現役労働者時代における長時間や過密労働のせいで，70歳までしか平均して生きられなくなったなら，たとえ退職年齢が60歳のままだとしても，退職後の生活期間が20年から10年へと短縮するのであり，したがって，退職後に必要な生計費の総額は3600万円から1800万円に減り，1800万円分も減少することになる。したがって，この1800万円が40年間の賃労働期間で補填されるのだから，1年あたりの補填額は90万円から45万円へと45万円も少なくなる。この分はもちろん資本にとっての直接的な相対的剰余価値になるだろう。

　資本の本質はもちろん，賃金労働期間と生涯生存期間との差をできるだけ短縮することであり，できれば資本のために十分に剰余価値を生み出せなくなった瞬間に死んでもらうことである。したがって，「過労死」は，社会にとっては大きな損失ではあっても，資本にとってはけっしてそうではない。しかし，過労死に至らなくとも，資本にとっては，退職後の生存期間は短ければ短いほどいいのであり，さまざまな口実を用いて退職年齢を延長しようとすることは（もちろん賃金を大きく引き下げたうえで！），できるだけ多くの絶対的剰余価値を獲得しようとする資本の内的衝動から生じるだけではなく，できるだけ退職後の生存期間を短くして相対的剰余価値を稼ぎ出そうとする資本の内的衝動の産物でもあるのだ[9]。

　ではこの相対的剰余価値の性格はいかなるものだろうか？　リタイア後の期

間における総生計費は生涯労働年数によって分割されて補塡されるのだが，その補塡年数が増大するならば，補塡総額がより多くの労働年数に分割されることになり，そのことによって相対的剰余価値が発生しているのだから，これもまた，「労働力の部分的価値分割」の一種であるとみなすことができるだろう。労働力価値のうち，リタイア後の生計費を補塡する部分がより多くの労働年数に分割され，したがって1年あたりの補塡額が少なくなり，その分が直接的に相対的剰余価値になっているわけである。

第5節　簡単なまとめ

　本章の最後に，本書全体の簡単なまとめを行なっておきたい。
　全体として労働力価値のうち特殊な技能の育成にかかわる費用と労働については前著『価値と剰余価値の理論』で検討した。その分を除いた労働力価値，すなわち本源的労働力価値は主として次の4つの要素によって構成されている。①現役労働者本人の必要生活手段価値，②必要家事労働が労働力価値に反映した分（片働きの場合は家事労働者の生活費に充てられる部分），③一人前の労働者になるまでの期間に平均的に支出された費用と労働の補塡分（子どもをつくった場合には，次世代の労働者の養育費に充てられる部分），④標準労働年数働いてリタイアした後の総生計費の補塡分。たとえば，①の要素が年240万，②の要素が年150万円，③の要素が年120万円，④の要素が年90万円（年金の企業負担分および退職金の年割り分も入れた額）とすると，合計で年600万円必要になり，これが本源的な労働力価値であるということになる（言うまでもなくこれは平均値としてのそれであり，多くの労働者はこれよりもはるかに低い水準の賃金しか得ていない）。
　『価値と剰余価値の理論』と本書で明らかにしたように，本源的労働力価値を構成する諸要素を直接的ないし間接的に引き下げることができるならば，それらはすべて資本家にとっての相対的剰余価値になる。前著『価値と剰余価値の理論』においては，熟練労働者の単純労働者化によって①の要素が直接的に減価する場合を検討したが，本書では，残り3つの要素が減価する場合をそれぞれ検討したわけである。

まず第2の要素に関しては，家事労働者が賃労働者化することで生じる家事労働時間の強制的圧縮によって直接的に減価する場合と，家電製品の普及や家事代行的なサービス労働の発達などを通じて家事労働の生産性が上昇することによって間接的に減価する場合の，2つの場合が存在した。第3の要素に関しては，就労年齢が早期化することによって直接的な減価が生じ，第4の要素に関しては，退職年齢の延長によって直接的な減価が生じるのであり，これらもまた直接的な相対的剰余価値を生み出す手段になる。

　そして，これら3つの手段による相対的剰余価値の生産のいずれも（家事労働の生産性上昇による場合を除いて），マルクスが言う意味での「労働力の価値分割」ではないにせよ，結果的には，それぞれの要素に応じて「労働力の部分的価値分割」が生じていた。

　また，これら3つの手段による直接的な相対的剰余価値の生産においては，同時に，労働力ないし労働供給の絶対的増大も生じていた。これは，絶対的剰余価値の産出の源泉となるだけでなく，実際に労働力価値を引き下げることを可能にするのであり，したがって，労働力商品に関しても，単に社会的労働による価値規定が妥当するだけでなく，需要と供給によって商品の価格をその価値へと収斂させる価値法則もまたある程度妥当していることがわかる。

　そして，その過程で，労働価値論にもとづいて労働力価値論を厳密に展開し，そうすることでより説得的かつより首尾一貫したやり方で各種の剰余価値の発生が解けることが明らかとなった。こうして，われわれは，『資本と剰余価値の理論』の序章で設定した課題，すなわち，「労働価値説を貫徹させつつ剰余価値の発生メカニズムを科学的に明らかにした」[10]マルクス剰余価値論の基本的立場を受け継ぎつつ，「そのいっそうの正確化と完成に向けてマルクスの価値論，剰余価値論そのものの創造的発展をめざすこと」[11]という課題を果たすことができたのである。

1）馬場宏二『もう一つの経済学——批判と好奇心』(御茶の水書房，2005年)，136-137頁。
2）同前，137頁。
3）同前，138頁。
4）同前。

5） 同前。
6） 同前，139頁。
7） ちなみにマルクスは，「1日分の労働力価値」を導出するさいに，「1年分の労働力価値」を365日で割っているが（KI，225-226頁，S.186），これは明らかに一面的である。
8） この退職金の存在は，労働力価値のうちに退職後の生計費も入っていることを示している。しかし，労働力価値を単純に現役労働者の直接的な生計費に還元する見方からすると，退職金の存在は逆に賃金と労働力価値とが一致していないことの根拠になるようだ。斉藤重雄「サービス労働と家事労働——二宮厚美氏の見解を巡って」(『経済集志』第77巻4号，2008年) 39頁。
9） 実際，日本では少子化を口実に，政府・財界は退職年齢の延長，年金支給年齢の延長を画策している。たとえば，政府の経済財政諮問会議が設置した専門調査会「選択する未来」(会長は日本商工会議所の会頭) がまとめた中間報告によると，20歳から70歳までを「生産年齢人口」と位置づけ，年金の支給開始年齢をいっそう引き上げることを提言している(『しんぶん赤旗』2014年5月14日付)。まさに，退職年齢の引き上げ(およびそれと一体になった年金支給開始年齢の引き上げ)が総資本の階級戦略として追求されているのである。
10） 拙著『資本と剰余価値の理論』，23頁。
11） 同前，28頁。

森田成也（もりた せいや）

1965年生まれ。
駒澤大学，國學院大学非常勤講師。
主な著書：『資本主義と性差別』（青木書店），『資本と剰余価値の理論』；『価値と剰余価値の理論』（以上，作品社），『マルクス経済学・再入門』（同成社）。
主な訳書：デヴィッド・ハーヴェイ『新自由主義』；『〈資本論〉入門』；『資本の〈謎〉』；『反乱する都市』；『コスモポリタニズム』（以上，作品社，共訳），キャサリン・マッキノン『女の生，男の法』上下（岩波書店，共訳），トロツキー『レーニン』；『永続革命論』；『ニーチェからスターリンへ』；マルクス『賃労働と資本／賃金・価格・利潤』（以上，光文社古典新訳文庫）ほか。

家事労働とマルクス剰余価値論

2014年10月10日 初版

著　者　森田成也
装幀者　加藤昌子
発行者　桜井　香
発行所　株式会社 桜井書店
　　　　東京都文京区本郷1丁目5-17 三洋ビル16
　　　　〒113-0033
　　　　電話 (03)5803-7353
　　　　FAX (03)5803-7356
　　　　http://www.sakurai-shoten.com/

印刷・製本　株式会社 三陽社

© 2014 Seiya MORITA

定価はカバー等に表示してあります。
本書の無断複製（コピー）は著作権上
での例外を除き，禁じられています。
落丁本・乱丁本はお取り替えします。

ISBN978-4-905261-22-3 Printed in Japan

大谷禎之介・平子友長編
マルクス抜粋ノートからマルクスを読む
MEGA第Ⅳ部門の編集と所収ノートの研究
Ａ５判・定価4700円＋税

大谷禎之介著
マルクスのアソシエーション論
未来社会は資本主義のなかに見えている
Ａ５判・定価5200円＋税

有井行夫著
マルクスはいかに考えたか
資本の現象学
四六判・定価2700円＋税

中川スミ著／青柳和身・森岡孝二編
資本主義と女性労働
66歳で急逝した『資本論』研究者の女性労働論を集成
Ａ５判・定価2500円＋税

小西一雄著
資本主義の成熟と転換
現代の信用と恐慌
Ａ５判・定価3700円＋税

菊本義治・西山博幸・本田 豊・山口雅生著
グローバル化時代の日本経済
日本経済の現状，推移，これからの課題を読み解く
Ａ５判・定価2600円＋税

桜井書店
http://www.sakurai-shoten.com/